A superestrutura da dívida

Financeirização, classes e democracia no Brasil neoliberal

CONSELHO EDITORIAL
Ana Paula Torres Megiani
Eunice Ostrensky
Haroldo Ceravolo Sereza
Joana Monteleone
Maria Luiza Ferreira de Oliveira
Ruy Braga

A superestrutura da dívida

Financeirização, classes e democracia no Brasil neoliberal

Daniel Bin

Copyright © 2017 Daniel Bin

Grafia atualizada segundo o Acordo Ortográfico da Língua Portuguesa de 1990, que entrou em vigor no Brasil em 2009.

Edição: Haroldo Ceravolo Sereza
Editora assistente: Danielly de Jesus Teles
Projeto gráfico, diagramação e capa: Danielly de Jesus Teles
Assistente de produção: Luara Ruegenberg
Assistente acadêmica: Bruna Marques
Revisão: Alexandre Colontini
Imagem da capa: *A march to the bank*, de James Gillray (1787).
Cortesia de Anne S. K. Brown Military Collection,
Biblioteca da Universidade Brown.

Esta edição contou com apoio do CNPq por meio da chamada universal MCTI/CNPq n. 14/2014.

CIP-BRASIL. CATALOGAÇÃO-NA-FONTE
SINDICATO NACIONAL DOS EDITORES DE LIVROS, RJ

B497s

BIN, DANIEL

A SUPERESTRUTURA DA DÍVIDA: FINANCEIRIZAÇÃO, CLASSES E DEMOCRACIA NO BRASIL NEOLIBERAL / DANIEL BIN. -- 1. ED. -- SÃO PAULO : ALAMEDA, 2017.

274 P. : IL. ; 23 CM.

Inclui bibliografia
ISBN: 978-85-7939-468-3

1. Economia - Brasil. 2. Crise econômica - Brasil - Aspectos sociais. I. Título.

17-41511	CDD: 338.5420981	
	CDU: 338.124.4(81)	

Alameda Casa Editorial
Rua 13 de Maio, 353 – Bela Vista
CEP 01327-000 – São Paulo, SP
Tel. (11) 3012-2403
www.alamedaeditorial.com.br

Como pelo o toque de uma varinha de condão, [a dívida pública] dota dinheiro improdutivo com o poder de criação e assim o transforma em capital, sem forçá-lo a expor-se às dificuldades e riscos inseparáveis do seu emprego na indústria ou mesmo na usura. Os credores do estado nada concedem de fato, pois a soma emprestada é transformada em títulos públicos, facilmente negociáveis, que continuam funcionando em suas mãos exatamente como funcionaria o dinheiro vivo.

Karl Marx

Sumário

Lista de figuras	9
Lista de siglas	13
Apresentação	17
Introdução	21
A política de financeirização	31
Crise de acumulação e reação da finança	34
Expansão financeira da economia brasileira	45
Capital fictício, uma relação social concreta	59
Estado capitalista e hegemonia financeira	71
Economia e estado capitalistas	75
Hegemonia financeira no aparato estatal	88
O caráter de classe da política macroeconômica	99

Superestrutura fiscal, expropriação e exploração — 123

A financeirização da exploração de classe — 126
Exploração para além da relação de trabalho — 132
Dívida pública, tributação e redistribuição de excedentes — 137
Dívida pública e elevação da taxa de exploração — 148
Gasto estatal e apropriação da renda — 162

Política macroeconômica e democracia econômica — 171

Capitalismo *ou* democracia — 174
Despolitização da política econômica — 182
Insulamento burocrático seletivo — 188
Expectativas e induções monetárias — 200
O *talking shop* da política macroeconômica — 210
Democracia econômica *e* socialismo democrático — 224

Conclusão — 237

Posfácio. O golpe de 2016 — 247

Referências — 255

Lista de figuras

Figura 1.1 – Taxas de juros de curto prazo, países selecionados, 1960–2015 — 38

Figura 1.2 – Dívida pública e taxa de juros de curto prazo, EUA, 1960–2015 — 40

Figura 1.3 – Taxas de juros de curto prazo, países selecionados, 1980–2015 — 47

Figura 1.4 – Ingresso de capital financeiro estrangeiro, Brasil, 1980–2014 — 48

Figura 1.5 – Taxa de juros de curto prazo e inflação, Brasil, 1980–2015 — 50

Figura 1.6 – Formação bruta de capital fixo e capitais fictícios, Brasil, 1988-2014 — 52

Figura 1.7 – Fundos de investimento e dívida mobiliária, Brasil, 1990–2015 — 54

Figura 1.8 – Dívida pública federal e taxas de juros implícitas, Brasil, 1991–2015 — 57

Figura 1.9 – Resultados fiscais e dívida pública federal, Brasil, 1991–2015 — 58

Figura 2.1 – *Spread* do *C-Bond* da dívida externa, Brasil, 1995–2005 — 87

Figura 2.2 – DRU e resultado fiscal primário, Brasil, 1994–2015 — 104

Figura 2.3 – Inflação no Brasil e desemprego na cidade de São Paulo, 1985–2015 — 109

Figura 2.4 – Nescessidade de financiamento do governo central, Brasil, 1995–2015 — 117

Figura 2.5 – Arrecadação tributária federal e resultado primário, Brasil, 1990–2015 — 121

Figura 3.1 – Dívida pública e tributação federais, Brasil, 1991–2015 — 141

Figura 3.2 – Dívida mobiliária, taxa de juros e investimento, Brasil, 1991–2014 — 143

Figura 3.3 – Tributações indireta e direta, Brasil, 1990–2015 — 145

Figura 3.4 – Resultado fiscal e variação de tributação, Brasil, 1995–2015 — 151

Figura 3.5 – Tributação federal e juros, Brasil, 1995–2015 — 154

Figura 3.6 – Distribuição funcional da renda, Brasil, 1990–2014 — 158

Figura 3.7 – Produtividade do trabalho na indústria, Brasil, 1992–2015 — 160

Figura 3.8 – Detentores dos títulos federais em poder do público, Brasil, 2000–2015 — 164

Figura 3.9 – Despesas selecionadas do governo central, Brasil, 1995–2015 — 167

Figura 4.1 – Composições do CMN em eventos selecionados, 1964–2015 ... 190

Figura 4.2 – Formação bruta de capital fixo e taxa de juros, Brasil, 1970–2014 ... 192

Figura 4.3 – Juros, DRU e investimentos, Brasil, 1995–2015 ... 195

Figura 4.4 – Expectativas e metas para a taxa Selic, Brasil, 2001-2015 ... 206

Figura 4.5 – Concentração decisória sobre juros da dívida mobiliária, Brasil, 2000–2015 ... 214

Lista de siglas

Anbima – Associação Brasileira das Entidades dos Mercados Financeiro e de Capitais

Basa – Banco da Amazônia

BB – Banco do Brasil

BCB – Banco Central do Brasil

BNB – Banco do Nordeste do Brasil

BNDES – Banco Nacional de Desenvolvimento Econômico e Social

BNH – Banco Nacional da Habitação

BM&FBovespa – BM&FBovespa S.A. - Bolsa de Valores,

Mercadorias e Futuros

CEF – Caixa Econômica Federal

CMN – Conselho Monetário Nacional

CMO – Comissão Mista de Planos, Orçamentos Públicos e Fiscalização

Copom – Comitê de Política Monetária

CPI – Comissão parlamentar de inquérito

CPMF – Contribuição provisória sobre movimentação financeira

CVM – Comissão de Valores Mobiliários

DPMFi – Dívida pública mobiliária federal interna

DRU – Desvinculação de receitas da União

EUA – Estados Unidos da América

FAT – Fundo de Amparo ao Trabalhador

FBCF – Formação bruta de capital fixo

FDIC – *Federal Deposit Insurance Corporation*

Febraban – Federação Brasileira de Bancos

Fed – *Federal Reserve System*

FEF – Fundo de estabilização fiscal

FHC – Fernando Henrique Cardoso

FI – Fundo de investimento

FIESP – Federação das Indústrias do Estado de São Paulo

FMI – Fundo Monetário Internacional

FSE – Fundo social de emergência

IBGE – Instituto Brasileiro de Geografia e Estatística

ICMS – Imposto sobre a circulação de mercadorias e serviços

IPCA – Índice nacional de preços ao consumidor amplo

IPEA – Instituto de Pesquisa Econômica Aplicada

IRB – Instituto de Resseguros do Brasil

LDO – Lei de diretrizes orçamentárias

LRF – Lei de responsabilidade fiscal

Mercosul – Mercado Comum do Sul

OCDE – Organização para a Cooperação e Desenvolvimento Econômico

OMC – Organização Mundial do Comércio

OPEP – Organização de Países Exportadores de Petróleo

Pasep – Programa de Formação do Patrimônio do Servidor Público

PIB – Produto interno bruto

PIS – Programa de Integração Social

PT – Partido dos Trabalhadores

SCN – Sistema de contas nacionais

R$ – Real do Brasil

SEC – *U.S. Securities and Exchange Commission*

Selic – Sistema Especial de Liquidação e de Custódia

TBan – Taxa de assistência do banco central

TBC – Taxa básica do banco central

TPF – Título público federal

STN – Secretaria do Tesouro Nacional

US$ – Dólar dos Estados Unidos da América

Apresentação

Este trabalho origina-se da tese de meu doutoramento em sociologia aprovada pela Universidade de Brasília em junho de 2010. Seus fundamentos, contudo, começaram a ser desenvolvidos durante estágio de doutorado que fiz na Universidade de Wisconsin-Madison ao longo de 2008, quando, próximo dali, estourou a última grande crise capitalista mundial. Além das procrastinações típicas de quem finalmente "defendera", um certo pragmatismo fez o texto aparecer neste formato somente agora. Quis ouvir outras pessoas que, além dos membros da banca examinadora de tese, pudessem contribuir em relação aos argumentos originais antes de oferecê-los às críticas que, espero, venham agora sobre esta versão revisada e atualizada. Com esse objetivo, optei por um itinerário que iniciou-se com a extração de artigos elaborados a partir do texto original que foram então apresentados em encontros acadêmicos e outros dedicados aos temas em questão. Pude discuti-los em Brasília, Buenos Aires, Curitiba, Denver, Genebra, Las Vegas, Nova York, Pelotas, Recife, Rio de Janeiro, São Francisco e Sydney. Disso resultaram quatro artigos, cada um deles relacionado a um capítulo do presente livro, que foram publicados em periódicos científicos.[1]

Das recomendações das examinadoras e dos examinadores da tese, das considerações ouvidas nos encontros, e das sugestões formuladas pelos avaliadores e editores dos periódicos, implementei muitas, não fui capaz de enfrentar outras e não concordei com algumas, mas todas contribuíram com o conteúdo "final" deste trabalho. Sou responsável, claro, por todas as suas deficiências. As diferenças mais significativas deste texto em relação à tese decorrem, principalmente, de recomendações dos avaliadores dos periódicos que acatei durante as revisões. Muitas delas demandaram novos esforços de pesquisa em relação ao material do qual eu já dispunha. Contudo, a maior ênfase de pesquisa deu-se sobre o período que compreende os dois governos FHC (1995–2002) e os dois governos Lula (2003–2010). Ainda assim, atualizei, conforme a disponibilidade, todas as séries estatísticas que estão no texto atual. Adicionalmente analisei os eventos que julguei mais significativos para a política macroeconômica ocorridos de 2011 a 2015.

Quando este texto estava próximo de ser concluído, veio o golpe dentro do estado capitalista brasileiro que, em 2016, derrubou o segundo governo Dilma. Como tratar daquele acontecimento, visto que não me debrucei sobre os acontecimentos ao longo dos governos Dilma tanto quanto o fizera sobre os dos governos FHC e Lula? Um caminho prudente, e talvez recomendável para a sociologia histórica, seria "ignorá-lo". Outro, mais arriscado, mas possível naquelas condições — o golpe acabara de se concretizar e

---

[1] I) The class character of macroeconomic policies in Brazil of the real, *Critical Sociology*, v. 40, n. 3, 2014, p. 431-449; II) Fiscal superstructure and the deepening of labour exploitation, *Capital & Class*, v. 39, n. 2, 2015, p. 221-241; III) Macroeconomic policies and economic democracy in neoliberal Brazil, *Economia e Sociedade*, v. 24, n. 3, 2015, p. 513-539; e IV) The politics of financialization in Brazil, *World Review of Political Economy*, v. 7, n. 1, 2016, p. 106-126.

o contexto era ainda caótico —, seria lançar uma hipótese que decorria justamente de todo o estudo que eu desenvolvera acerca da economia política das políticas macroeconômicas lideradas por tucanos, petistas e seus associados, tanto os partidários como os membros da classe capitalista. Penso que aquilo que a economia brasileira experimentara a partir de meados dos anos 1990 ajuda a compreender como chegou-se (novamente) a esse desfecho: o de um governo ser deposto por não mais conseguir mediar a luta entre trabalho e capital de modo a garantir a este as maiores vantagens. Optei por levantar essa hipótese em um posfácio ao livro.

A tese cumpriu um papel, os artigos cumpriram outro, e este livro se vale de todos eles para trazer seus argumentos a um público que, espero, seja mais amplo que o acadêmico. Com isso, ouso desejar que tais argumentos tenham alguma repercussão na prática política nestes tempos em que tudo — em especial aquilo que as classes dominantes propõem — parece inevitável quando o tema é *política* econômica. Como dissera um ex-presidente do banco central brasileiro, "existe aí o mercado. O que o governo pode fazer"? Pode! e faz muito, mas em benefício maior daqueles que o colocam e o mantém sob a sua ascendência política e econômica. Quando isso não é mais possível nas dimensões desejadas pelo capital, uns deixam de governar para que outros possam, então, reafirmar o caráter de classe do estado. Se os argumentos aqui desenvolvidos forem capazes de provocar o incômodo da dúvida sobre alguma das ideologias propagadas pelo pensamento hegemônico acerca da política macroeconômica com vistas a excluí-la do debate democrático para mantê-la sob o controle de poucos, penso que o livro terá alguma utilidade.

Muitas e muitos contribuíram de diversas formas com este trabalho, seja diretamente ou em outros momentos importantes para o seu resultado. Agradeço a Erik Wright, Ruy Braga, Francisca Coelho, Alexandre Siminski, Alfredo Saad, Ângela Rubin, Antônio Brussi, Brasilmar Nunes (*in memoriam*), César Leite, Cláudia Berenstein, Eduardo Raupp, Eduardo Rosas, Erlando Rêses, Fábio Bueno, Evilásio Salvador, Gustavo Quinteiro, Gustavo Souza, Immanuel Wallerstein, James Rubin, Jeffrey Hoff, João Gabriel Teixeira, João Peschanski, Karine Santos, Laura Dresser, Lourdes Mollo,

Luiz Pericás, Mara Loveman, Marcello Barra, Marcelo Dalmagro, Marcelo Medeiros, Marcelo Rosa, Marcia Wright, Marcos Cunha, Maria Fattorelli, Matías Scaglione, Michael von Schneidemesser, Pablo Mitnik, Paulo Monteiro, Paulo Navarro, Pedro Demo, Radhika Desai, Raphael Seabra, Ricardo Antunes, Roberto Menezes, Rodrigo Ávila, Sadi Dal Rosso, Teresa Melgar, Tod Van Gunten, Tom Hinds, Alameda, Capes, CNPq, FAPDF, Universidade de Brasília, Universidade de Wisconsin, avaliadores anônimos de *Capital & Class*, *Critical Sociology*, Economia e Sociedade e *World Review of Political Economy* e, especialmente, à Márcia e à Ana Laura.

Brasília, outubro de 2016

Introdução

en la lucha de clases/ todas las armas son buenas/
piedras/ noches/ poemas

Paulo Leminski

A crise financeira que se alastrou desde o centro do capitalismo mundial para o restante do planeta a partir de fins de 2008 recolocou em discussão temas que até então pareciam fora de questão. Um deles refere-se à tese que a economia deveria ser regulada exclusivamente por mercados, com a presença estatal levada ao mínimo. Ainda que isso jamais tenha sido observado empiricamente, tampouco fosse uma possibilidade teoricamente plausível — estado e capitalismo dependem um do outro —, foi necessário uma crise de proporções planetárias para reacender o debate. Em alguma medida decorrente de ações conjuntas de governos de países do centro da economia mundial e da grande finança, a crise teve de ser atacada justamente por meio do socorro estatal aos maiores beneficiários daquelas ações. Quem defendia que o estado diminuíra sua presença na economia foi desafiado por evidências ainda mais claras de que ele sempre estivera de prontidão para socorrer o capital. Os trilhões de dólares distribuídos pelos governos ao redor do mundo para resgatar grandes organizações, financeiras ou não, desvelaram a falsa retórica neoliberal do estado mínimo.[1]

Outro debate importante refere-se à crença que economias singulares poderiam prosperar descoladas da base material da produção, por exemplo, via mecanismos financeiros. Isso, como já apontavam vários estudiosos, se mostrou tão fictício quanto eram esses mecanismos. A tese de Marx em seu póstumo terceiro volume d'*O capital* sobre o capital portador de juros evidenciar-se como tal apenas por ocasião da produção de excedente material mais uma vez provou-se correta. A mesma expansão financeira que reforçara a centralidade de Estados Unidos (EUA) e Reino Unido na economia mundial, centralidade essa simultânea a processos de significativa desindustrialização, impôs exatamente a esses dois países profundas retrações econômicas na sequência da crise que eclodiu em 2008. Diante desses dois aspectos, entendo que é improdutivo o debate

---

[1] O termo neoliberalismo se refere à combinação de dois conjuntos de ideias orientadoras do pensamento do grupo chamado *Mont Pelerin Society*, que se reuniu pela primeira vez em 1947 compartilhando preocupações acerca de supostas ameaças à ordem social capitalista. Seus membros, dos quais alguns ilustres eram Ludvig von Mises, Milton Friedman, Karl Popper, por algum tempo, e o líder do grupo, Friedrich von Hayek, se definiam como liberais, no sentido europeu tradicional, devido aos seus comprometimentos fundamentais com os ideais de liberdade individual. O rótulo neoliberal indicou a aderência do grupo aos princípios de livre mercado da economia neoclássica, que emergiram na segunda metade do século XIX contra as teorias clássicas de Smith — exceto a ideia da mão invisível —, Ricardo e, logicamente, Marx. O pensamento neoliberal ganhou respeito acadêmico a partir das concessões a Hayek, em 1974, e a Friedman, em 1976, do chamado Prêmio Nobel de economia (HARVEY, 2005, p. 20).

que focaliza a questão em termos da intensidade de intervenção estatal na economia. Essa intervenção sempre existiu sob o capitalismo e, enquanto for este o modo de produção, continuará a ocorrer em variadas formas.

Assim, uma das críticas que considero relevante sobre a intervenção do estado é, antes da sua intensidade, a direção em que ele o faz, por exemplo, de onde extrai e para onde destina os excedentes que apropria transitoriamente. Por isso, tanto quanto econômica, essa é uma questão política; ela demanda um debate político acerca das decisões econômicas. Ao contrário do que dizem acreditar os apologistas do livre mercado, um mercado é uma esfera onde forças econômicas se enfrentam dispondo não apenas de armas econômicas *stricto sensu*, mas também de armas políticas. Dentre elas estão as ideologias, que podem ser substituídas a depender da classe ou fração que sobrevém hegemônica em momentos de crise, como ocorreu entre os dois últimos modos de regulação do capitalismo. Entre meados dos anos 1930 e meados dos anos 1970, a ideologia econômica dominante era a que via no aumento da renda dos que consomem a fonte de estímulo para o crescimento; findo esse período, a ideologia que se impôs foi aquela que defendia que tal estímulo adviria do aumento da renda dos que poupam (PRZEWORSKI, 1998, p. 146).

Outra ideologia forjada a partir de então foi a de que a economia seria um domínio com existência própria, distinto de outras esferas, em especial a política. No entanto, vemos hoje com ainda mais de clareza que a economia tem a dimensão política em sua essência, pois o conflito social lhe é orgânico. Se isso for correto, e como o atual estágio do capitalismo é cada vez mais influenciado pelos fenômenos que se desenvolvem no âmbito dos mercados financeiros, estes merecem um olhar sociológico. O truísmo "mundos econômicos são mundos sociais" (FLIGSTEIN, 1996, p. 657) aplica-se também ao mundo das finanças. A influência dessa esfera vai além do processo de alocação de recursos, tendo implicações importantes para os contextos social, político e cultural, bem como conexões com instituições como o estado e o sistema legal (PREDA, 2007, p. 512, 528). Já nos clássicos da sociologia a questão era uma preocupação de amplo alcance. Tanto Marx como Weber consideravam os mercados irredutíveis a sistemas de alocação (PREDA, 2007, p. 528). Para ambos, assim como para Durkheim, pouco sentido faria, por exemplo, uma teoria monetária que não fizesse parte de uma abrangente teoria explicativa da sociedade (DEFLEM, 2003, p. 89).

Ao revisar literatura dedicada à pesquisa sociológica sobre mercados financeiros e bancos, Lisa Keister (2002, p. 52) percebeu que as diversas concepções estudadas abordavam as relações financeiras como relações sociais e os sistemas de relações financeiras como estruturas sociais. Mesmo crises e instabilidades financeiras tinham raízes de natureza política e social. Dessa forma, o capital que circula nos mercados financeiros é parte de, tem implicações sobre, e é formatado por outras esferas da vida social que não a econômica *stricto sensu*. Esse capital financeiro é hoje condição para a expropriação e acumulação de excedentes econômicos e, dessa forma, acaba tendo implicações significativas sobre a esfera política.[2] Assim, se a finança vai mais alto na estrutura social, lidando também com as esferas política, legal, ideológica e estatal, uma análise sociológica da superestrutura financeira parece adequada ao observarmos a economia brasileira dos últimos cerca de dois decênios.

Um ponto de partida para conectar analiticamente a esfera política e a financeira é estudar como esta última se relaciona com o estado, bem como as implicações dessa relação para a democracia. A história brasileira recente mostrou a transição de um regime ditatorial para um regime formalmente democrático como um de seus fenômenos mais marcantes, a exemplo

---

2 Possivelmente, o conceito mais conhecido de capital financeiro é aquele introduzido por Rudolf Hilferding (1981 [1910], p. 225), para quem era crescente o poder dos bancos sobre a indústria devido à dependência desta em relação ao capital-dinheiro daqueles. Hilferding acreditava que, no estágio mais avançado do capitalismo, a concentração de propriedade daria ao capital financeiro o controle sobre o conjunto do capital. Segundo Wagner (1996, p. 80), essa terminologia era ambígua ao relacionar o capital financeiro ora à transformação de capital monetário em capital industrial, ou seja, à dominação do primeiro sobre o segundo, ora à dominação direta de bancos sobre a indústria. Minha discussão não segue por esse caminho, que indica uma distinção entre capitais financeiro, industrial e comercial; tampouco, trato de uma eventual dominação do primeiro sobre os demais. Esse último aspecto, aliás, nem se aplicaria ao caso brasileiro, onde o caráter oligopolista do sistema bancário, as altas taxas de juros e as facilidades de associação ao capital estrangeiro foram suficientes para conter a tentação dos grandes bancos em buscar o controle da atividade industrial (SAES, 2001, p. 56-57).

dos vários vizinhos latino-americanos. Após mais de vinte anos de ditadura militar (1964–1985), ao final dos anos 1980 o processo de democratização restabeleceu no país as instituições mais relevantes da democracia liberal moderna. Além dos poderes republicanos formalmente independentes, a sociedade brasileira passou a conviver até recentemente — o atual presidente da República não foi eleito para o cargo, tendo ali chegado por meio de um golpe parlamentar — com eleições universais livres e periódicas, pluralidade partidária e liberdades individuais formais. Também uma nova constituição foi promulgada em substituição à elaborada sob a ditadura militar. Nela foram estabelecidos outros direitos políticos, por exemplo, a abertura de caminhos institucionais para maior participação da sociedade nos assuntos do estado.

A Constituição de 1988 consagrou ainda direitos sociais que institucionalizaram políticas associadas ao chamado estado do bem-estar. É certo que em termos efetivos o Brasil permaneceu bastante distante dos pioneiros do hemisfério norte, mas o caminho começara a ser aberto. A universalização da saúde, a ampliação da base de beneficiários e de benefícios mínimos de previdência e assistência sociais, bem como o acesso universal à educação pública foram direitos arrancados pela sociedade no momento da redemocratização. Para eles, o constituinte consignou previsões específicas de custeio, vinculando-lhes determinadas parcelas de receitas orçamentárias. Com isso, algumas políticas dependeriam potencialmente menos do governo de plantão, sinalizando certo distanciamento do estado brasileiro de sua história clientelista. Por outro lado, logo depois de começarem a ser estruturadas instituições formais da democracia liberal e políticas de bem-estar, em meados dos anos 1990 essa tendência sofreu uma inflexão. Tratava-se da chegada ao Brasil da onda neoliberal que irradiava-se a partir do norte global desde as duas décadas anteriores.

A adesão a teses neoliberais impôs à sociedade brasileira uma nova realidade político-econômica, que significou um revés na recém inaugurada tendência democratizante, especialmente no que dizia respeito à economia. Com implementação do Plano Real, lançado em 1994 e um marco dessa virada neoliberal, iniciou-se um processo de aprofundamento da distância entre o que chamo de democracia econômica e a democracia liberal que ensaiava o seu restabelecimento desde meados dos anos 1980. Aquele plano, ao acabar com a inflação, que fora inculcada nas representações sociais como o maior de todos os males socioeconômicos, foi coroado como uma das maiores conquistas da sociedade brasileira nos anos 1990. Nesse cenário passou-se a dar ao controle inflacionário o *status* de prioridade e, assim, qualquer política econômica, bem como os seus modos de decisão, desde que visando à estabilidade da moeda, pareciam autojustificáveis.

As implicações democráticas, aí consideradas, além da questão procedimental, a desigualdade econômica e a relação de classes que a reproduz, podem ser percebidas num fenômeno bastante estudado pela economia, mas com implicações sociais mais importantes do que aquele campo disciplinar costuma considerar. Trata-se da dívida pública. Ela sintetiza práticas desenvolvidas no âmbito do estado capitalista que tendem a reproduzir a desigualdade econômica e, assim, erodir a sua legitimidade democrática. Em termos sociológicos, engendra uma relação especial de classes — devedores e credores — que aprofunda a transferência de excedentes das classes produtoras — trabalhadores — e outros segmentos materialmente desfavorecidos, como os dependentes de políticas de bem-estar, para um reduzido segmento apropriador, neste caso, a finança.

O fato de não engendrar exploração direta, como ocorre nas operações econômicas *stricto sensu* — aquelas que se desenvolvem na infraestrutura capitalista —, faz da dívida pública uma relação especial entre classes, que se desenvolve por meio do estado. Ela sintetiza uma série de políticas desenvolvidas em nome da sua sustentabilidade que, por sua vez, denotam a inflexão democrática referida anteriormente. O contexto até aqui delineado acerca do que representou a dívida pública nos últimos cerca de vinte anos na sociedade brasileira em termos de apropriação de excedentes e de evolução democrática apontam para a seguinte hipótese: *ao potencialmente elevar taxas futuras de exploração do trabalho alheio e servir à expropriação de frutos desse trabalho por parte da finança, e ao ser administrada sem participação substantiva das classes subalternas nas decisões políticas a ela relacionadas, a dívida pública — assim como a política macroeconômica que a sustenta — reproduz os caracteres de classe e antidemocrático do estado brasileiro.*

Ainda sobre essa hipótese, há duas questões abstratas principais a partir das quais desenvolvo meu argumento, o qual pretendo sustentar a partir de evidências históricas. Primeiro, que existe um hiato entre democracia liberal e democracia econômica, esta um requisito para uma democracia substantiva. Em segundo lugar, mas de forma complementar, vejo que esse hiato é gerado também pela desigualdade econômica que a dívida pública contribui para reproduzir e pelo modo como ela é administrada. Assim, a dívida é uma relação social da qual decorre um aprofundamento do caráter antidemocrático do estado capitalista. Isso não necessariamente se dá da mesma forma no tempo e no espaço. Ao longo da história e em diferentes sociedades, houve variações e gradações de democracia, inclusive no trato da dívida pública. Houve momentos em que a dívida, ainda que conduzida de modo insulado, não era tão importante e seus efeitos não tão amplos para merecer atenção política maior do que outros temas. Assim, a hipótese recém explicitada se refere especificamente a um dado contexto espacial e histórico, o do Brasil neoliberal, período que se estende de meados dos anos 1990 até meados dos anos 2010.

Este trabalho está estruturado em mais quatro capítulos, uma conclusão e um posfácio, este último incluído por força do golpe dentro do estado capitalista brasileiro ocorrido em 2016. O capítulo seguinte trata do contexto social em que estado e classes sociais passaram a articular-se tendo a lógica financeira como guia importante de comportamento. Para isso, resgato alguns aspectos antecedentes e outros mais recentes que, respectivamente, conduziram e mantiveram o estado brasileiro pautado pela lógica financeira. Esta, veremos, tem importantes conexões com uma relação social específica com a qual se ocupa a pesquisa, qual seja, a dívida pública, e com as implicações desta para a exploração de classe e para a política democrática. Primeiramente desenvolvo discussão teórica no sentido de situar a dívida pública dentro da problemática da chamada economia fictícia que, contudo, assume dimensão concreta em termos de consequências materiais para amplos segmentos sociais, com especial força nos momentos de crise. Ainda nesse capítulo, descrevo parte de um contexto internacional a partir do qual certas condições foram estabelecidas para o desenvolvimento do processo de expansão financeira da economia.

No segundo capítulo, a análise recai sobre o modo específico pelo qual o estado brasileiro reproduziu e revelou o seu caráter de classe no contexto de um novo modo de regulação capitalista. Nesse sentido, uma contribuição para a compreensão do papel do estado nas relações sociais está em qualificar as suas intervenções na economia. Isso passa por reconhecer e diferenciar atividades que ele desempenhou e que, a depender do contexto, foram, cada uma delas, mais ou menos intensas. Primeiramente, desenvolvo questões de caráter teórico sobre como o estado em geral age em vista da manutenção das relações capitalistas. Depois, procuro desenvolver uma análise de aspectos mais específicos, onde o caso brasileiro é tratado com maior ênfase, de modo a explicitar como políticas estruturais — o destaque é para as políticas fiscal e monetária — serviram a esse objetivo. Um aspecto teórico importante presente nesse capítulo é a distinção entre formas de intervenção do aparato estatal, evitando a ideia bastante comum, que ascendeu com o advento neoliberal, acerca de uma eventual renúncia de ação do estado.

O objetivo do terceiro capítulo é estudar como a dívida pública serviu à expropriação de excedentes e seu potencial de elevação das taxas de exploração do trabalho alheio. Com isso, chamo a atenção para a necessidade de medições por parte do aparato estatal para que esse processo se desenvolva. As dimensões quantitativas — valores e quantidade de envolvidos — e o aparato institucional — dispositivos legais, risco soberano, aparato estatal — da dívida pública asseguraram a capitalistas financeiros lucros, liquidez e riscos nem sempre disponíveis na esfera produtiva. Atenção especial é dada à questão dos juros, mais do que à dívida em si, pois entendo que os primeiros indicam potencial elevação da taxa de exploração das classes produtoras por parte das apropriadoras. A dívida pública, como estoque de capital fictício, não é trabalho acumulado — "o capital não existe duplamente" (MARX, 1991 [1894], p. 597) —, contudo, os seus juros podem elevar a taxa de exploração do trabalho com vistas a taxas satisfatórias de retorno sobre os diversos capitais.

No quarto capítulo analiso decisões acerca da política macroeconômica e do endividamento público vis-à-vis uma determinada concepção de democracia, para o que fixo a discussão em dois pontos: I) a desigualdade econômica e algumas de suas implicações para a política democrática; e II) a questão da participação popular — direta ou via representantes — nas decisões econômicas que afetam o bem-estar material de toda uma sociedade. Nesse capítulo, os temas centrais da pesquisa são tratados de forma que dívida pública, expropriação de excedentes, exploração de classe e democracia econômica aparecem de forma articulada: ao mediar relações de expropriação e/ou exploração, e ao ser conduzida à margem de qualquer debate político substantivo, a dívida contribuiu para que a democracia capitalista brasileira se tornasse ainda menos democrática.

A política de financeirização

> [Há] uma estrutura de humilhações sucessivas que começa nos mercados internacionais e nos centros financeiros e termina na casa de cada cidadão.
>
> *Eduardo Galeano*

Estamos em um momento da história em que a lógica financeira se impõe não apenas sobre a economia, mas sobre a vida social em geral. Padrões de comportamento antes relativamente restritos aos domínios capitalistas privados amplificam-se para esferas sociais diversas, como educação, cultura, segurança, saúde, previdência etc. Quase tudo que puder, com algum esforço de convencimento, ser considerado mercadoria tem sido levado na direção da constituição novos mercados. Serviços outrora considerados públicos são amplamente providos comercialmente por empresas privadas. Meios de subsistência outrora com traços comunais são objeto de formas contemporâneas do que Marx um dia chamou de cercamento em seu conceito de acumulação primitiva. Grandes conglomerados, alguns deles liderados pela finança, fazem suas mãos nem sempre invisíveis cada vez mais presentes em várias esferas, ampliando o fenômeno que Ellen Wood (2005, p. 11) chamou de *"commodification of life"*. Enfim, o capital avança continuamente sobre novos domínios sociais com vistas à acumulação ou à solução de suas crises.

Quanto às relações sociais que ainda não foram convertidas em mercadoria, muitas passaram a ter o mercado capitalista como referência. No caso do governo estatal, a opção pelo monetarismo, por exemplo, elevou a lógica financeira ao primeiro plano na formatação de políticas, não só econômicas, mas também de bem-estar.[1] Estas passaram, por exemplo, a subordinar-se aos imperativos do controle inflacionário e de um suposto maior cuidado com a questão fiscal. Isso tudo porque, à medida que os estados nacionais ficaram à mercê da disciplina fiscal, fosse ela por conta dos potencies efeitos da fuga de capitais ou de pressões institucionais diretas (ARRIGHI, 1994, p. 3), o contexto financeiro criou constrangimentos também para as respectivas sociedades. Dessa forma, se na história mais longa do estado moderno este é capitalista, na mais recente salientou-se a sua face capitalista de tipo financeiro.

Para aquilo que já era desenvolvido sob a lógica capitalista, alguns fenômenos provocaram mudanças importantes no processo social de acumulação. O apelo ao consumo é acompanhado cada vez mais da oferta de financiamentos, numa relação de incentivo mútuo. A antiga fórmula *financiar*

---

[1] Monetarismo é uma teoria econômica que surgiu no início dos anos 1970 desafiando a teoria dominante, o keynesianismo, e passou a fazer parte de recomendações de agências de supervisão econômica. Tem como fundamentos: i) o controle inflacionário ainda que à custa de desemprego; ii) a condução de política fiscal rígida fundada na regra de crescimento estacionário do estoque de moeda; iii) a opção por políticas fixas em vez de poder discricionário dos formuladores e; iv) taxas de câmbio flutuantes e abertura comercial à competição internacional (EYAL, 2000, p. 74, 90).

para ativar a produção cede espaço à lógica *produzir para gerar financiamentos*. Opções de poupança são as mais variadas, que vão desde a tradicional caderneta aos modernos fundos mútuos ou de previdência. Estes, aliás, descritos por ideólogos da finança como mecanismos capazes de beneficiar não apenas a quem neles investe, mas à sociedade em geral ao supostamente ampliar as fontes de financiamento da atividade econômica. Fundos mútuos serviriam ainda para disciplinar administradores a buscar o investimento mais rentável e, assim, alocar recursos de modo mais eficiente. Com isso, mecanismos financeiros racionalizaram a produção sob novas formas de dominação do trabalho, como é o caso da ideologia da governança corporativa, que viabilizou novas formas de partilha dos ganhos de produtividade, agora entre capital, trabalho e finança (SALAMA, 1998, p. 439).

Em sentido mais amplo, a onda neoliberal, que começou a ampliar-se globalmente nos anos 1970, resultou na restauração do poder de classe da finança até então comprimido pelo consenso keynesiano. Fez isso ao reafirmar o dinheiro como mercadoria, como capital, colocando a moeda em posição ainda mais relevante para as relações sociais. Isso conferiu à finança poderes econômico e político significativamente superiores aos que gozara no período keynesiano-fordista. Como disse Gil Eyal (2000, p. 75, 78), o monetarismo é uma tecnologia não só de governo da vida econômica, mas da vida social, com a imposição das suas representações a um amplo espectro de problemas que passaram então a ser conduzidos e estabilizados por mercados financeiros organizados. Há quem diga que "a era neoliberal é a era da finança" (DUMÉNIL e LÉVY, 2004a, p. 110) e que, no caso brasileiro, estar-se-ia "diante da dominação cultural das finanças, que imp[useram] a proeminência de suas maneiras de enxergar a realidade ... e enquadrar os problemas do país" (GRÜN, 2007a, p. 382).

Exageros à parte, é fato que a expansão financeira não é um processo formado apenas por fenômenos econômicos, envolvendo também interesses políticos (BOURDIEU, HEILBRON e REYNAUD, 2003, p. 7). Já nos anos 1980 o papel dos mercados financeiros como instituições fundamentais de sociedades avançadas tornou-se visível (PREDA, 2007, p. 506). Com a ascensão do neoliberalismo como ideologia e prática dominantes, a lógica de mercado triunfou sobre os bens públicos, colocando o estado subserviente aos imperativos econômicos (KELLNER, 2002, p. 289). Ainda que essa subserviência tenha sempre existido na história do capitalismo, a maior integração mundial dos mercados e a ampliação sem precedentes da chamada economia fictícia tornaram a finança profunda e amplamente influente em diversas esferas da vida social. Dessa forma, podemos sintetizar, os anos que se seguiram aos 1970 foram testemunha da coexistência de acumulação fictícia, coerção sobre o trabalho, servidão via endividamento e desregulamentação de condições que mantinham em esferas privadas os riscos hoje cada vez mais socializados (BONEFELD, 2010, p. 16).

A tese central deste capítulo é que a mais recente expansão financeira da economia ocorreu dentro de um contexto de reorganização estrutural das relações econômicas e políticas. Para tanto, o papel do estado foi fundamental, ainda que as prescrições neoliberais reivindicassem a sua redução, o que, contudo, deu-se de forma seletiva. As classes dominantes, onde quer que fosse, se sentiram ameaçadas quando, nos anos 1970, o crescimento econômico entrou em colapso, taxas reais de juros ficaram negativas e dividendos e lucros reduzidos tornaram-se regra (HARVEY, 2005, p. 15). Sob o pretexto de que a intervenção estatal distorcia o funcionamento "normal" da economia, e que por isso ela não ia bem, o neoliberalismo tomou o planeta de assalto, advogando que a atividade econômica fosse regulada exclusivamente por mercados livres. Subjacente àquele discurso estava a real intenção de restabelecer o nível de poder econômico das classes dominantes que viram seus lucros reduzidos também pelas políticas distributivas do estado do bem-estar social. E ampliar os lucros de tipo financeiro foi um dos resultados do neoliberalismo e da financeirização subjacente.

Crise de acumulação e reação da finança

Sem discordar de ideias que defendem que a liberalização da economia tornou as crises mais frequentes, as aprofundou ou criou novas (DUMÉNIL e LÉVY, 2001, p. 602; EVANS, 2008, p. 280), sigo a hipótese de que a virada neoliberal foi antes uma resposta a uma crise de dimensões estruturais mais amplas. Crises são parte constitutiva do capitalismo (HILFERDING, 2006 [1910], p. 239), que, por meio delas, se regenera e modifica as condições de exploração (SALAMA, 1978, p. 235, 240). Isso significa que crises não são exclusividade do neoliberalismo, cujas dimensões estruturais as quais me refiro vão além da esfera da produção. Esta última é necessária, mas não suficiente para entender a ordem socioeconômica cujos fundamentos se propagaram a partir dos países centrais desde os anos 1970 e chegaram à periferia do sistema econômico mundial com seu maior ímpeto em meados dos anos 1990. Da mesma forma que crises econômicas não podem ser explicadas tão só por fenômenos restritos à esfera da produção, devendo-se recorrer às contradições presentes também no sistema político (OFFE, 1984a, p. 61), nesse mesmo sistema também está parte da explicação sobre a reação a elas.

Ao tomar esse caminho para estudar as reações frente à crise que julgo inauguradoras das condições que levaram a centralidade da finança no capitalismo contemporâneo, as relações entre classes são centrais. A abertura dos mercados mundiais iniciada em meados dos anos 1970 foi uma das respostas das classes dominantes à crise que levou ao fim do consenso keynesiano. Outra foi a elevação das taxas de juros promovida na economia estadunidense, no final da mesma década, cujos efeitos foram experimentados na maior parte do planeta. O caráter de classe de tais movimentos se revelou, por exemplo, no aumento dos lucros financeiros a expensas de menores retornos do investimento produtivo, que, por sua vez, levaram a aumentos do desemprego, do endividamento público e da violência social (DUMÉNIL e LÉVY, 2001, p. 579, 580; SALAMA, 1998, p. 441). Em termos políticos, ambas as medidas se deram dentro de um quadro institucional delineado com participação fundamental do estado, que afastou-se de algumas atividades para, contradizendo a retórica neoliberal, fortalecer-se em outras.

A história do capitalismo tem sido uma sucessão não só de crises conforme o marxismo clássico sugeriu acerca da inescapável derrocada desse modo de produção. Já no início do século passado, Rudolf Hilferding assumia que o capitalismo poderia estabilizar-se contra crises econômicas e potencialmente continuar existindo para sempre (WAGNER, 1996, p. 1). Não obstante, o que se pode dizer com segurança é que crises são parte constitutiva do capitalismo. Para Gérard Duménil e Dominique Lévy (2004a, p. 11), não é por acidente que as atuais transformações do capitalismo tenham seguido crises estruturais. Se por um lado elas apontam para a autodestruição do capitalismo, por outro, podem abrir novas possibilidades de exploração. Da erupção de desastres financeiros, por exemplo, elites dominantes podem emergir ainda mais poderosas (HARVEY, 2005, p. 192). Foi esse o caso das crises brasileiras de 1998 e 1999. Comparando-se os períodos 1990–1997 e 1998–2004, a média de retorno do investimento direto estrangeiro passou de 0,36% para 0,85% e a do investimento em carteira, de 1,65% para 2,58% em relação ao PIB (DUFOUR e ORHANGAZI, 2007, p. 344, 345).

Como se vê, crises não necessariamente ameaçam o capitalismo. Como mostrou Giovanni Arrighi (1994, p. 1), a história desse modo de produção tem se caracterizado por "longos períodos de crise, reestruturação e reorganização". Para ele, depois de três longos ciclos de acumulação, cada um formado por uma fase de expansão material seguida de uma fase de expansão financeira, o capitalismo atinge agora seu quarto ciclo, que é exatamente de expansão financeira.[2] O argumento de Arrighi defende que um novo ciclo de acumulação se sobrepõe ao até então existente para daí recuperar a capacidade de acumulação ameaçada por crises geradas dentro da estrutura a ser substituída. Em cada um desses ciclos, a expansão financeira decorre do fato de a produção e o comércio não serem capazes de garantir os fluxos de caixa proporcionáveis por contratos financeiros (ARRIGHI, 1994, p. 8). Sintetizando,

> a recorrência de ciclos sistêmicos de acumulação pode então ser descrita como uma série de fases de expansão estável da economia

---

2 Arrighi identifica quatro ciclos sistêmicos de acumulação, cada um deles caracterizado pela unidade fundamental entre um agente principal e a estrutura do processo mundial de acumulação: I) o genovês, que durou do século XV ao início do século XVII; II) o holandês, que se estendeu do final do século XVI até a maior parte do século XVIII; III) o britânico, vigente entre a última metade do século XVIII até início do século XX; e IV) o estadunidense, que se estende do final do século XIX até o presente.

> capitalista mundial alternada com fases de turbulência, no curso das quais as condições de expansão estável ao longo de um caminho de desenvolvimento estável são destruídas e aquelas de expansão ao longo de um novo caminho são criadas (ARRIGHI, 1994, p. 235).

Mas podemos pensar sobre essas turbulências também dentro dos grandes ciclos de Arrighi.

Uma dessas turbulências, geradora de consequências profundas para o processo mundial de acumulação, foi a que se revelou na década derradeira do compromisso keynesiano, mais precisamente no final dos anos 1970. Aquele regime já tinha sido uma resposta à crise de acumulação gerada pela redução do consumo no pós-Segunda Guerra. Sob o modelo keynesiano, ao mesmo tempo que deixou a iniciativa privada livre para decidir sobre o investimento e a administração das empresas, o estado se envolveu mais no controle do nível de atividade econômica, regulando taxas de juros, crédito, moeda e supervisionando instituições financeiras (DUMÉNIL e LÉVY, 2001, p. 585-586; 2004a, p. 12). Também em áreas como educação, pesquisa e política industrial o estado se fez mais ativo, assim como na criação de sistemas de proteção social em saúde, aposentadoria e desemprego.

Um dos resultados dessa configuração formada por controles sobre a finança e pelo compromisso sintetizado no objetivo do pleno emprego e proteção social foi constranger os níveis de lucratividade das classes financeiras, o que se evidencia, por exemplo, pelo comportamento das taxas de juros. A figura seguinte mostra que, em algumas das principais economias do centro do capitalismo mundial, o cenário era de taxas reais de juros relativamente baixas até fins dos anos 1970. Durante o período 1960–1979, a suas médias anuais foram de 1,1% na Alemanha, 0,9% nos EUA e 0,5% no Japão. Quando as taxas reais de juros em geral atingiram níveis negativos, destacadamente na segunda metade dos anos 1970, o liberalismo de tipo keynesiano começou a ceder espaço a um novo liberalismo. Com isso, no período 1980–1999, as médias das taxas reais de juros naqueles países foram 3,2%, 3,1%, e 2,6%, respectivamente. Na década seguinte, essas taxas voltaram a cair, porém os mecanismos financeiros já tinham atingido as dimensões extraordinárias reveladas na crise de 2008.

Figura 1.1 – Taxas de juros de curto prazo, países selecionados, 1960-2015

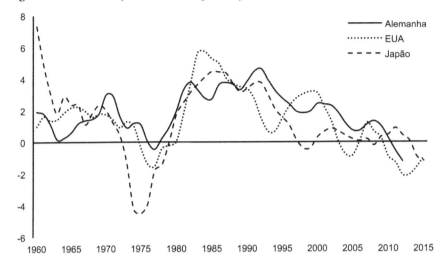

Fonte: elaboração própria a partir de FMI e OCDE.

Notas: I) escala percentual; II) taxas reais *ex-post* de juros de operações interbancárias; III) médias móveis de três anos.

O modelo keynesiano não se sustentou e sinais de crise se multiplicaram ao longo dos anos 1970, a maioria deles restritivos à acumulação de capital. Choques nos preços do petróleo, baixos crescimento econômico e evolução tecnológica, desemprego, estagnação de salários, militância trabalhista, crise fiscal, colapso do câmbio fixo, aumento da competitividade mundial, queda de lucros e dividendos, mercado de ações em depressão e taxas de juros dificilmente superiores à inflação foram os principais elementos da crise. E foram justamente o declínio dos lucros nos países centrais e suas consequências para os rendimentos das classes dominantes que delinearam as transformações que se seguiriam (DUMÉNIL e LÉVY, 2001, p. 587; 2004a, p. 14). Juntamente com a desregulamentação dos mercados, uma nova ideologia monetária promovida pelos EUA mudou o ambiente econômico de baixas para altas taxas reais de juros, o que desencorajou o investimento produtivo e direcionou a economia para as finanças (KRIPPNER, 2011, p. 87, 143, 144). Movimento semelhante seria observado também em outras economias.

Um dos principais acontecimentos que marcou a virada em direção à hegemonia financeira foi a mudança da política monetária estadunidense por meio do que Gérard Duménil e Dominique Lévy (2001, p. 587; 2004a, p. 69) denominaram "golpe de 1979". No momento em que a inflação começava a decolar, a prioridade foi dada à sua erradicação, e o método escolhido foi a elevação das taxas de juros, alegando-se, por exemplo que isso incentivaria indivíduos a poupar (DUMÉNIL e LÉVY, 2004a, p. 69). A média anual da taxa real *ex-ante* de juros foi de 0,8% no período 1973–1979 a 4,8% no período 1979–1989 (BOWLES, GORDON e WEISSKOPF, 1990, p. 159). Mas o discurso não pronunciava que a inflação estava também corroendo o rendimento real dos investimentos financeiros e que, portanto, era necessário interromper essas perdas (DUMÉNIL e LÉVY, 2004a, p. 69). A mudança da política monetária era o preâmbulo de uma série de medidas que visavam a restaurar a confiança no dólar estadunidense e centralizar novamente nos EUA capitais financeiros privados (ARRIGHI, 1994, p. 317).[3]

Tomavam forma ali as transformações que, segundo Duménil e Lévy (2004a, p. 68), levariam à restauração da dominação da finança, revelando um movimento de natureza política e de clara expressão da luta de classes. A evolução da relação entre taxa real de juros e taxa de crescimento do PIB nas sete principais economias capitalistas corrobora e sintetiza parte dessa hipótese. Segundo dados compilados por Minqi Li (2004, p. 23), a média dessa relação, que no período 1919–1939 fora 2,4 e que caiu para 0,3 em 1946–1958, voltou ao patamar original no período 1985–1997, quando atingiu 2,3. Isso mostra que ativos financeiros eram, por conta de suas lucratividades, mais atrativos do que investimentos em produção no primeiro e no terceiro daqueles períodos. Períodos esses que respectivamente correspondem aproximadamente ao que Duménil e Lévy (2011, p. 15) chamaram de "'primeira' e 'segunda hegemonia financeiras'".

Em termos sociológicos, o "golpe de 1979" significou a mudança do

---

3   Essas medidas, além do aumento dos juros reais, foram a desregulamentação que virtualmente deu total liberdade de ação às corporações e instituições financeiras domésticas e estrangeiras dentro dos EUA, o endividamento público, que transformou o país de maior credor em maior devedor mundial, a expansão militar no contexto da Guerra Fria, e as demonstrações de força contra regimes não amistosos do Terceiro Mundo (ARRIGHI, 1994, p. 317).

sentido dado aos excedentes econômicos transferidos entre classes e suas frações em operações financeiras, por exemplo, as de crédito. Isso porque a taxa de inflação superior à taxa nominal de juros faz com que os juros pagos pelo devedor sejam mais que compensados pela desvalorização da dívida, sendo essa diferença uma transferência de excedentes, em termos reais, do credor para o devedor. Numa palavra, a "inflação prejudica credores e beneficia devedores" (CARRUTHERS, 2005, p. 368). Quando as taxas de juros nominais superam a inflação, o fenômeno se dá em sentido inverso, ou seja, são os credores que tomam o posto de destinatário da parte dos excedentes que é redistribuída pela via financeira. Evidências nesse sentido podem ser encontradas na figura seguinte, que mostra endividamento público e taxas reais de juros nos EUA com tendências similares.

Figura 1.2 – Dívida pública e taxa de juros de curto prazo, EUA, 1960-2015

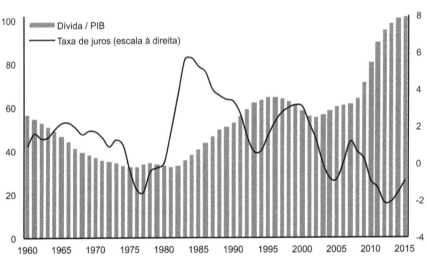

Fonte: elaboração própria a partir de Departamento do Tesouro dos EUA, FMI e OCDE.

Notas: I) escalas percentuais; II) taxas reais *ex-post* de juros de operações interbancárias; III) médias móveis de três anos.

Ao longo dos anos 1960 até meados dos anos 1970, taxas reais de juros em declínio mantiveram uma tendência também declinante do nível de endividamento. Entre meados dos anos 1970 até o início dos anos 1980, quando essas taxas ficaram negativas, o nível de endividamento público se manteve estável. Depois do chamado "golpe de 1979", quando o governo dos EUA se dispôs a pagar juros a taxas mais altas, a dívida pública passou a aumentar. De 41% do PIB em média durante 1960-1979, passou a 51% em 1980-1999 e a 73% em 2000-2015. A média anual da taxa real de juros interbancários, que fora de 1% durante 1960-1979, passou a 3% em 1980-1999. Essa taxa caiu a uma média próxima de zero em 2000-2015, mas aí o nível de endividamento já era superior em quase 80% ao observado em 1960-1979. O quadro mostra que, a partir do início dos anos 1980, as classes financeiras ampliaram a sua participação na apropriação de excedentes econômicos. Esse foi o grande feito do neoliberalismo como um projeto de classe que visava a fortalecer a finança como fração privilegiada do capital (HARVEY, 2010, p. 10).

Expansão do endividamento tão acelerada como a que vimos não pode ser substancialmente explicada pela incorporação ao estoque da dívida de juros incorridos e não pagos, como ocorreu no Brasil; é explicada — e isso se aplica tanto aos EUA como ao Brasil — principalmente pelo fato de taxas reais de juros mais altas terem criado um cenário favorável ao aumento do endividamento. Cenário esse marcado pela maior facilidade para o estado financiar resultados fiscais negativos — o que realimenta a sua propensão para incorrer em novos resultados negativos — e pelo aumento da procura por parte do capital por inversões financeiras mais rentáveis. Quando as taxas de juros da dívida pública são superiores aos retornos sobre o investimento produtivo, os títulos emitidos pelo estado ficam mais atrativos. Ao mesmo tempo, governos veem no endividamento fonte de antecipação de tributos futuros. Foi essa equação que possibilitou, por exemplo, aos EUA financiar os recorrentes resultados fiscais deficitários significativamente impulsionados pelos gastos militares da era Reagan.

O outro fenômeno que destaco como determinante para a atual configuração do capitalismo foi a abertura dos mercados financeiros internacionais, cujo início, aliás, antecedeu e influenciou a mudança na política monetária estadunidense citada anteriormente. Também na direção do restabelecimento do poder e da lucratividade da finança, tal abertura possibilitou a essa fração de classe mover capital-dinheiro dentre pontos do sistema econômico mundial quando e para onde uma alternativa mais rentável se lhe apresentasse. Antecedentes dessa abertura eram vistos já desde o início dos anos 1970, quando a pressão estadunidense pela livre circulação de capitais se concretizou com o colapso do acordo de *Bretton Woods* (CARCANHOLO e NAKATANI, 2001, p. 12; VERNENGO, 2006, p. 560). Os pilares daquele acordo eram taxas fixas de câmbio, limites sobre a mobilidade de capitais e instituições monetárias internacionais capazes do garantir crédito a países com essa necessidade. Em *Bretton Woods* também fora estabelecido o dólar estadunidense — à época conversível em ouro — como a moeda mundial a ser utilizada no comércio internacional.

A exclusividade dada ao dólar provocou imensa demanda mundial pela moeda, ao que os EUA responderam com investimentos diretos, importações, ajuda externa e assistência militar. Isso levou o país a sucessivos resultados deficitários nas contas externas nos anos 1950 e 1960, o que por sua vez gerou crises de confiança que levaram outros países a converter seus dólares em ouro. Com isso, entre 1971 e 1973, os EUA promoveram o abandono da convertibilidade do dólar em ouro, acarretando a extinção do sistema de taxas fixas de câmbio. A novidade significou o fim da restrição imposta pelo acordo de *Bretton Woods* para que os EUA mantivessem seu balanço de pagamentos equilibrado. Assim, dólares poderiam continuar a inundar os mercados mundiais, porém, sem um claro controle de valor a partir de então. Abriu-se o caminho para que os EUA passassem a imprimir dólares à medida que outros países estivessem preparados para absorvê-los, o que, na periferia da economia mundial, se deu em grande medida por meio de endividamento externo (CORBRIDGE, 1993, p. 195). Entre 1970 e 1973, o suprimento da moeda tinha crescido 40% nos EUA, e entre 1972 e 1973, 70% na Grã-Bretanha, iniciando-se o processo inflacionário (FRIEDEN, 2006, p. 364) que mais tarde veio a ser atacado com o aumento de juros descrito como "golpe de 1979". Ao longo dos anos 1970, a taxa anual de crescimento do volume dos chamados eurodólares foi de 25% ante os 10% do suprimento de dólares nos EUA e os 4% do volume de comércio internacional (HARVEY, 1990, p. 163).

O colapso do acordo de *Bretton Woods* e a subsequente eliminação de controles de capitais promovidos pelos EUA e seus agentes — FMI e Banco Mundial — possibilitou aos bancos centrais competir por fluxos de capital especulativo, provocando assim a elevação das taxas reais de juros (VERNENGO, 2006, p. 561). Vendo sua dominação ameaçada, os EUA tinham mudado de opinião em relação aos controles impostos em *Bretton Woods*. O Relatório Econômico do Presidente de 1973, supostamente ditado por Milton Friedman, veio a dizer que "a livre mobilidade internacional do capital deveria ser tratada de modo igual ao livre comércio de bens e serviços, e controles deveriam ser suprimidos" (DUMÉNIL e LÉVY, 2004a, p. 165). Limites sobre a circulação de capitais foram revogados nos EUA em 1974, no Reino Unido em 1979, na Europa continental entre 1986 e 1988, e em todos os países da OCDE em 1989 (DUMÉNIL e LÉVY, 2004a, p. 163).

O "golpe de 1979" e a abertura dos mercados financeiros lançaram assim bases importantes para a atual configuração do capitalismo mundial. Foram formatadas ali condições para a que *acumulação* capitalista, ou seja, a produção de mais-valia, cedesse espaço à *expropriação* de excedentes pela via financeira. A lógica da renda de propriedade, a partir de então focada em ativos financeiros e ativos intangíveis politicamente protegidos, de algum modo se sobrepôs a lógica de "revolucionar os meios de produção" (EVANS, 2008, p. 280). Delineava-se então o que hoje chamamos de financeirização, que alguns comentadores definem como a fase do desenvolvimento capitalista caracterizada por um padrão de econômico em que lucros decorreriam, principalmente, de canais financeiros em vez de atividades produtivas (KRIPPNER, 2005, p. 174-175; 2011, p. 4). Esses canais, prossegue Krippner, viabilizaram a provisão ou transferência de capital líquido com vistas à obtenção de juros, dividendos ou ganhos de capital futuros.

As reações da finança — elevação das taxas de juros e a liberalização dos mercados — à crise de acumulação e a imprescindibilidade do estado nessa reação mostram que, no neoliberalismo realmente existente, a retração estatal foi uma falácia. O neoliberalismo é um pastiche de prescrições políticas inspiradas em uma teoria econômico-política que sustenta que o bem-estar humano mais avançaria por meio das liberdades e capacidades empreendedoras individuais dentro de um quadro institucional caracterizado pela garantia dos direitos à propriedade privada e por mercados e comércio livres da interferência do estado (BABB, 2007, p. 128; CROUCH, 2011, p. 7; HARVEY, 2005, p. 2). Ainda segundo a doutrina neoliberal, ao estado caberia tão só criar e manter condições institucionais que assegurassem essas práticas, garantindo, por exemplo, a qualidade e a integridade da moeda. Também seria atribuição estatal manter as funções militares, policiais e legais requeridas para assegurar o direito de propriedade e garantir o correto funcionamento dos mercados. Enfim, a intervenção estatal na economia deveria ser mínima por conta das assimetrias de informações e das influência capazes de favorecer determinados grupos sociais.

Ocorre que, como destacou David Harvey (2005, p. 21, 79, 80), além de incoerências internas da própria teoria, como a concomitância de desacreditar o poder estatal e demandar-lhe ação forte para defender o direito à propriedade privada e as liberdades individuais e empresariais, a prática neoliberal apresenta outras contradições: I) do estado espera-se ação coadjuvante, não mais do que criação de condições para o funcionamento do mercado, mas também que crie um clima favorável aos negócios e atue como um ente competitivo na política global; II) quanto mais o neoliberalismo avança autoritariamente na promoção do mercado, mais difícil torna-se manter sua legitimidade no que concerne às liberdades individuais, revelando-se aí o seu caráter antidemocrático; III) ao mesmo tempo que é crucial manter a integridade do sistema financeiro, o individualismo irresponsável dos seus operadores produz volatilidade especulativa, escândalos financeiros e instabilidade crônica; IV) enquanto se enaltece as virtudes da competição, a realidade mostra a consolidação de oligopólios e monopólios multinacionais; e V) a opção pelas liberdades de mercado e a mercantilização de tudo que for possível tende a erodir formas de solidariedade social, comprometendo a própria ordem. Por tudo isso, acertou Eric Hobsbawm (1995, p. 564) ao concluir que "as teorias em que se baseava a teologia neoliberal, embora elegantes, pouca relação tinham com a realidade".

Ao concluir esta seção cabe um alerta acerca do argumento de que crises capitalistas apontam para soluções por meio de reorganizações dentro do próprio sistema. A partir do que foi dito até aqui não se pode concluir que o capitalismo esteja a salvo de si mesmo. Para Göran Therborn (2007, p. 85), existe a possibilidade de a atual fase do capitalismo representar uma ameaça a ele mesmo, visto que expansão financeira é uma expressão de, e um veículo para, uma profunda crise da existente hegemonia mundial. Mesmo que o capital financeiro seja hegemônico, ele deve manter-se em níveis compatíveis com a valorização do capital produtivo. Se não o fizer, os resultados serão o declínio do volume de mais-valia a ser distribuída entre os diversos capitais — industrial, comercial e financeiro —, crise geral de acumulação e/ou o declínio de capital (JESSOP, 1990, p. 200; 2010, p. 43). Enfim, por mais poderosa que possa parecer, a atual ordem é insustentável, pois é incapaz de proteger a sociedade e a natureza bem como o próprio capital do caos de seus próprios mercados (EVANS, 2008, p. 272).

Expansão financeira da economia brasileira

A exemplo do ocorrido anteriormente nos países do norte global, o principal resultado alcançado pelas políticas liberalizantes brasileiras foi colocar a fração capitalista financeira no topo da lista de beneficiários dessas políticas. Medidas irradiadas a partir dos organismos financeiros multilaterais — FMI e Banco Mundial — e dos países do centro da economia mundial, algumas delas implementadas nestes últimos, não tardaram a chegar à periferia. Alguns movimentos nesse sentido já eram vistos no Brasil durante o primeiro governo civil — governo Sarney (1985–1990) — após a ditadura militar, quando vários pacotes anti-inflação foram lançados e fracassaram. No governo Collor (1990–1992), além de novas tentativas de controle inflacionário, também frustradas, iniciaram-se aberturas da economia ao capital internacional e privatizações de empresas estatais. No governo Itamar (1992–1994), instalado após o impedimento de Fernando Collor, o Brasil levantou controles de saída de capitais financeiros, o que inseriu o país no circuito internacional de valorização financeira (PAULANI, 2008, p. 41, 134).

Para Jorge Garagorry (2007, p. 254), foi justamente a partir do impedimento de Collor que a finança internacional conquistou a efetiva hegemonia na sociedade brasileira. Segundo ele, entre os governos Sarney (1985-1990) e o primeiro governo Lula (2003-2006), foi durante o governo Collor (1990-1992) que o Brasil pagou menos juros, resultado da redução do endividamento público ocasionada pelo sequestro de aplicações financeiras decretado pelo Plano Collor, em 1990. O impedimento do presidente da República, concluiu Garagorry (2007, p. 254), veio a ser uma correção de rumo por parte da classe dominante ao "defenestrar sua criatura", que não estaria à altura de implementar as políticas prioritárias para a finança. Isso lembra Marx em sua comparação do modelo democrático da Comuna de Paris à ideia restrita de democracia materializada na democracia representativa. Nesta, "as companhias, como os indivíduos, em matéria de negócio real sabem geralmente como colocar o homem certo no lugar certo e, se alguma vez cometem um erro, como repará-lo prontamente" (MARX, 1982 [1871], p. 241).

Em julho de 1994, foi lançado o Plano Real, que tinha como um de seus fundamentos a política monetária restritiva, voltada ao objetivo primeiro de contenção da inflação. A exemplo do *Federal Reserve* dos EUA, o Banco Central do Brasil tornou-se "quase histericamente intolerante à inflação" (DESAI, 2013, p. 195). Era o "golpe de 1994", que reproduziu a guinada monetarista marcada pela elevação dos juros estadunidenses no "golpe de 1979". Uma diferença é que no Brasil uma sucessão de "golpes" do gênero se seguiriam como respostas a retomadas da inflação ou crises financeiras. Desde então, o estado brasileiro permaneceu pagando taxas de juros das mais altas do mundo, como mostra a figura seguinte (ver também a figura 1.1, p. 38). Durante o período de vigência do Plano Real (1994-1998), a média anual da taxa real de juros interbancários foi de 22% no Brasil ante, por exemplo, 5,8% na África do Sul, 7,2% na Coreia do Sul e 7,6% no México. Após o colapso do Plano, em 1999, quando foi adotado o regime de metas para a inflação, o Brasil continuou pagando taxas mais altas. Durante 1999-2015, a média da taxa interbancária foi de 7,3% no Brasil, 2,5% na África do Sul, 0,9% na Coreia do Sul e 2,7% no México.

Figura 1.3 – Taxas de juros de curto prazo, países selecionados, 1980–2015

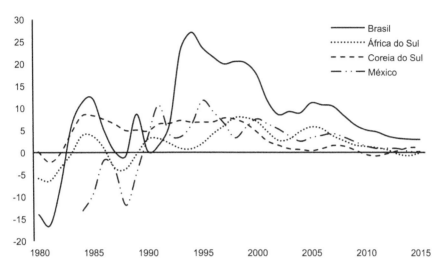

Fonte: elaboração própria a partir de FMI, IPEA e OCDE.

Notas: I) escala percentual; II) taxas reais *ex-post* de juros de operações interbancárias e, para o Brasil, taxa *Overnight*/Selic; III) médias móveis de três anos.

O Plano Real tinha como objetivo principal a estabilização monetária. Contudo, foi mais ambicioso que isso. Sua premissa principal era que somente a drástica redução da inflação seria capaz de criar um ambiente atrativo para investimentos estrangeiros, e que somente o massivo ingresso destes poderia proporcionar as bases para o crescimento no longo prazo (ROCHA, 2002, p. 7). Confiando nessa estratégia para restaurar a confiança externa e assim atrair capital, o governo brasileiro encorajou a entrada de fundos especulativos de curto prazo na tentativa de formar reservas em moeda estrangeira. Para isso, além das taxas de juros mais altas do mundo, concedeu aos investidores a faculdade de mover capitais financeiros para fora do Brasil a qualquer momento (ROCHA, 2002, p. 9). O modelo incluía ainda o aprofundamento da cessão à iniciativa privada de uma série de atividades até então operadas diretamente pelo estado, o que ocorreu por meio da quebra de monopólios e privatizações.

Como pode ser visto na figura seguinte, um dos resultados dessa nova orientação política foi a ampliação do ingresso de capital financeiro no país, tanto em investimentos diretos como em carteira, empréstimos e outros. A média do fluxo financeiro de capital estrangeiro passou de US$ 7 bilhões durante o período 1980-1994 para US$ 36 bilhões durante 1995-1998. A situação se alterou no início de 1999, quando o Plano Real colapsou — a âncora cambial foi substituída pelo regime de metas para a inflação — após uma sucessão de crises financeiras mundiais, em especial no Sudeste da Ásia em 1997 e na Rússia em 1998. Contudo, no prazo mais longo, o Brasil se manteve como importante destino mundial de fluxos financeiros. O ingresso desse tipo de capital, que caíra para uma média anual de US$ 15 bilhões em 1999-2005, retomou a tendência de alta em 2006, atingindo uma média anual de US$ 105 bilhões em 2006-2014.

Figura 1.4 - Ingresso de capital financeiro estrangeiro, Brasil, 1980-2014

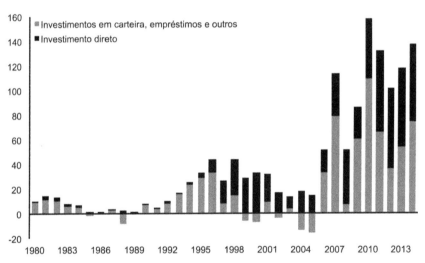

Fonte: elaboração própria a partir de BCB.

Notas: I) valores nominais em bilhões de dólares dos EUA; II) estatísticas de balanço de pagamentos conforme 5ª edição do *Manual de balanço de pagamentos e posição internacional de investimento*, do FMI; III) série descontinuada pelo BCB em fev. 2015.

Esse caminho tomado pelo estado brasileiro ampliou um sistema pouco complicado mas eficiente de transferência de mais-valia para a finança. A simplicidade intuitiva do monetarismo e da desregulamentação facilitou a venda do modelo para a sociedade ao mesmo tempo que mascarou a venda de ativos lucrativos, tanto diretos quanto de carteira (POTTER, 2007, p. 6). Da média anual de US$ 36 bilhões que ingressaram no Brasil em 1995–1998, US$ 15 bilhões foram em investimento direto e US$ 21 bilhões, investimentos em carteira, empréstimos e outros. Liberalização, desregulamentação, privatização e outras políticas ditas modernizantes, que já vinham desde o início dos anos 1990, ligavam-se à promoção da atração de capital estrangeiro como a mais recente fórmula neoclássica de difusão do desenvolvimento do capitalismo do centro para a periferia (ROCHA, 1994, p. 74). Em síntese, o Brasil fazia a sua parte na construção de um "regime financeiro emergente ... planejado para facilitar a mobilidade global de capital em busca de lucros via [força de] trabalho barata" (ASIMAKOPOULUS, 2009, p. 179).

A ideia de aproveitar a abundância de liquidez no mercado internacional, atraindo investimentos estrangeiros para desenvolver a economia, foi então capaz de justificar a política de juros consistentemente altos, citada por João Sicsú (2006, p. 376) como a única fórmula vislumbrada para isso. Também a inflação, cuja redução era considerada requisito para atrair tais investimentos, foi justificativa para os juros altos. Recepcionava-se no Brasil a premissa dominante de que para contê-la qualquer intervenção se justificaria (WILSON, 2002, p. XII). O combate à inflação contou com imenso suporte popular por parte de quem sofria com as altas de preços por não poder proteger seus rendimentos, ao mesmo tempo que alinhou os interesses financeiros à agenda neoliberal (POTTER, 2007, p. 18). Tal conjugação serviu, assim, para sustentar a hegemonia da finança ao coordenar os interesses desta com os daqueles sobre os quais a hegemonia era exercida. Como bem lembra Adam Przeworski (1985, p. 137), a hegemonia econômica só se mantém quando ocorre tal coordenação, que se dá quando os interesses das frações subordinadas são atendidos em alguma medida. Assim, se a sociedade desejava inflação baixa para se proteger do chamado imposto inflacionário, estaria disposta — ou foi convencida — a suportar juros mais altos para assim mantê-la.

Realmente a inflação foi contida, como pode ser visto na figura seguinte. Apesar de algumas instabilidades ao longo do percurso inaugurado em 1994, manteve-se em patamares e por tempo tais que a fizeram celebrada como a grande conquista da sociedade brasileira, em especial dos seus estratos mais pobres. A média anual do índice de preços ao consumidor caiu de impressionantes 728% em 1980-1994 para 7,4% em 1995-2015. Contudo, o discurso contava a história pela metade, omitindo que parte daquilo que a nova ordem dava com uma mão, ela tirava com a outra. Acabar como o imposto inflacionário, assim como atrair capitais estrangeiros, teve seu preço, que foi pago principalmente pelas classes que, alegava-se, seriam beneficiárias do desenvolvimento prometido pelo neoliberalismo. Sua síntese está na elevação das taxas reais de juros, cuja média anual passou de 6,5% em 1980-1994 para 10% em 1995-2015 (16% em 1995-2002 e 6,4% em 2003-2015), o que se refletiu em aumentos do endividamento público e do nível de tributação, e em restrições sobre gastos estatais não financeiros (ver figura 2.4, p. 117, e figura 3.1, p. 141).

Figura 1.5 – Taxa de juros de curto prazo e inflação, Brasil, 1980-2015

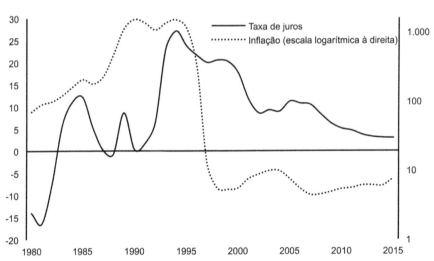

Fonte: elaboração própria a partir de IPEA.

Notas: I) escalas percentuais; II) taxa real *ex-post* de juros *Overnight*/Selic; III) médias móveis de três anos.

O aumento da dívida pública interna a partir de meados da década de 1990 e as taxas de juros dentre as mais altas do mundo representaram disponibilizar à finança alternativas de investimento significativamente rentáveis e líquidas. Assim, o estado brasileiro contribuía para o processo de expansão financeira da economia pela via do endividamento interno, que, a julgar principalmente pela atratividade que representou para a finança, constituiu-se num dos elementos mais significativos do movimento de financeirização. O mercado acionário foi outro a expandir-se consideravelmente. Sublinho que os títulos de dívida pública e as ações representativas de capital de empresas são justamente os itens destacados por Marx em sua definição de capital fictício, cuja evolução tomo como evidência de financeirização da economia brasileira. Como ensinou Pierre Salama (1998, p. 427), o grau de financeirização de um país pode ser medido pela representatividade dos ativos financeiros em relação aos ativos totais.

Com a liberalização da movimentação internacional de capitais, alguns do tipo fictício multiplicaram-se rapidamente no Brasil, como pode ser visto na figura seguinte. Ao mesmo tempo, a economia do país experimentou reduções do investimento produtivo, este representado pela formação bruta de capital fixo (FBCF), que é a parcela do produto destinada ao investimento em equipamentos fixos com vistas à atividade produtiva. Sua representatividade em relação ao PIB caiu de uma média 21% em 1988–1994 para 17% em 1995–2014.[4] Já o capital fictício, aqui formado pela dívida pública mobiliária federal interna e as ações de empresas negociadas na BM&FBovespa, passou de uma média de 62% para 86% do PIB entre esses mesmos períodos. De salientar que esse percentual atingiu 139% no ano anterior à crise financeira de 2008 e, mesmo com a tendência de queda ali inaugurada, manteve uma média próxima de 100% do PIB entre 2008 e 2014.

---

4   Quando não houver indicação, o PIB e os demais dados oriundos do sistema de contas nacionais utilizados ao longo deste livro são aqueles constantes do SCN referência 2010. Quando necessário, em especial para as séries mais antigas, foram utilizados os dados do SCN referência 2000, o que será explicitado oportunamente.

Figura 1.6 – Formação bruta de capital fixo e capitais fictícios, Brasil, 1988-2014

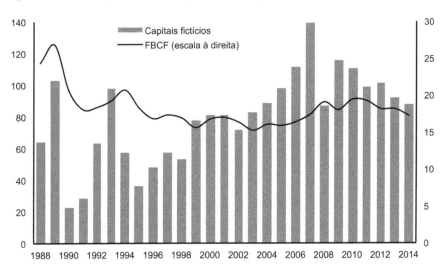

Fonte: elaboração própria a partir de BCB, Conjuntura Econômica e IPEA.

Notas: I) percentuais em relação ao PIB; II) capitais fictícios: posições de fim de ano da DPMFi e do preço de mercado das ações das empresas negociadas na BM&FBovespa; III) FBCF e PIB conforme sistema de contas nacionais referência 2000, onde 2014 é o último ano da série.

Os itens que formam o capital fictício na figura anterior são capital porque representam para seus proprietários potencial de valorização; são fictícios porque a eventual realização desse potencial, dessa expectativa de valorização, não cria qualquer valor adicional para economia. Essa realização, contudo, assume sua face social concreta quando esses capitais servem à expropriação das classes produtoras por parte das classes apropriadoras. No caso do capital fictício de tipo acionário, isso se opera, por exemplo, por meio de uma novidade que veio na esteira do neoliberalismo. Trata-se da ideologia da governança corporativa, que, grosso modo, prescreve às administrações das empresas que atuem na direção última da valorização do capital-dinheiro dos acionistas. Essa lógica difere do momento anterior em que a valorização dos capitais individuais era perseguida fundamentalmente via produção material. Não que isso tenha se encerrado — da produção material depende o capitalismo —, mas para muitos capitalistas individuais ficou num plano inferior no rol de objetivos. O objetivo fundamental passou a ser a valorização financeira, para o que o aumento da riqueza material é *um meio* dentre alguns. Segundo François Chesnais (2005b, p. 22),

> depois dos anos 1980, os proprietários-acionistas empregaram energia e meios jurídicos (ou quase jurídicos) consideráveis para subordinar os executivos industriais e os transformar em gente que interiorizasse as propriedades e os códigos de conduta nascidos do poder do mercado acionário ... suas prioridades são muito diferentes daquelas do gerente-industrial ao qual ele sucedeu. Os grandes grupos são dirigidos atualmente por executivos que, acima de toda outra preocupação, trabalham observando a cotação em bolsa das ações da empresa que os empregou.

Muitas das ideologias administrativas que se propagaram a partir de então — governança corporativa, reengenharia, administração estratégica, gestão por desempenho etc. — trouxeram consigo a elevação das taxas de exploração do trabalho por parte das classes apropriadoras vestidas de acionistas. Diferente do capitalista industrial ou comercial, o capitalista financeiro — acionista — se move em função das possibilidades de valorização do capital fictício que detém ou pode vir a deter. Nesse sentido a finança sim chegou ao controle da indústria e do comércio apontada por Hilferding (2006 [1910], p. 225), porém, de modo diferente (ver nota 2, p. 24). Não são apenas os bancos que exercem influência forte sobre a indústria e o comércio. É a finança em geral — aí estão os bancos, mas não apenas eles — que a exerce via mercados acionários e de capitais conectados mundialmente. É essa mesma finança que exerce influência sobre os estados-nacionais, especialmente por meio da dívida pública.

A dívida pública brasileira é hoje um dos destinos do capital-dinheiro não invertido produtivamente que, não obstante, parece valorizar-se — de modo fictício, diga-se, visto que ela não engendra exploração de trabalho produtivo — no circuito das finanças. Bancos e fundos mútuos de investimento — estes em sua maioria administrados por aqueles — concentraram em sua mãos a quase totalidade da dívida brasileira, que, por sua vez, passou a sustentar boa parte do mercado financeiro no país. Complementarmente, a dívida pública fez desse mercado terreno apropriado para a ampliação de fontes fiscais, pois praticamente qualquer pessoa ou organização passou a poder emprestar ao estado. Outro aspecto dessa complementaridade é citado por Jennifer Hermann (2002, p. 48) ao ressaltar que a tendente padronização mundial do endividamento público sob a forma mobiliária — títulos negociáveis em mercados secundários — é explicada pela necessidade que os governos passaram a ter de vender títulos em condições — juros, prazos — que atendessem também aos seus objetivos de política econômica. Disso decorreu uma mutualidade de reprodução entre dívida pública e mercados financeiros, corroborando Robert Boyer (1999, p. 5) quando afirma que ao estado cabe, além de corrigir as chamadas deficiências de mercado, criar novos mercados.

Figura 1.7 – Fundos de investimento e dívida mobiliária, Brasil, 1990–2015

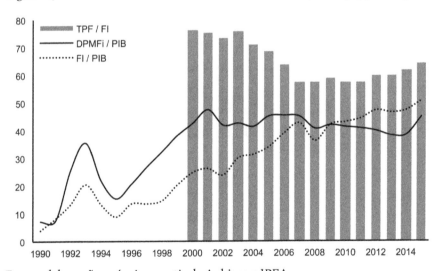

Fonte: elaboração própria a partir de Anbima e IPEA.

Notas: I) escala percentual; II) TPF, DMPFi e FI, posições de fim de período; III) TPF / FI disponíveis apenas a partir do ano 2000.

Nesse ponto chamo a atenção para um mecanismo relativamente novo na economia brasileira. Sua evolução pode ser colocada em paralelo ao próprio processo de endividamento público interno. Trata-se do fundo de investimento (FI), cujos totais evoluíram em ritmo similar ao da dívida pública mobiliária federal interna (DPMFi), como mostra a figura anterior. Isso fica ainda mais claro na representatividade dos títulos públicos federais (TPF) na composição das carteiras desses fundos, que em média foi de 65% no período 2000–2015. Ainda que este seja relativamente breve, o comportamento dos outros dois indicadores faz supor que os títulos federais tenham sido similarmente representativos no período iniciado com o Plano Real. Numa palavra, foram a securitização — transformação de contratual em mobiliária — da dívida pública brasileira e o seu crescimento os principais movimentos que viabilizaram o desenvolvimento do mercado de fundos mútuos de investimento no Brasil.

Aspecto importante do fundo de investimento é o seu significado para finança no que diz respeito ao risco associado à dívida soberana. Um fundo mútuo é um condomínio formado por poupadores que entregam recursos financeiros a um administrador profissional — este pode ser um banco — que os investe na compra de ativos financeiros, dentre eles títulos de dívida pública. Aparentemente trata-se de uma relação semelhante à tradicional operação de captar, agora via fundo de investimento, recursos de um poupador e emprestá-los a um tomador por meio da compra de papéis emitidos por este último. Contudo, o intermediário administrador de um fundo mútuo não detém o direito de crédito que deteria o intermediário financeiro tradicional. Esse direito é daqueles que compraram as cotas do fundo, assim como é também deles o risco de crédito. No caso de fundos que compram títulos emitidos pelo estado, se este não efetivar os pagamentos devidos nos respectivos vencimentos, os títulos correspondentes se desvalorizam, levando à correspondente desvalorização das cotas do fundo e, assim, impondo as perdas aos respectivos cotistas. Quando isso ocorrer, os administradores já terão apropriado as taxas cobradas dos cotistas a título de remuneração pela gestão do fundo.

Há um outro aspecto relevante na ampliação do mercado de fundos de investimento sustentada pelo endividamento interno. O crescimento desse mercado significou ampliar também as fontes de financiamento de resultados fiscais negativos, que até os anos 1980 se concentrava no endividamento contratual junto a bancos estrangeiros. Esse movimento de mútua reprodução entre expansão financeira da economia e endividamento público foi coerente ainda com a remoção de barreiras para a movimentação de capitais entre fronteiras. Tal estrutura criou fontes alternativas de financiamento para o estado ao mesmo tempo que disponibilizou alternativas de lucro aos capitalistas financeiros. Ampliou a faculdade de emprestar ao estado brasileiro também para a finança doméstica, a qual poderia, assim, auferir parte dos rendimentos antes direcionadas à finança internacional.

Nesse ponto minha análise difere de muitas que comumente denunciam a expansão financeira da economia como favorecedora do capital estrangeiro. Ainda que isso fosse totalmente verdadeiro — não é, pois no caso brasileiro os capitalistas nativos também foram favorecidos — seria pouco relevante para uma análise sob a ótica de classes. Indo mais longe, trata-se de uma crítica incorreta do ponto de vista teórico e inútil do ponto de vista prático, pois recorre a uma distinção — estrangeiros e não estrangeiros — que pouco acrescenta à questão fundamental da exploração capitalista. Essa abordagem foi bastante marcante na crise da dívida externa da década de 1980, quando a retórica de certa esquerda era de duras referências ao capital-financeiro-internacional. Em tempos de privatizações e de expansão financeira, tal abordagem continua presente. Mais do que politicamente inútil, essa pode ser uma abordagem arriscada na medida em que ao ataque da esquerda ao capital internacional for subjacente uma oposição entre estrangeiros e nacionais também dentro das classes subalternas. E essa divisão, sabe-se, é sempre bem-vinda para as classes dominantes. Ocorre que "os governos nacionais, contra o proletariado, formam *um*" (MARX, 1982 [1871], p. 262; grifo no original), e os capitais, aparentemente nacionais, também formam *um*.

A crítica que considero relevante ocupa-se da hipótese de que recorrer a capitais de um ou de outro local do sistema-mundo pode acarretar em elevação da taxa de exploração. Isso é diferente das análises com coloração por vezes nacionalista a que acabo de me referir. Inconscientemente elas acabam tomando o ponto de vista do explorador; fazem isso ao aceitar a simplificação que distingue nacional e estrangeiro, insinuando que o último seria, aos olhos do analista, *o* adversário. Tomar, ao contrário, o ponto de vista do explorado nos leva a perguntar se a alteração qualitativa — substituir um explorador por outro — não se traduzirá na verdade numa mudança quantitativa. Refiro-me ao que concluem Nakatani e Herrera (2007, p. 32) sobre a conversão da dívida externa em interna ocorrida nos países periféricos ter significado uma a elevação da taxa de exploração na medida em que, sobre a segunda, incidiam taxas de juros mais altas do que sobre a primeira. Esse é caso aparente na figura seguinte, onde constam evoluções das dívidas interna e externa do Brasil e suas respectivas taxas nominais de juros implícitas.

Figura 1.8 - Dívida pública federal e taxas de juros implícitas, Brasil, 1991-2015

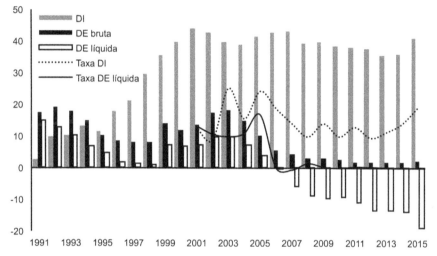

Fonte: elaboração própria a partir de BCB e IPEA.

Notas: I) escala percentual; II) dívidas, interna (DI) e externa (DE) do governo central, em relação ao PIB; III) taxas nominais de juros implícitas.

A figura anterior mostra um movimento de aprofundamento da transferência para a finança de excedentes arrecadados pelo estado brasileiro. Enquanto a média da dívida interna aumentou de 14% do PIB em 1991-1998 para 40% em 1999-2015, a da dívida externa bruta caiu de 13% para 7,6% do PIB entre esses períodos. Ocorre que a média anual da taxa nominal de juros implícita da dívida interna em 2001-2015 foi de 14%, ante 4,6% de taxa de juros da dívida externa. Essa dívida interna mais cara também financiou a formação de reservas financeiras internacionais, cujos retornos foram similares à taxa de juros da dívida externa. Em suma, o declínio do endividamento externo — este transformado em crédito líquido pelas reservas internacionais a partir de 2006 — foi financiado por um outro endividamento mais caro, o interno. Assim, nota-se que a finança, independente de ser nacional ou estrangeira, pode impor taxas de expropriação na medida das condições econômicas e políticas de que dispuser em meio a esse tipo específico de relação de classes. No caso brasileiro, o que se viu foi uma diferença entre taxas — externa ou doméstica — que fez do sistema tributário um mecanismo de transferência de valor àqueles com acesso não apenas aos mercados financeiros internacionais, como argumentam Morais, Saad-Filho e Coelho (1999, p. 13), mas a mercados financeiros em geral.

Figura 1.9 – Resultados fiscais e dívida pública federal, Brasil, 1991-2015

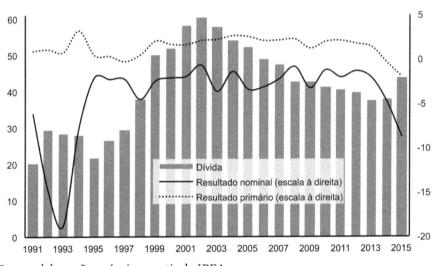

Fonte: elaboração própria a partir de IPEA.

Notas: I) percentuais em relação ao PIB; II) dívida: médias mensais em cada ano da DPMFi em poder do público e dívida externa bruta do governo central.

O cenário armado para a economia brasileira fez dela um porto relativamente seguro para a finança. Conforme já demonstrei, isso foi viabilizado por atrativos como inflação baixa e altas taxas reais de juros (ver figura 1.3, p. 47, e figura 1.5, p. 50). Mas estes não são suficientes, pois taxas de juros elevadas só se convertem em lucros significativos quando o endividamento também for significativo. Assim, os outros fatores que garantiram vantagens à finança são o que chamo de dívida pública sustentável e resultados fiscais nominais negativos igualmente sustentáveis. Anos antes do Plano Real, a dívida pública brasileira oscilava mais ou menos de acordo com os resultados nominais. Desde então, devido à política monetária de altas taxas reais de juros, a dívida pública também elevou-se, como mostra a figura anterior. Sua média anual em relação ao PIB passou de 28% em 1991–1998 para 47% em 1999–2015.

Evidência de que foram as taxas de juros as principais responsáveis pelo crescimento da dívida está no fato de que os resultados nominais negativos foram, na maior parte da série analisada, acompanhados por resultados primários positivos. Enquanto a média destes foi de 1,4% do PIB em 1991–2015, a dos resultados nominais deficitários atingiu 4,1% do PIB no mesmo período. Um ponto a destacar é a estabilidade que passam a ter esses itens bem como o endividamento, especialmente a partir da adoção do regime de metas para a inflação, em 1999. Depois de subir significativamente até o início dos anos 2000, quando reverteu-se essa tendência, a dívida se manteve em patamar bem mais elevado do que o observado nos anos 1990. Foi a isso que me referi logo acima quando mencionei endividamento e resultados fiscais negativos sustentáveis. Ali, no entanto, o termo sustentável não tem a conotação ideológica que economistas burgueses lhe conferem, qual seja, de que dívida e resultados fiscais serão sustentáveis enquanto suportáveis pelo orçamento público. Da ótica da finança, o termo sustentável significa que dívida e resultados nominais negativos, além de suportáveis em termos fiscais, devem continuar a existir e, assim, viabilizar a expropriação de excedentes pela via financeira.

Capital fictício, uma relação social concreta

O que vimos nas duas seções precedentes sugere que uma das consequências da financeirização foi dotar o capital-dinheiro de aparente capacidade autorreprodutora. Ela ampliou relações socioeconômicas para além de suas conexões com a economia material presentes nos financiamentos da produção e da circulação de mercadorias. Marx (1990 [1890],

p. 777-778) já percebera, por exemplo, que o sistema de crédito em seus primeiros estágios adentra o processo de acumulação de forma discreta e, logo em seguida, transforma-se numa "arma na batalha da competição" e, finalmente, "num enorme mecanismo social de centralização de capitais". Ocorre que esse tipo de centralização se dá em esferas afastadas da produção de mercadorias. Crises financeiras como as observadas nas últimas cerca de duas décadas, ao mesmo tempo que serviram à centralização de capitais, mostraram a relevância da chamada economia fictícia para esse processo a para o próprio capitalismo em seu atual estágio.

Nesta fase, contratos financeiros foram espalhados pelos mercados em velocidade sem precedentes, movimentando cifras cuja evolução não foi nem de longe acompanhada pela produção material. A ampliação da distância entre essas duas esferas cristalizou o que hoje se costuma distinguir entre economia fictícia e economia real. Desta fazem parte a produção, o comércio e os serviços, que articulam-se em um sistema mundialmente integrado de acumulação. Àquela são associados os contratos materialmente independentes da produção, que em nada alteram o volume da riqueza socialmente produzida. Eles tão só representam expectativas de transferência de excedentes econômicos entre agentes e, em algum momento, viabilizam essa redistribuição. Exemplo extremo de capital fictício é o derivativo, que funciona como uma espécie de aposta baseada em expectativas opostas entre agentes acerca do preço que um dado objeto — este é apenas uma referência, por exemplo, uma moeda estrangeira — terá no dia do vencimento do contrato.

Outro exemplo de capital fictício é o título emitido pelo estado com o objetivo de obter dinheiro emprestado por prazo e taxa de juros determinados. Do ponto de vista de quem empresta, trata-se de capital porque retornará depois do vencimento do contrato em montante maior; é fictício porque não representa qualquer capital produtivo existente, mas uma parte da arrecadação tributária a advir da produção futura (HILFERDING, 2006 [1910], p. 99, 111, 269; MARX, 1991 [1894], p. 599). Seu caráter fictício revela-se mais claramente quando o analisamos de modo agregado. Se no nível individual ele representa capital verdadeiro para seu proprietário, no nível da sociedade não passa de capital ilusório (CARCANHOLO e NAKA-TANI, 2001, p. 22). Essa visão agregada, contudo, omite o caráter concreto desse tipo especial de relação social subjacente ao capital fictício. Ocorre que membros das sociedades não vivem — se alimentam, se abrigam, pagam impostos, auferem juros — de modo agregado.

Indicações do processo de expansão financeira podem ser encontradas já no trabalho de Marx sobre o caráter fictício do capital portador de juros, que, mesmo em processo independente da produção, revelava certa capacidade autorreprodutiva. Esse tipo de capital, disse Marx (1991 [1894], p. 466, 470), "aparenta dinheiro produzindo dinheiro" e seu "retorno não aparece como consequência e resultado de uma clara série de processos econômicos, mas como consequência de um contrato legal especial". Para Giovanni Arrighi (1994, p. 6), a fórmula geral do capital D–M–D' — onde D representa capital-dinheiro, M, capital-mercadoria e D', capital-dinheiro aumentado ao final do ciclo de acumulação — representa não só a lógica do investimento capitalista individual, mas um padrão recorrente da história do capitalismo. Esta, continua Arrighi, tem sido de alternância entre épocas de expansão material — fase D–M da acumulação — e épocas de renascimento e expansão financeira — fase M–D'. Dentro da primeira, o capital-dinheiro coloca em movimento uma crescente massa de mercadorias; na segunda, via contratos financeiros, prescinde da produção e do comércio. Aqui, o processo de "acumulação" pode, então, dar-se por meio do que representa a fórmula marxiana abreviada D–D', que indica capital-dinheiro valorizado sem qualquer estágio produtivo intermediário.

Essa variação de D a D' sem a intermediação de M envolve a transferência de mais-valia de um ator para outro sem que nenhum bem material seja produzido ou transferido entre eles. Mais, ela pode significar transferência de mais-valia entre dois atores sem que nenhum deles esteja diretamente envolvido no processo de produção. Trata-se de uma relação social baseada na necessidade ou intenção de um agente tomar emprestado o dinheiro para o qual outro agente não encontra alternativa mais rentável. Pode ainda estar baseada em expectativas opostas entre esses agentes, como no caso do derivativo. São relações que podem funcionar com dinâmicas próprias, por vezes sem qualquer conexão com a chamada economia real. Com isso, capitalistas encontram algo que valorizam profundamente: liberdade de escolha. Também o capital-dinheiro alcança essa prerrogativa quando aparentemente se liberta da forma mercadoria (ARRIGHI, 1994, p. 6) sem, contudo, deixar de ser ele próprio uma mercadoria (DEUTSCHMANN, 1996, p. 4).

Complementado o raciocínio um tanto exagerado de David Harvey (2005, p. 33) de que a "neoliberalização significou ... a financeirização de tudo", esta última levou à liberalização até mesmo do dinheiro no que diz respeito à sua capacidade reprodutiva. Para Geoffrey Ingham (1998, p. 13-14), isso seria característica do próprio capitalismo, que para ele "é constituído não só por capital e trabalho formalmente livres, mas também por crédito 'livre'", este capaz de criar dinheiro. Isso proporciona uma faculdade indispensável às classes apropriadoras, que é a flexibilidade para rapidamente reconverter investimentos em dinheiro a fim de dar-lhes destino mais rentável tão logo algum se lhes apresente. Diferente do investimento fixo, é o capital financeiro que é extremamente móvel entre fronteiras nacionais (FRIEDEN, 1991, p. 426). É por isso que capitalistas preferem liquidez, e o que os faz capitalistas é a sua interminável busca por chegar ao fim de um processo com mais capital-dinheiro do que possuíam no início, independente do meio — produção, comércio ou finança — empregado, que pode ser, então, uma contingência (ARRIGHI, 1994, p. 5).

Foi justamente essa redução de rigidez que ampliou as alternativas de enfrentamento à crise de acumulação observada durante o período keynesiano-fordista. Fez isso ao dar aos capitalistas a capacidade de levar volumosas somas de capital-dinheiro a percorrer o mundo em velocidades sem precedentes na busca de investimentos mais rentáveis. Mais uma vez o capitalismo deu provas de ser uma ordem social robusta e flexível, capaz de rápidas reorganizações institucionais (WRIGHT, 1999, p. 113). Dentre elas constaram a desregulamentação estatal e o desenvolvimento de novos instrumentos financeiros e canais de transações, estes facilitados por recursos tecnológicos capazes de conectar instantaneamente diferentes mercados mundiais. Mas esse é um processo que não pode transcorrer sem sobressaltos. Ocorre que nenhum valor pode ser distribuído, do ponto de vista macroeconômico, sem que antes tenha sido produzido (FINE, 2001, p. 45; MANDEL, 1990, p. 51).

De tempos em tempos a distância entre valorizações reais e preços fictícios atinge proporções capazes de torná-la insustentável. Uma das razões pode ser a falta de confiança entre os diversos agentes nas capacidades de suas contrapartes de honrar os respectivos compromissos. Preços de ativos financeiros dependem, dentre outros fatores, das probabilidades desses ativos serem liquidados (NESVETAILOVA, 2006, p. 46). Ademais, eles não pairam eternamente acima da produção de valores. Assim, quando reduz-se a probabilidade de liquidação de ativos fictícios, a distância entre os seus preços e os valores dos capitais acumulados é encurtada pela depreciação dos primeiros. E é justamente a frequência e a intensidade do afastamento entre preços e valores fundamentais que caracteriza a instabilidade intrínseca dos mercados de ativos financeiros (CARNEIRO, 1996, p. 194). Além disso, a situação pode delinear contornos de profecia autorrealizável, pois agentes, acreditando que seus ativos serão depreciados, buscam realizá-los, provocando assim novas quedas de preços. De todo modo, crises dessa natureza atuam como mecanismo de moderação entre o capital especulativo e a base produtiva por meio da destruição de parte do primeiro (CARCANHOLO e NAKATANI, 2001, p. 28).

Mas essas crises podem assumir contornos bem mais dramáticos em termos de alcance social. Fossem elas restritas ao circuito supostamente fechado das finanças, também restritos a esse meio seriam suas consequências, sem grandes traumas para o conjunto da sociedade. Eventos como a crise da dívida externa que atingiu a periferia do capitalismo mundial em fins dos anos 1980 teriam sido apenas crises para os credores e não verdadeiras crises sociais se os devedores de fato não fossem as classes trabalhadoras e as vastas camadas sociais subalternas. O mundo real é aquele em que os resultados das relações financeiras são sentidas por toda a sociedade, porém com efeitos diferentes para cada uma das classes que a compõem. Por exemplo, em mercados emergentes brutalmente abertos, expectativas de redução de liquidez podem levar credores externos a retirar seus investimentos, o que pode conduzir a resultados como deflação, recessão ou depressão econômica (NESVETAILOVA, 2006, p. 52).

Em cenários assim, de potencial fuga de capitais, a adoção de taxas de juros astronômicas acaba sendo o remédio para mantê-los no país (CAMARA e SALAMA, 2005, p. 216; VERNENGO, 2006, p. 565). Foi o que ocorreu no Brasil em meados de 1998, quando da crise deflagrada pela moratória russa. Em setembro daquele ano, em "um dia de perdas generalizadas de capitais externos, que configuraram ataque especulativo contra o Brasil", o Comitê de Política Monetária (Copom) do Banco Central do Brasil elevou a taxa anual de juros de assistência financeira de liquidez (TBan) de cerca de 30% para quase 50%.[5] O novo patamar de juros fez com que a taxa Selic, que servia de base de remuneração para 64% da dívida pública mobiliária federal interna (DPMFi), fosse praticada a uma média de 36% ao ano em termos reais nos quatro últimos meses de 1998. Naquele ano, a média da taxa real de juros interbancários na Rússia, por exemplo, foi de cerca de 25% ao ano.

Essa é uma amostra de medida do estado brasileiro que significou responder à ameaça das classes proprietárias de retirar seus investimentos oferecendo-lhes uma parcela ainda maior dos excedentes que teria de arrecadar via tributação. Elevações de taxas juros têm impacto sobre a dívida pública, implicando na elevação dos rendimentos dos seus credores. As contrapartidas são o aumento de tributos, a redução de gastos — geralmente os com políticas de bem-estar ou investimentos —, a emissão de mais dívida ou uma combinação de meios, todos com custos suportados pelas classes produtoras. Por essa razão, crises econômicas desacompanhadas de transformações políticas caem invariavelmente nos ombros de trabalhadores (PRZEWORSKI, 1985, p. 153). Tanto durante como depois delas, a elevação da taxa de mais-valia é um dos principais objetivos do capital (MANDEL, 1991, p. 41). Ainda segundo Ernest Mandel, a reconstituição em larga escala do exército de reserva durante crises e depressões

---

5   Banco Central do Brasil. Comitê de Política Monetária. Ata da 28ª reunião (extraordinária), 10 set. 1998.

possibilita tal elevação não apenas por meio de aumentos de produtividade, mas também via reduções de salários reais.

Outro ponto a destacar é que, se o estado nunca pôde ser considerado autônomo em relação o capital, em tempos de expansão financeira o controle deste sobre aquele parece ser ainda maior. A globalização comprometeu a soberania estatal tanto em termos espaciais — distanciamento entre mercados mundialmente integrados e aparatos estatais nacionalmente referenciados — quanto temporais, pois a mobilidade do capital restringiu os ciclos normais da política estatal e constrangeu também os seus agentes (JESSOP, 2010, p. 39). No entanto, alerta o próprio Bob Jessop, isso não significa que o papel do estado declinou por conta da integração mundial dos mercados. O processo de expansão financeira, já vimos, foi em grande parte sustentado pelo estado. Embora este seja responsável pelas condições gerais de acumulação (OFFE, 1984a, p. 57; WRIGHT, 1999, p. 129), nos dias atuais lhe cabe também atuar como último recurso para a solução de problemas financeiros.

A chamada financeirização da economia acabou amplificando essa necessidade diante de crises financeiras, que nas últimas décadas tornaram-se cada vez mais frequentes. México em 1994, Sudeste da Ásia em 1997, Brasil e Rússia em 1998 e Argentina em 2001 foram algumas de grande repercussão mundial. A mais séria foi aquela revelada com o fiasco no sistema de hipotecas estadunidense. Seu ápice deu-se em fins de 2008, mas anos antes já se notava que "uma bolha do mercado imobiliário est[ava] ... se aproximando do seu pico" (LI, 2004, p. 25) e que a centralidade dos EUA "na globalização, bem como sua total adoção do regime de acumulação financeirizado, poder[ia] torn[á-lo] ... o epicentro das crises financeiras e econômicas no futuro" (CHESNAIS, 2002, p. 4). Todas essas crises desenvolveram-se num contexto marcado por profunda liberalização dos mercados, o que erodiu a estabilidade supostamente favorável ao desenvolvimento capitalista. Mas esse quadro também revelou a contradição neoliberal de reivindicar a redução da intervenção do estado na economia ao mesmo tempo que coube a ele próprio o papel estabilizador.

Dessa e das demais contradições vistas até aqui acerca do neoliberalismo resta que, se por um lado ele não propiciou o alcance dos objetivos declarados, como as ampliações do crescimento econômico e do bem-estar social, por outro, permitiu alcançar a meta não declarada de restabelecer o poder econômico das classes dominantes, em especial da sua fração financeira. O curso do desastre neoliberal evidenciou o aumento das desigualdades entre pobres e ricos e da brutalidade dos dominantes nos países capitalistas (THERBORN, 2007, p. 65). Seu modelo, fixado na estabilização monetária, equilíbrio fiscal, liberalizações financeira e comercial, desregulamentação das relações trabalhistas e privatização, não considerou os custos sociais e ecológicos decorrentes das reformas (DE LA BARRA, 2006, p. 132; LI, 2004, p. 21). Em termos econômicos, o que se viu foi a elevação das taxas de juros, logo, do custo do capital-dinheiro, a queda da poupança e do investimento e, consequentemente, a desaceleração do crescimento do produto (CARNEIRO, 1996, p. 193).

Essas implicações econômicas do neoliberalismo e da financeirização por ele viabilizada chamam a atenção para um ponto muitas vezes tratado de forma inadequada quando parte-se da distinção entre as chamadas economia fictícia e economia real. O processo de financeirização parece sugerir que a atividade financeira seria um espaço autorreferenciado, independente da produção material. Contudo, essa autonomia é no máximo relativa, jamais absoluta (FOSTER e MAGDOFF, 2009, p. 72). Uma primeira razão é lógica, e retoma a teoria marxiana sobre ser o juro "nada mais que uma parte do lucro, ou seja, da mais-valia" (MARX, 1991 [1894], p. 493). Em termos mais amplos, isso quer dizer que a finança não pode existir independente da produção, pois o capital-dinheiro de um emprestador não pode se valorizar sem antes ser convertido em capital-dinheiro na mão de produtores que o utilizem na produção (HILFERDING, 2006 [1910], p. 99).

Uma segunda dimensão reveladora da inseparabilidade entre finança e produção é histórica e, ademais, ajuda a compreender era neoliberal. Conforme vimos anteriormente, o neoliberalismo em geral e a financeirização em particular foram reações que visaram a restaurar o nível de lucratividade do capital. Um dos seu alvos foi o custo do capital variável, que elevou-se durante o consenso keynesiano na figura do salário social em suas variadas formas. Apesar da retórica sobre a intervenção estatal ser uma ameaça aos valores disseminados pela propaganda neoliberal, o neoliberalismo realmente existente foi mais pragmático. Ocorre que o capitalismo é um modo de produção caracterizado pela persistente busca de acumulação de capital com vistas a acumular mais capital (WALLERSTEIN, 2013, p. 10). Neste sentido, a promoção do credo neoliberal era no máximo um recurso ideológico. Por outro lado, a sua prática, em que a financeirização foi uma das manifestações mais evidentes, visava a restaurar os níveis dos lucros.

Considerando a velha fórmula marxiana da taxa de lucro ($s \div [c+v]$), a financeirização foi uma tentativa de enfrentar o declínio dessa taxa atacando o seu denominador, ou seja, os custos dos capitais constante (c) e variável (v). No primeiro caso, um exemplo foi a privatização de estruturas produtivas já em operação, provendo assim alternativas de investimento para capitais privados sobreacumulados que não demandassem aguardar a construção de novas estruturas. No Brasil, as privatizações representaram US$ 29 bilhões dos US$ 120 bilhões de capital financeiro que ingressaram sob a forma de investimento direto durante 1996–2000, quando a maioria delas ocorreu (ver figura 1.4, p. 48). Mas é no segundo fator do denominador da fórmula marxiana da taxa lucro — capital variável (v) — que a finança operou de forma mais significativa com vistas a elevar a referida taxa.

A finança foi o braço prático do neoliberalismo na redução dos custos do capital variável pela via da redução de políticas de bem-estar — que, enfim, formam o chamado salário social — delineadas para atenuar os conflitos distributivos entre capital e trabalho. Foi assim nos primeiros movimentos do avanço neoliberal bem como nos mais recentes. Provavelmente o mais significativo desta "estranha não morte do neoliberalismo", do qual, mesmo depois da crise de 2008, permanece "praticamente tudo" (CROUCH, 2011, p. 179), é que a própria crise acelerada pelo modelo neoliberal continuou servindo de justificativa para as chamadas medidas de austeridade, que invariavelmente atingem a classe trabalhadora via redução dos custos da mão-de-obra. Veremos isso em detalhes mais adiante, assim, cito apenas a previdência social, que foi objeto de ações reformadoras desfavoráveis à classe trabalhadora implementadas por todos os governos desde o Plano Real. Outros itens do chamado salário social, como saúde, saneamento, educação, cultura, habitação, urbanização e seguro-desemprego, combinados, tiveram seus gastos por parte do governo federal reduzidos de uma média anual de 3,9% do PIB em 1990-1998 para 3,4% em 1999-2015.

Finalmente, a conexão entre a produção e financeirização também é perceptível em uma característica geopolítica típica dos países periféricos, que é dependência em relação ao dólar nas transações internacionais. Durante os governos FHC (1995-2002), as transações correntes — balança comercial, serviços, rendas — acumularem um resultado deficitário de US$ 186 bilhões, que foram cobertos por um fluxo total de capital financeiro de aproximadamente US$ 188 bilhões. Após um período de resultados superavitários em transações correntes, que totalizaram US$ 45 bilhões em 2003-2007, o país voltou a incorrer em resultados deficitários nessas transações, que atingiram um total de US$ 379 bilhões em 2008-2014. Contudo, computado todo o período 2003-2014, o resultado deficitário em transações correntes (US$ 334 bilhões) foi mais do que compensado pelas entradas de capitais financeiros, que totalizaram US$ 642 bilhões, gerando um resultado líquido positivo no balanço de pagamentos de US$ 314 bilhões. Durante esse período, as reservas internacionais cresceram continuamente, passando de US$ 38 bilhões em 2002 para US$ 374 bilhões em 2014.

Enfim, há uma estrutura financeira global que pressiona países periféricos na geração de excedentes demandados pela conexão entre finança e produção material, o que se intensificou com as liberalizações comercial e financeira das últimas décadas. Isto, combinado com a lógica de que valores redistribuídos pela via financeira têm de ser antes gerados na produção material, e combinado com a realidade histórica de que as medidas neoliberais visavam a restaurar as taxas de lucro pela via da redução dos custos constante e variável do capital, ajuda a compreender o que foi o processo de financeirização. Também ajuda a apreender que ele não foi um processo autorreferenciado, desconectado da produção de mais-valia. Com isso, não estou negando que a finança tenha assumido posição destacada, tanto para a economia como para a política. Veremos mais adiante que a classe capitalista domina por meio da aliança entre todas as suas frações, mas o funcionamento dessa aliança depende da hegemonia de uma delas, que unifica o poder de classe (POULANTZAS, 1973, p. 44; 1978b, p. 93). E nas últimas duas décadas — ou quatro no plano mundial —, a finança tem sido esta fração e o estado, o seu braço político, assim como ele o foi para a indústria e fora para a agricultura agroexportadora em momentos anteriores.

Estado capitalista e hegemonia financeira

Sempre que um dos proprietários de Coketown acreditava que era maltratado — isto é, sempre que o apoquentavam e propunham que assumisse as consequências de seus atos —, era certo que ele viria com a terrível ameaça de que "preferia jogar sua propriedade no Atlântico". Isso aterrorizava, quase até a morte e em várias ocasiões, o secretário do Interior.

Charles Dickens

Um dos pontos antecipados no capítulo anterior tratou da suposta distinção entre política e economia presente no discurso neoliberal, que reclama a não intromissão do estado no mercado em nome de uma racionalidade supostamente alcançável apenas pela via da liberdade de ação individual. No entanto, se em vez do discurso forem analisadas as prescrições neoliberais em suas contradições internas bem como as práticas que as seguiram, nota-se uma falsa oposição. Capitalismo e estado se implicam mutuamente e, em vez da retração deste último, o que ocorreu a partir dos anos 1980 no centro da economia mundial e um pouco mais tarde na sua periferia foi um reposicionamento do estado frente a um modificado contexto social que ele também contribuiu para formar. Ocorre que a economia está enraizada em uma sociedade que, ao mesmo tempo que é estruturada pelo estado, estrutura este último (BLOCK e EVANS, 2005, p. 506). Como ensina Bob Jessop (2007, p. 6),

> estados não existem em majestoso isolamento supervisionando o restante de suas respectivas sociedades, mas estão incrustados num sistema (ou sistemas) político mais amplo, articulados com outras ordens institucionais e ligados a diferentes formas de sociedade civil. Um aspecto chave de transformação do estado é a redefinição das múltiplas "linhas de diferenciação" entre ele e seu(s) ambiente(s) com as quais estados (e as forças sociais que eles representam) redefinem suas prioridades, expandem ou reduzem suas atividades, as recalibram ou reescalonam em face de novos desafios, procuram maior autonomia ou promovem partilha do poder, e retiram ou recolocam instituições e práticas estatais específicas na ordem social.

As transformações recentes pelas quais passou o estado em suas formas de atuação econômica denotam também o que diz Colin Hay (1999, p. 170) sobre ser ele "um sistema dinâmico e em constante desenvolvimento". Isso já torna difícil qualquer empreitada que vise a definir-lhe algum conceito, ainda que restrito ao seu caráter capitalista. Como não há solução teórica abstrata ao problema sobre como o capital assegura sua dominação política de classe, a resposta para acessar o caráter capitalista do estado pode ser encontrada em conjunturas específicas de interações entre o circuito do capital, estratégias ou regimes de acumulação, formas de estado e equilíbrio de forças políticas (JESSOP, 1990, p. 166, 354, 358). A forma moderna de capitalismo, por exemplo, é marcada pela expansão financeira da economia, ou sua financeirização, que se traduz no *deslocamento* do centro de gravidade da produção para as finanças (FOSTER e MAGDOFF, 2009, p. 18). Os sistemas financeiros que se desenvolveram a partir do início dos anos 1970 mudaram a correlação de forças no capitalismo mundial ao angariar muito mais autonomia em relação aos demais tipos de empresas e ao estado (HARVEY, 1990, p. 164).

Estas palavras introdutórias, assim como aquelas do capítulo anterior, indicam a opção por uma aproximação a um conceito de estado que busca compreendê-lo a partir de sua relação com o capitalismo na fase de financeirização neoliberal e da mútua dependência entre ambos. Por isso, ainda que não se encontre no marxismo clássico uma teoria sistemática e coerente, tampouco específica do estado (HARVEY, 2006a, p. 79; JESSOP, 1990, p. 29; 2007, p. 56), essa tradição possibilita encontrar explicações consistentes para a relação entre capital e estado. Escapa aos objetivos deste capítulo inventariar essas teorias, bastando por ora delimitar o papel do estado nos fenômenos sociais concretos que este estudo aborda. Por isso, tento responder à seguinte questão: o que é — e/ou o que fez — o estado brasileiro em meio às relações sociais envoltas pelos contextos geral da financeirização da economia e um mais específico, de ampliação do endividamento público como expressão relevante desse processo?

Como ponto de partida, adoto a definição de que o estado é "um meio de apropriação do produto excedente — talvez até mesmo como um meio de intensificação da produção com vistas a aumentar o excedente — e como um modo de distribuição desse excedente de uma maneira ou de outra" (WOOD, 1981, p. 83). A esse conceito deve ser agregada a consideração da proeminência que adquiriu a finança na fase neoliberal do capitalismo. O termo finança neste estudo refere-se "às frações superiores das classes capitalistas e a instituições financeiras em qualquer arranjo social no qual essas frações das classes capitalistas controlam instituições financeiras" (DUMÉNIL e LÉVY, 2011, p. 13). Assim, deparamo-nos com o que David Harvey (2010, p. 48) chama de "nexo estado-finança", termo que "descreve uma confluência dos poderes estatal e financeiro ... onde a gestão estatal da criação de capital e dos fluxos monetários se torna integral à ... circulação do capital". Numa palavra, em tempos de financeirização o estado segue indispensável à acumulação de capital, mas salienta-se o seu papel na redistribuição dos excedentes econômicos.

Independente do que dizem os comentadores acerca do declínio do estado, não há evidência de que o capitalismo global tenha encontrado instrumento mais eficaz para manter a ordem e garantir as condições de acumulação (WOOD, 2003, p. 8). Mais especificamente, não há evidências que tenha reduzido a provisão estatal das condições legais e institucionais estáveis aos atores dos mercados (FLIGSTEIN, 2001b, p. 192), que, mesmo em sua versão neoliberal, não podem funcionar sem tal provisão (HARVEY, 2005, p. 117). Similar é o caso do Brasil, cuja economia semiperiférica se desenvolveu muito próxima do estado, ocorrendo o mesmo com o processo de financeirização em sua forma mais avançada (OLIVEIRA, 2006, p. 14). Segundo o mesmo Chico de Oliveira, os fundos de pensão de empresas estatais que cresceram sob o regime militar, o Fundo de Apoio ao Trabalhador (FAT), criado pela Constituição de 1988 e hoje a maior fonte de recursos do BNDES, e as buscas por investimentos estrangeiros, via fundos de pensão e via sistema bancário largamente dependente dos títulos da dívida pública, são alguns exemplos dessa proximidade.

Esta abordagem introdutória indica alguns conceitos fundamentais que serão desenvolvidos em suas mútuas dependências ao longo desta e das próximas seções. Estado, classe, expropriação e exploração fazem parte de uma totalidade que se revela também no âmbito da política fiscal, que, dessa forma, sintetiza resultados de lutas de classes. Como assinalou James O'Connor (2002, p. 2), "o volume e a composição dos gastos governamentais e a distribuição da carga tributária ... são estruturalmente determinados por conflitos sociais e econômicos entre classes e grupos". Mais que isso, disse O'Connor (2002, p. 203), "imposto é (e sempre foi) uma forma de exploração econômica e, assim, uma questão de análise de classes".[1] Desse modo, na superestrutura fiscal percebemos classes lutando pelos recursos arrecadados pelo estado, os quais são redistribuídos sob a forma de juros para o capital financeiro, subsídios ao capital produtivo, políticas de bem-estar para trabalhadores, dentre outras formas.

---

[1] O'Connor não é preciso ao se referir à tributação como "exploração". Em termos marxianos, tributação é uma relação que ocorre não na infraestrutura econômica, mas na superestrutura, pois é conduzida por meios legais.

Economia e estado capitalistas

A definição de estado, tendo ela em conta também a definição de capital, envolve conceitos que situam-se entre concepções extremas. Uma delas, próxima à tradição marxista, aborda o estado como um instrumento na mão de capitalistas destinado a criar e manter suas vantagens de classe. A outra pode ser uma concepção neoliberal que considera o estado um empecilho à acumulação de capital na medida em que sua intervenção na economia impediria o funcionamento tido como "natural" do livre mercado. Se o primeiro extremo cai na simplificação do estado utilizado mecanicamente pelos capitalistas, o outro omite a dependência da acumulação capitalista em relação aos aparatos institucional e burocrático do estado. Reconhecidas essas possibilidades e, principalmente, tentando evitá-las, a presente análise parte da consideração do estado não como instituição independente do capital — o que de alguma forma está presente em ambos os extremos citados —, mas como orgânico dessa relação social.

Na concepção neoliberal, a distinção entre estado e capital aparece com mais clareza ao advogar o mínimo possível de intervenção do primeiro na economia como meio de dar-lhe mais racionalidade. Concepções tendentes a esse extremo ganharam evidência e iluminaram discursos e práticas nas últimas cerca de quatro décadas. Essa retórica, ungida pela legitimidade acadêmica e pelo alcance social da grande imprensa, serviu com competência à ideologia que pregou a redução do papel do estado na economia ao mesmo tempo que, contraditoriamente, recorreu a ele para sustentar condições de acumulação até então consideradas sob ameaça. Empiricamente, contudo, o neoliberalismo significou um reposicionamento do estado frente à situação econômica a que se chegou nos anos 1970. Assim, em vez de redução, o que se processou foi uma reconfiguração (FILGUEIRAS e GONÇALVES, 2007, p. 22), "uma mudança no *padrão de intervenção* do estado capitalista na economia" (SAES, 2001, p. 82; grifo no original). O livre mercado, por exemplo, foi "declarado como uma esfera sem estado sob a proteção estatal" (BONEFELD, 2010, p. 19).

Esse panorama, ao mesmo tempo que mostrou a falsidade do discurso neoliberal acerca da ação estatal como ameaça ao mercado, reforçou a atualidade do núcleo das teorias de inspiração marxista que tratam da mútua implicação entre essas esferas. Apesar das diferenças da atual fase do capitalismo em relação às pretéritas, permaneceram necessárias teorias sobre o estado bem como destas seguindo abordagens marxistas (HAY, 1999, p. 171-173). Essas teorias, prossegue Colin Hay, se justificam pela centralidade o estado para as dinâmicas de acumulação, e a abordagem marxista, pelas contradições que essas mesmas dinâmicas continuaram a revelar. Um exemplo é a crise ambiental originada pelo imperativo do crescimento econômico patrocinado pelo estado capitalista. Nessa mesma linha, a justificativa de tais abordagens pode ser buscada nas crises financeiras geradas pelo fortalecimento da finança patrocinado pelo próprio estado.

Não obstante, conforme já adiantei, a visão de estado que parece prevalecer dentro do marxismo também o distingue do capital ao considerá-lo "um instrumento neutro" que poderia "ser manipulado e dirigido no sentido dos interesses da classe dominante" (HAY, 1999, p. 165). Contudo, se assim fosse, a questão para as classes dominadas poderia ser resolvida por meio da captura do estado, que, em princípio, estaria acessível a todas as forças políticas (JESSOP, 1990, p. 27, 145; SALAMA, 1978, p. 231). Tais mudanças poderiam, então, levar a uma alteração na direção do favorecimento de classe operado pelo aparato estatal. Ocorre que essa eventual captura não altera o caráter capitalista do estado, ainda que certas mudanças possam ocorrer, por exemplo, na redistribuição controlada de excedentes econômicos. Indo mais longe, é uma impossibilidade lógica classes dominadas capturarem o estado capitalista sem que as frações que tomam a dianteira desse movimento passem a fazer parte dos dominantes.

Para Claus Offe (1984a, p. 51), o estado (capitalista) se caracteriza por "estruturas constitutivas e organizacionais cuja seletividade específica é delineada para reconciliar e harmonizar a economia capitalista 'privadamente regulada' com o processo de socialização que essa economia desencadeia". Ou seja, se o seu objetivo é harmonizar uma economia que é capitalista, ambos, estado e capital, mantêm-se em mútua dependência. O conceito delineado por Offe (1975, p. 125), não em termos institucionais, mas da relação do estado com o processo de acumulação, abrange quatro elementos: 1) *exclusão*, que diz que o estado não é capitalista em si, pois a produção não ocorre no nem é controlada por ele, mas se dá em unidades privadas de acumulação; 11) *manutenção*, que indica que o estado tem, além de autoridade, mandato para criar e manter condições necessárias à acumulação, o que significa controlar ameaças potencialmente anticapitalistas, como a classe trabalhadora ou aquelas advindas de comportamentos incompatíveis com a produção de mais-valia, por exemplo, os considerados desviantes ou criminosos; 111) *dependência*, que aponta que o estado, o seu poder de decisão, o pessoal de seu aparato, as suas agências e organismos, todos dependem da continuidade do processo de acumulação, pois só assim criam-se os recursos que derivam em tributação; e IV) *legitimação*, que indica a necessidade de coincidência e coexistência harmoniosa dos três elementos acima, ou seja, o imperativo de que o estado não subverta o seu caráter capitalista, mesmo quando suas políticas possam transcender a reciprocidade entre estado e acumulação, demanda dele uma imagem de organização de poder que vise aos interesses comuns da sociedade, que possibilite igual acesso ao poder e que seja receptiva a demandas justificadas. Enfim, "a *existência* de um estado capitalista pressupõe a sistemática *negação* da sua natureza de estado *capitalista*" (OFFE, 1975, p. 127; grifos no original).

A intervenção estatal na economia assume assim um caráter de classe, que no entanto nem sempre é perceptível devido ao universalismo formal inscrito, por exemplo, na sua concepção de promotor de bem-estar social. Tal caráter refere-se não à arbitragem tampouco à neutralidade estatais, mas ao exercício do poder de classe por meio do estado, que "*medeia* relações sociais entre dominantes e dominados" (THERBORN, 2008 [1978], p. 169; grifo no original). Também não significa, continua Göran Therborn, que o estado coloca-se entre classes com vistas a acabar com as suas lutas, mas, ao contrário, que ele as conecta numa relação assimétrica de dominação e exploração, o que, contudo, não significa unilateralidade, pois demandas e protestos por parte dos dominados sempre existirão. Disso decorre que o estado não pode ser definido como um instrumento a serviço de uma classe. Fosse um instrumento unívoco num sistema de dominação, se empobreceria (IANNI, 2004 [1989], p. 118) e não serviria ao propósito de reprodução das relações capitalistas, o que ele cumpre, então, opondo-se tanto aos trabalhadores quanto aos capitalistas individuais (JESSOP, 1990, p. 185; SALAMA, 1978, p. 234).

O estado capitalista não é instrumento nas mãos das classes dominantes, pois se mantém relativamente autônomo de cada uma de suas frações em suas relações contraditórias (POULANTZAS, 1976, p. 73; 2000 [1978], p. 130) com vistas a preservar a sua legitimidade (OFFE, 1975, p. 125). Essa autonomia é sustentada pelos recursos e poderes distintos do estado, que, no entanto, também tem vulnerabilidades distintas e depende da acumulação de capital (JESSOP, 1990, p. 367; JESSOP, 2007, p. 6). Norbert Elias (1993 [1939], p. 98) bem observou que o monopólio da força física a que se referiu Max Weber só pôde consolidar-se por meio do também monopólio estatal da tributação, bem como da reciprocidade entre eles. Em suma, como um estado tributário, ele depende completamente da acumulação de capital (BONEFELD, 2010, p. 19). Decorre daí também que o estado não é autônomo em relação ao interesse geral do capital. Segundo Poulantzas (2000 [1978], p. 129), o "estado ... deve representar o interesse político a longo prazo no conjunto da burguesia".[2] Por isso, toma parte em processos que são imprescindíveis à acumulação de capital. São exemplos os gastos com pesquisa, treinamento, infraestrutura, incentivos fiscais e as compras estatais. Eles visam a criar e manter condições necessárias às

---

2   Divergindo de Poulantzas, cuja análise considera funcionalista, Elster (1982, p. 458) diz que, devido ao fato de a classe capitalista não ser uma organização formal, com um centro decisório singular, é o estado um meio pelo qual ela pode promover seus interesses coletivos. Ele não recepciona a ideia do caráter capitalista do estado e alega ser esse também o entendimento de Marx ao dizer que "o estado não capitalista era benéfico ao capitalismo". Ao revisar algumas abordagens recentes acerca do conceito de estado, Jessop (2007, p. 78) concluiu que elas convergem em não entender o estado como capitalista coletivo na medida em que ele não é uma instituição acima da sociedade, mas sim, mais uma instituição entre outras. Ainda assim, prossegue, esse é um problema não resolvido na teoria do estado, sendo paradoxal a ideia de estado como mais uma instituição dentro da formação social ao mesmo tempo que é a maior responsável por manter a coesão social da formação social de que faz parte.

relações de troca e ao aumento da produtividade do capital (FLIGSTEIN, 2001a, p. 7-8; OFFE e RONGE, 1975, p. 144; 1984, p. 132). Trata-se, em parte, do papel estatal de socialização de custos privados necessários para criar condições à produção capitalista (OFFE, 1984a, p. 57).

Isso nos diz que, se o propósito do capital é acumular mais-valia, o estado é a forma política para fazê-lo (BONEFELD, 2010, p. 17). Foi esse o papel do estado brasileiro durante os esforços de industrialização, quando investiu em setores mais intensivos de capital que, por demandar maior tempo de retorno do investimento, não eram atrativos aos capitalistas privados. São dessa época, por exemplo, as criações das empresas estatais Companhia Siderúrgica Nacional (1941), Vale do Rio Doce (1942), BNDES (1952) e Petrobrás (1954). Mesmo no centro capitalista, as bases econômicas foram lançadas com forte apoio do estado. Nos EUA, as ações pioneiras dos governos central e estaduais na construção de uma infraestrutura econômica e no fomento direto de atividades básicas foram fundamentais para atração de capitais, logo, para o desenvolvimento daquele país na primeira metade do século XIX (FURTADO, 2007 [1959], p. 158).

Também a aparente redução da intervenção estatal deve ser vista em seu aspecto de suporte à acumulação. Na Inglaterra, berço do capitalismo industrial, este só pôde se desenvolver após a abolição da proteção social que impedia a formação de um mercado de trabalho competitivo justamente na fase mais ativa da Revolução Industrial (POLANYI, 2000 [1944], p. 100).[3] Mais recentemente, ao tomarem como exemplo o ocorrido com a economia soviética, teóricos, mesmo liberais, e organismos internacionais reconheceram que o estado tinha responsabilidade essencial na construção das instituições necessárias ao florescimento dos mercados (BOYER, 1999, p. 3). A trajetória ulterior da economia russa, prossegue Robert Boyer, ensinou que não bastava banir o monopólio do poder po-

---

3   O principal mecanismo de proteção era a lei de *Speenhamland* (1795–1834), que consistia num sistema de abonos que garantia uma renda mínima a pessoas pobres, independente de seus proventos. Segundo Polanyi, a lei foi atacada pela classe média na sua busca pelo poder obstaculizada pela máxima que, sob o regime do homem econômico, ninguém se submeteria ao trabalho assalariado se pudesse sobreviver sem fazer nada.

lítico e o planejamento centralizado para que uma economia de mercado prosperasse; as suas dificuldades recorrentes são evidências de que o mercado não possui a propriedade de instituir a si próprio.

Mas é no aparato institucional que o suporte estatal ao capital se mostra de modo mais claro, como nos dispositivos que asseguram a propriedade privada, o cumprimento de contratos e outras regras de partilha de mais-valia. Por exemplo, segmentos como a chamada economia informacional, ou a do entretenimento cujos ativos tomam a forma de ideias, imagens ou representações culturais — fórmula da Coca-Cola, *Windows, Mickey Mouse* — em vez de bens tangíveis, não demandam estados fracos; ao contrário, necessitam de estados sofisticados e ativos na repressão de atos contrários ao direito de propriedade (BLOCK e EVANS, 2005, p. 522; EVANS, 1997, p. 77). Com relação às regras de partilha de mais-valia, a necessidade do aparato institucional é especialmente visível na esfera financeira. Quando lembramos que o retorno sobre o capital que Marx (1991 [1894], p. 470) caracterizou como portador de juros é "uma consequência de um contrato legal", o estado mostra-se indispensável ao processo de expropriação financeira.

Igualmente, quando surgem impedimentos à acumulação, uma combinação de estratégias entre estado e capital se estabelece com vistas a superá-los (WRIGHT, 1979, p. 163). Foi esse o caso da implementação das políticas keynesianas após o fim da Segunda Guerra. Também o foi nas mudanças econômicas que marcaram o fim do consenso keynesiano, em especial a guinada em direção às políticas de juros altos e de desregulamentação dos mercados financeiros mundiais, o que concorreu para a expansão financeira da economia. O papel do estado naquele momento foi apoiar o restabelecimento das vantagens econômicas das classes que se viram ameaçadas pelas políticas de bem-estar e pela inflação que atingira níveis suficientes para impor perdas significativas à finança. Para isso, o estado aliou-se ao capital em seus ataques sobre as classes trabalhadoras visando a restabelecer os níveis de lucratividade contidos pelo consenso keynesiano. Como observou John O'Connor (2010, p. 697, 710), a nova forma de competição neoliberal, dentro de estados-nação ou entre eles, produziu ganhos significativos para o capital a expensas do trabalho. Mas como ela depende da mobilidade de capitais, requeria que e o estado instituísse e mantivesse as condições necessárias a essa forma de competição.

Esses aspectos vão ao encontro da ideia de que capitalismo e estado se entrelaçam historicamente. O segundo, no entanto, é a fortuna do primeiro, pois só é possível manter lucros em larga escala e por prazo indefinido via práticas restritivas escoradas no poder estatal (ARRIGHI, 1994, p. 20). Por isso que o sucesso dos capitalistas depende menos de sua competência empresarial — coragem de assumir riscos, inventividade e habilidade em prever mudanças na demanda — do que dos resultados de políticas estatais restritivas à liberdade de mercado via fixação de preços e protecionismo (BONEFELD, 2010, p. 19; OFFE e RONGE, 1975, p. 147; 1984, p. 137). Exemplos são as seguidas disputas no âmbito da Organização Mundial do Comércio (OMC) em torno de subsídios dados por países centrais a setores de suas economias que, caso contrário, não seriam competitivos frente aos mesmos setores produtores em países periféricos.

Mesmo em tempos de globalização os estados permanecem cruciais na formatação da economia global (BLOCK e EVANS, 2005, p. 517; EVANS, 2008, p. 292; WOOD, 2005, p. 5). Uma das razões para isso é que as elites nacionais dependem deles para preservar seu poder e entrar nos mercados globais (FLIGSTEIN, 1996, p. 663). É o estado o responsável por implementar políticas, uma vez que detém o legítimo — no sentido weberiano — monopólio para isso. Foi a ele e à força de organizações quase estatais, como o FMI ou o Banco Mundial, que a finança recorreu para que se substituíssem prioridades como o pleno emprego, integração nacional e desenvolvimento econômico pela política monetária neoliberal centrada na estabilidade monetária (DUMÉNIL e LÉVY, 2001, p. 587; 2004b, p. 659; POTTER, 2007, p. 20). No caso da América Latina, a influência estadunidense, que outrora dava-se por meio do Departamento de Estado e do Pentágono, passou a dar-se por meio dos departamentos do Tesouro e do Comércio, ambos atuando em sintonia com o FMI e o Banco Mundial (MARINI, 2011 [1991], p. 221).

Há ainda as crises, sejam elas nos mercados financeiros ou as de amplitude social mais ampla, com capacidade de ameaçar a estabilidade em dimensões indesejáveis à reprodução capitalista. A despeito do discurso neoliberal acerca da necessidade de afastamento do estado das relações econômicas em favor do livre mercado, não fosse ele presente na resolução de crises, as ameaças ao capital seriam ainda maiores. Lembremos quão significativos foram os trilhões de dólares em ajudas concedidas pelos governos de vários países para salvar a finança e o restante da economia capitalista de si mesmos quando eclodiu a crise das hipotecas estadunidenses de 2007–2008. Isso, aliás, não foi nenhuma novidade. Em 1984, o *Continental Illinois National Bank and Trust Company* — à época o sétimo maior banco dos EUA, com relações com outros mais de 2.200 bancos — se tornou insolvente e, em vez de ser liquidado, recebeu fundos da agência estatal *Federal Deposit Insurance Corporation* (FDIC), da qual ficou sob controle até ser reprivatizado em 1991 (KAUFMAN, 2002, p. 424). Ao final do processo, a FDIC tinha arcado com um prejuízo de US$ 1,1 bilhão.[4] Ou seja, atores estatais estão constantemente respondendo a alguma forma de crise (FLIGSTEIN, 1996, p. 661), e caso não adotem certas políticas fiscais e monetárias, o resultado será de caos nos sistemas financeiros internacionais (EVANS, 1997, p. 72).

Enfim, é o estado a instituição a ser instada quando as ameaças à ordem se aproximam. Cabe a ele sustentar a perenidade das relações de exploração, devendo intervir na crise no sentido de limitar os efeitos desestruturadores para certas frações do capital (SALAMA, 1978, p. 235, 241). Ocorre que, a partir de certo ponto, a redução do poder de intervenção do estado na economia aumenta a exposição coletiva ao risco mais do que aumentam as possibilidades de ganhos individuais (EVANS, 1997, p. 73). Por isso que, em meio à crise financeira que estourou em 2008, até mesmo George Soros, um dos mais célebres e ricos especuladores do planeta, apareceu reivindicando certo nível de regulação estatal. Isso depois de, no ano anterior, ter amealhado US$ 2,9 bilhões com a administração de seus fundos especulativos.[5]

---

4 Federal Deposit Insurance Corporation. *Managing the crisis: the FDIC and RTC experience 1980-1994,* 1998, p. 558, 560.

5 Anderson, Jenny. Wall Street Winners Get Billion-Dollar Paydays. *The New York Times,* Nova York, 16 abr. 2008.

No final de 2008 Soros declarou em depoimento na Casa dos Representantes dos EUA que

> a globalização dos mercados financeiros permitiu ao capital financeiro circular livremente e tornou difícil para os estados singulares tributá-lo ou regulá-lo. A desregulamentação das transações financeiras também serviu aos interesses dos administradores de capital financeiro; e a liberdade de inovar intensificou a lucratividade das empresas financeiras ... O novo paradigma [trazido pela crise das hipotecas] tem profundas implicações para a regulação dos mercados financeiros. Uma vez que eles são potenciais criadores de bolhas de ativos, reguladores como o *Fed*, o Tesouro e a SEC devem aceitar a responsabilidade por prevenir que elas cresçam tanto.[6]

Essas palavras evidenciam prudência da finança em relação à possibilidade do tamanho da bolha ameaçar o sistema, que, contudo, deveria continuar a gerar bolhas, desde que não atingissem níveis extremamente arriscados para o sistema. A finança também foi prudente ao requerer que a regulação não fosse excessiva, mas apenas necessária e suficiente para manter os mercados funcionando de modo minimamente seguro. No fim de seu depoimento, Soros expressou a preocupação de que,

> tendo em vista as extraordinárias perdas sofridas pelo público em geral, existe um perigo real de a desregulamentação excessiva ser sucedida por uma regulação punitiva. Isso seria desastroso porque regulações podem ser ainda mais deficientes do que o mecanismo de mercado. Conforme sugeri, reguladores não são apenas humanos, mas também burocráticos e suscetíveis à influência e corrupção. Espera-se que as reformas aqui definidas evitem uma regulação maior que a necessária.[7]

Vê-se nessas palavras uma amostra do que ensina a teoria marxista do estado capitalista, ao qual cabe proteger o capital de si mesmo e de interesses de capitalistas particulares. A aparente contradição apontada na reivindicação do especulador que lucrara com crises, mas se preocupava com a necessidade

---

6 U.S. House of Representatives. Committee on Oversight and Government Reform. Statement of George Soros, 13 nov. 2008, p. 6-9.

7 U.S. House of Representatives, *op. cit.*, p. 11.

de algum controle sobre elas, revela-se coerente com a sua situação de classe, que será a prevalecente. Ou seja, se o estado capitalista tiver de agir contra o interesse de Soros para preservar o interesse da classe a que este pertence, assim fará. Nenhum capitalista defenderia publicamente o contrário. Quando o especulador falava em regulação, não o fazia com a intenção de pedir a imposição de limites à lucratividade da finança, mas de chamar o estado à responsabilidade estrutural de garantir a proteção do capital e à responsabilidade conjuntural de dar estabilidade aos mercados financeiros.

O que vimos até aqui não visa a negar que a presença do estado na economia diminuiu em certas atividades que tradicionalmente desempenhava. Contudo, não se pode dizer o mesmo em relação à economia como um todo. Ao analisar reflexos de programas de ajuste prescritos pelo FMI e pelo Banco Mundial, Thomas Biersteker (1990, p. 486) observou que isso não se deu em todas as atividades e nem com a mesma intensidade em cada uma delas: i) a atuação no câmbio, no controle do estoque de moeda, ajuste fiscal e mesmo as liberalizações comercial e financeira tenderam ao aumento ou, no mínimo, manutenção da influência estatal na macroeconomia; ii) da mesma forma, observou-se a manutenção de um estado ativo na mediação dos conflitos entre capital e trabalho; iii) funções como produção e planejamento foram sim reduzidas, e a regulação que se dava por essas vias foi convertida em apoio ao investimento privado, como no caso das privatizações; e iv) a função de redistribuição do produto tomou o caminho de redução via fim de subsídios, de controles de preços e de indexações salariais.

De um modo geral, aquilo que Biersteker constatou em diversos países veio a ocorrer de modo semelhante no Brasil. A ação do estado continuou a ter efeitos macroeconômicos importantes, especialmente na questão monetária, na qual destaco os juros altos; o seu papel mediador nas relações entre capital e trabalho, a despeito das ameaças que rondam sob o signo da flexibilização da legislação trabalhista, continua importante; as ações produtiva e planejadora foram sim reduzidas por meio das privatizações; e a ação reguladora em alguma medida se distanciou da influência governamental com a autonomia dada às agências criadas para esse fim. Quanto à função de redistribuição, se por um lado foram extintas medidas indiretas como a indexação salarial e o controle de preços, por outro, foram criados ou ampliados programas de ação direta de transferência de renda.

Mas há outra forma de redistribuição de excedentes exercida pelo estado que elevou-se em importância e que, no caso brasileiro, significou a ampliação da participação estatal na economia. Trata-se do complexo formado pelo sistema tributário e pela dívida pública, onde, por meio desta transferiu-se parte significativa de excedentes econômicos arrecadados por meio daquele. Essa forma nem sempre é percebida como redistribuição, pois o termo geralmente evoca a noção de que a redistribuição levada a cabo pelo estado envolveria, necessariamente, a transferência de excedentes dos mais ricos para os mais pobres. No entanto, há áreas em que o estado faz exatamente o oposto. Nelas, com o intermédio estatal, se processam ainda formas peculiares de expropriação de classes produtoras por parte de classes apropriadoras.

A função redistributiva do estado envolve a dialética de que aquilo que é direcionado para um segmento será obtido de outro. Seu resultado econômico *stricto sensu* é o de um movimento de soma zero, mas em termos sociológicos envolve uma redistribuição de excedentes entre classes e, assim, engendra o conflito entre elas.[8] A legitimidade que tem o estado para mediar tais conflitos serve então à redistribuição. Ao colocar-se entre classes, ele assume o duplo papel de mediação de conflito e de redistribuição de excedentes, papéis esses que podem servir-se reciprocamente a ponto de não ser possível estabelecer uma nítida distinção entre eles. Tomar a dívida pública como exemplo pode ajudar a jogar alguma luz sobre essa questão.

A dívida pública é uma das expressões empíricas que ilustra a incorre-

---

8   A afirmação acerca de ser esse um movimento de soma zero poderia sofrer a objeção que defende que a ação redistributiva do estado pode resultar em direcionamento de capital-dinheiro para atividades que geram aumento do produto. Isso, contudo, não seria correto, pois o ato, em si, de realocar capital-dinheiro em nada altera o produto agregado; ele pode alterar a participação de cada ator na apropriação de excedentes, estes decorrentes da produção, do trabalho. A produção, claro, poderá ser ativada, por exemplo, pelo crédito, mas isso não significa que este cria excedentes. Um empréstimo, enfim, é uma transação legal que nada tem a ver com o real processo de reprodução do capital (MARX, 1991 [1894], p. 469, 486).

ção da ideia instrumental de estado, ou seja, de que ele seria uma ferramenta nas mãos dos credores ou capitalistas do tipo financeiro. Considero que é mais razoável considerar ambos — estado e finança — aliados financeiros e políticos. Em termos financeiros, interessa aos credores que o estado tenha capacidade de pagar seus compromissos; politicamente, lhes interessa a manutenção do regime que tomou o empréstimo, pois isso eleva a chance deste continuar sendo pago (CARRUTHERS, 1996, p. 4). Nesse sentido, a dívida pública reforça a ideia do estado como instituição relativamente autônoma de cada uma das classes referida anteriormente. Diferentemente das percepções que veem a finança subordinando o estado quando este dá satisfações àquela, e, mais ainda, quando ele se esforça em mostrar-se merecedor de confiança dos mercados, é justamente a necessidade de fazê-lo que indica a inexistência de subordinação direta.

Fosse o estado subordinado ou um instrumento nas mãos da finança, a relação por si garantiria a esta o que espera daquele. Da mesma forma, governos não teriam de se esforçar para convencer investidores de que são dignos de confiança. Exemplar nesse sentido foi a Carta ao Povo Brasileiro, que, apesar do nome, o então candidato e depois presidente do Brasil entre 2003 e 2010 endereçou à finança durante a campanha eleitoral de 2002. Seu objetivo era aplacar a crise de confiança gerada pelo temor de o estado brasileiro não honrar compromissos sob um eventual governo liderado pelo Partido dos Trabalhadores, cuja vitória as pesquisas eleitorais indicavam como a mais provável. Naquele documento, Lula defendeu a necessidade de transição em direção ao abandono do modelo neoliberal sob a premissa, porém, "[d]o respeito aos contratos e obrigações do país".[9] Afirmou ainda que um eventual governo seu iria "preservar o superávit [sic] primário o quanto [fosse] necessário para impedir que a dívida inter-

---

9 "Lembra-te que — como diz o ditado — um *bom pagador* é senhor da bolsa alheia. Quem é conhecido por pagar pontualmente na data combinada pode a qualquer momento pedir emprestado todo o dinheiro que seus amigos não gastam". Esta é uma das sentenças do sermão de Benjamin Franklin (1706–1790) — signatário da declaração de independência e da Constituição estadunidenses, é considerado um dos "pais fundadores" dos EUA — com que Max Weber inicia o seu livro sobre o que chama de "espírito do capitalismo" (WEBER, 2004 [1904]), p. 43; grifo no original).

na aument[asse] e destru[ísse] a confiança na capacidade do governo de honrar os seus compromissos".

Era o que os membros da finança queriam ver cumprido e cuja realização se evidencia na figura seguinte, onde aparece a evolução do prêmio de risco sobre o então principal título da dívida externa brasileira. Expresso em pontos-base, os quais sinalizam uma sobretaxa em relação à taxa de juros da dívida estadunidense, esse prêmio é uma expressão do nível de confiança que tinha a finança acerca da capacidade do Brasil de honrar os pagamentos da dívida externa. Depois de ter mantido uma média de 810 pontos ao longo de quase todo o período dos governos FHC (jan. 1995 a jun. 2002), o índice disparou, alcançando a média de 1.770 pontos no segundo semestre de 2002, período da campanha presidencial e vésperas da inauguração do governo Lula. O índice atingiu seu pico — cerca de 2.050 pontos — exatamente em outubro de 2002, mês da eleição do candidato cujo partido outrora empunhara bandeiras que iam de encontro aos interesses da finança. Arriadas aquelas bandeiras — as promessas da Carta ao Povo Brasileiro vinham sendo cumpridas —, já no fim do primeiro ano do primeiro governo Lula o índice estava em menos de um quarto do nível que atingira no mês da eleição.

Figura 2.1 – *Spread* do *C-Bond* da dívida externa, Brasil, 1995–2005

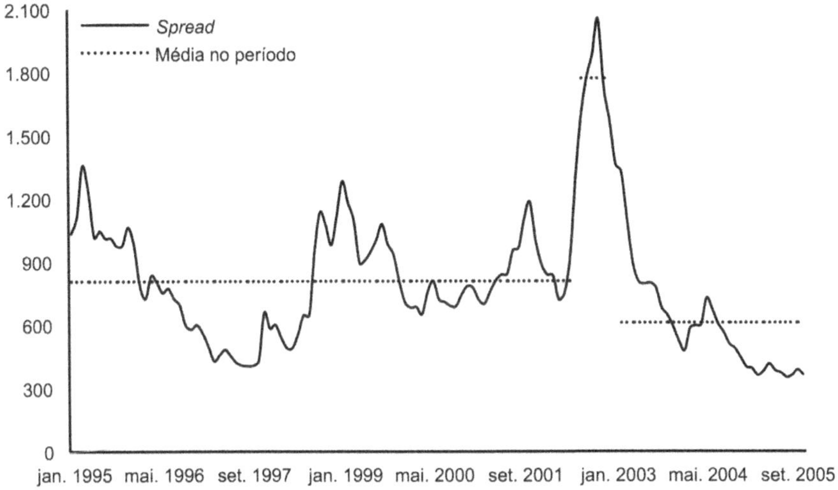

Fonte: elaboração própria a partir de IPEA.

Notas: i) escala em pontos-base; ii) série descontinuada em out. 2005.

Conforme o que discuti nesta seção, o debate normativo acerca das alternativas entre o estado afastar-se da economia em favor do "livre" mercado ou intervir para lidar com as imperfeições do mercado é pouco frutífero. Tal debate não escapa aos limites estruturais do capitalismo, discutindo variações dentro dele mesmo. A consequência é a incorreção de visões que colocam o estado como um antônimo de mercado (PREDA, 2007, p. 515) ou mesmo como um empecilho à acumulação capitalista (WRIGHT, 1999, p. 129), cujo remédio neoliberal seria menos estado e mais mercado. Também não há garantias de que mais estado signifique menos centralização de riqueza e, assim, maior igualdade material. As próprias intervenção e regulação governamentais visam a influenciar os termos em que capitalistas exercem o seu poder de moldar mercados (ELSON, 1988, p. 10). Karl Polanyi (2000 [1944], p. 181) já afirmava que intervenção e sistema de mercado não eram termos mutuamente excludentes, pois, enquanto o último não se estabelecesse, os liberais apelariam pela intervenção estatal a fim de alcançá-lo e, feito isso, de mantê-lo.

Enfim, é razoável acreditar que, junto do enfraquecimento do estado produtor, provedor e regulador, o seu papel de mediador das relações de classes segue forte e articulado com outras forças dominantes. A consideração de governos como irrelevantes levaria à conclusão de que as elites econômicas nacionais teriam sido esmagadas ou absorvidas pela expansão capitalista mundial, o que não seria correto, pois são justamente eles os principais atores em negociações para abertura de mercados do interesse dessas elites (FLIGSTEIN, 2001b, p. 192). Quem senta à mesa no Mercosul, FMI, Banco Mundial não são membros da FIESP ou Febraban, mas do Itamaraty, da Fazenda, do Banco Central, ainda que estes atuem no sentido dos interesses do conjunto das classes as quais pertencem aqueles. E assim como frações de classe exercem a hegemonia nos processos de interesse do conjunto da classe capitalista, essa mesma hegemonia é reproduzida dentro de estado. É disso que trato na seção seguinte.

Hegemonia financeira no aparato estatal

A presença do estado como articulador das relações econômicas é traço comum às diversas fases e processos do capitalismo. Embora atue conforme os interesses da classe capitalista em geral, o faz sob a hegemonia de uma de suas frações. Evidências disso podem ser encontradas na estrutura de distribuição de poder dentro do estado, cujo aparato dominante é aquele em que tem assento a classe ou fração hegemônica (POULANTZAS, 1973, p. 48). É o que percebemos também na evolução de economia brasileira. Até os anos 1930, a mais importante atividade econômica era a agroexportadora, que, ao mesmo tempo, era a mais próxima do poder estatal. De lá até os anos 1980, durante os esforços de substituição das importações, foram as elites industriais que ocuparam posições de influência nas planificações estatais. Após um hiato que alguns comentadores chamam de crise de hegemonia, os anos 1990 marcaram o início de uma tendência rumo à expansão financeira da economia. A virada neoliberal e os seus imperativos monetários e fiscais colocaram a finança e a sua lógica em posição privilegiada para influenciar as políticas econômicas.

Após o fracasso do Plano Collor (1990), que não conseguira neutralizar a inflação inercial, uma mudança geral de ministério e, especialmente, da equipe econômica, levou ao poder, já no governo Itamar (1992–1994), uma nova coalizão política que começara a se formar ainda no Plano Cruzado, este lançado no governo Sarney (BRESSER-PEREIRA, 2007, p. 11, 13, 26).[10] A hegemonia dos intelectuais ligados ao partido de Sarney que compunham o núcleo de formulação teórica do Plano Cruzado (1986) foi sucedida pela dos economistas ligados à Pontifícia Universidade Católica do Rio de Janeiro, que, mais tarde, reagrupados sob a liderança do então ministro da Fazenda, Fernando Henrique Cardoso, seriam os responsáveis teóricos pelo Plano Real, lançado em 1994 (ABU-EL-HAJ, 2007, p. 92; SILVA, 2003, p. 82). Inaugurava-se o que Bresser-Pereira chamou de pacto liberal-dependente; um pacto político excludente e cujos principais atores foram os grandes rentistas, os agentes financeiros que deles recebiam comissões, as empresas multinacionais, e interesses estrangeiros interessados no câmbio valorizado.

---

10 Bresser-Pereira foi ministro da Fazenda no governo Sarney, da Administração e da Reforma do Estado no primeiro governo FHC e da Ciência e Tecnologia no segundo governo FHC.

Assim como ocorrido nos planos Cruzado e Collor, o Plano Real levou ao centro do poder estatal os órgãos responsáveis pelas políticas macroeconômicas. Mudanças desse tipo, diria Poulantzas (1969, p. 75), não ocorrem a partir do papel exterior imediato do órgão que passa a ser predominante; decorrem da reorganização de todo o aparelho estatal diante de mudanças nas relações de produção e, também, em função de desenvolvimentos nas lutas de classes. Essa ideia encontra suporte no que se ensaiava no contexto brasileiro já desde meados dos anos 1980 e que se aprofundou nos anos 1990 com o início do movimento de liberalização da economia. Desde então, as preocupações monetárias e fiscais, pontos centrais da lógica neoliberal, passaram a ocupar o centro das atenções governamentais, colocando todas as demais áreas subordinadas à lógica financeira.

Desde o lançamento do Plano Real (1994), a despeito das mudanças em divisões internas nos governos, os órgãos responsáveis pelas políticas fiscal e monetária se mantiveram hegemônicos. Durante os governos FHC (1995–2002), a clivagem entre capital financeiro e capital industrial reverberou no governo, sustentando a divisão entre uma corrente neoliberal extrema, que dominou a administração sob a liderança do Ministério da Fazenda (MF) e do Banco Central do Brasil (BCB), e uma minoritária corrente neoliberal moderada, que controlava áreas menos influentes e dava voz aos clamores da burguesia industrial (BOITO, 2007, p. 119). Mas o protagonismo era do BCB, que passou a dispor de grande autonomia, em especial a partir de 1999, quando a instituição do sistema de metas para a inflação deu à autarquia ainda mais poder para, via política monetária, interferir no conjunto da economia e da administração estatal. Essa situação se manteve praticamente inalterada durante os governos petistas, destacadamente nos dois mandatos de Lula (2003–2010).

Ao longo de todo o período desde o Plano Real até os dias de hoje, o BCB apresentou-se aparentemente acima do debate político, em nome da alegada tarefa de defender o poder de compra da moeda. Era secundário se, com vistas a essa defesa, muitos — desempregados, por exemplo — tivessem de dispor de menos moeda e poucos — rentistas, por exemplo — pudessem se apropriar dela via investimentos financeiros. A política cujo núcleo eram as altas taxas reais de juros levou sim a uma inflação condizente com os níveis planejados, mas também engendrou a redistribuição de mais-valia em benefício dos proprietários de títulos da dívida pública. É nesse sentido que Ary Minella (2007, p. 107) destaca a centralidade das decisões do BCB para a política econômica, que fizeram dele organização estratégica para a manutenção da hegemonia financeira. Materializava-se, assim, o que dissera Poulantzas (1973, p. 44) sobre a fração hegemônica da burguesia ser aquela que garante o interesse geral da aliança entre as frações dominantes e que tem os seus interesses específicos garantidos pelo estado.

Em um contexto de crescente importância das finanças para a acumulação de capital, não apenas os capitalistas do ramo financeiro, mas também aqueles da indústria ou do comércio, tendem a direcionar capital-dinheiro para ativos financeiros toda vez que estes forem mais rentáveis do que investir em atividades da chamada economia real. Ainda assim, a fração hegemônica será aquela cujos interesses forem prioritariamente contemplados pelas políticas econômica e social do estado (SAES, 2001, p. 51). E quem, afinal, teve seus interesses primeiramente atendidos quando a política era de taxas de juros altas e de liberalização do movimento de capitais foi a finança. Tal fração hegemônica, devido à dependência estatal para financiamento de resultados deficitários, teve a possibilidade de exercer influência sobre os governos a partir de uma lógica que colocou os órgãos responsáveis pelas políticas fiscal e monetária como centrais dentro do aparato estatal.

Uma questão fundamental é que a influência sobre o estado tende a só se efetivar com sucesso na medida em que os canais de interlocução forem minimamente cristalizados. É imprescindível que determinados e restritos órgãos sejam os elaboradores das políticas em questão, e não fóruns deliberativos, sejam eles o parlamento ou, menos ainda, aqueles de participação direta, tão abominada por teorias ou preferências políticas elitistas como, por exemplo, a de Max Weber. A unidade-centralização do estado se estabelece por um processo de transformação tal

> que alguns centros de decisão, dispositivos e núcleos *dominantes* só podem ser permeáveis aos interesses monopolistas instaurando-se como centros de orientação da política de estado e como pontos de estrangulamento de medidas tomadas "alhures" (porém dentro do

> estado) em favor de outras frações do capital. ... Essa unidade se esta-
> belece por toda uma cadeia de subordinação de determinados apare-
> lhos a outros, e pela dominação de um aparelho ou setor do estado (o
> exército, um partido político, um ministério etc.), o que cristaliza por
> excelência os interesses da fração hegemônica sobre outros setores
> ou aparelhos, centros de resistência de outras frações do bloco no
> poder (POULANTZAS, 2000 [1978], p. 140; grifo no original).

Todo esse movimento significa a burocratização da política, pois "a burocracia executiva torna-se não apenas o centro de poder, mas também a arena dentro da qual e em termos da qual todos os conflitos de poder são resolvidos" (MILLS, 1981 [1956], p. 317). Chega-se à situação em que o dirigente político tradicional, preparado apenas para as atividades jurídico-formais, torna-se anacrônico, um perigo para a vida estatal se não for capaz de, pelo menos, julgar as soluções projetadas por especialistas (GRAMSCI, 2004 [1932], p. 34-35). Nesse espírito, investidas políticas da finança sobre o aparelho do estado não eram vistas como tais, mas como uma busca por superar as barreiras que a política impunha à sociedade (GRÜN, 2007b, p. 98). Exemplo emblemático é dado pelos representantes da finança — dentro ou fora do aparelho estatal — que defendem a independência das autoridades monetárias em relação aos governos, de sorte a não serem elas constrangidas a pautar-se por injunções políticas, que, por definição, tenderiam a atentar contra o funcionamento "natural" da economia.

Considerando que regras de mercado são de natureza política, resultantes de relações de poder delineadas a partir da interação entre atores do mercado e instituições políticas (PREDA, 2007, p. 515), a independência de um banco central restringe ainda mais o controle democrático já limitado pela democracia capitalista. Conceder tal independência seria reduzir ainda mais — no sistema representativo isso já ocorre — a quantidade de atores com capacidade de influência sobre decisões que afetam a sociedade em geral. E essa não é uma redução apenas quantitativa, mas uma alteração qualitativa importante, pois trata de concentrar poder em poucas e semelhantes mãos. A própria noção de independência é no mínimo ambígua, pois teremos sempre o direito de perguntar: (in)dependente de quem?

Outro efeito importante ocorre nos resultados materiais advindos das disputas entre classes ou frações travadas com a mediação do estado. Interesses de grupos com acesso privilegiado à informação e à influência política geralmente prevalecem quando instituições estatais dificultam o mesmo acesso àqueles que dele necessitam para manter sob seu controle as decisões governamentais que também os afetam (BOWLES, GORDON e WEISSKOPF, 1990, p. 194). Segundo Samuel Bowles, David Gordon e Thomas Weisskopf, isso resulta em políticas favoráveis aos rendimentos daqueles mais próximos aos legisladores e burocratas em detrimento da eficiência da economia como um todo. Como exemplo, eles citam o caso dos diretores do *Federal Reserve System* — eles dispõem de mandato fixo —, que geralmente asseguram influência desproporcional da finança sobre as decisões do órgão. Ao se referir a um passado não muito distante, William Greider (1989, p. 702) relatou que ao mesmo tempo que os cidadãos em geral não tinham espaço na discussão política raramente existente sobre a questão monetária, "os credores [da dívida pública]" e outros membros da finança privada "eram como um coro sempre presente, reprovando ou aplaudindo o *Fed*, demandando que seus interesses fossem atendidos pelo governo antes de todos os outros".

Uma consequência desse quadro para a política democrática foi o acréscimo de poder dos formuladores de política econômica, fenômeno que levou a instalação de uma espécie de estado dentro do estado. Aos órgãos responsáveis por essas políticas foi conferida a prerrogativa de interferir em montantes de dispêndios estatais em praticamente todas as áreas de atuação, mesmo naqueles casos cuja escolha política pudesse ter seguido algum procedimento potencialmente mais democrático, por exemplo, a deliberação parlamentar. Sistemas orçamentários que, como o brasileiro, autorizam em vez de impor ao poder executivo gastar os valores programados, conferiram à tecnocracia estatal significativo poder discricionário. No caso das taxas de juros e seus reflexos nas despesas com os serviços da dívida pública, recursos arrecadados pelo estado foram redistribuídos sem qualquer debate parlamentar substantivo.

Como será possível ilustrar mais adiante, no caso da política econômica não foi necessário o "socialismo" que Max Weber tanto temia como capaz de estabelecer uma ditadura do funcionalismo. Nessa área observou-se exatamente aquilo que ele deplorava: uma burocracia fora do controle parlamentar. Fenômeno que não surpreende, afinal, ela sempre foi a instituição estatal mais rebelde à democracia representativa (POULANTZAS, 2000 [1978], p. 232), sendo-lhe bem vindo um parlamento mal informado e, por isso, sem poder (WEBER, 1964 [1922], p. 745). Ocorre que para a redistribuição de excedentes pela via financeira, controlar instituições, mais do que controlar pessoas, como ocorre na produção material, é fundamental. Na medida em que um campo econômico dotado de leis próprias se constitui e instala seus mecanismos de reprodução, cuja constância é garantida pelo estado, o poder direto e pessoal sobre as pessoas tende a ceder lugar ao poder sobre os mecanismos que asseguram o capital econômico (BOURDIEU, 1994, p. 9). Numa palavra, riqueza e poder são resultados que dependem do acesso às principais instituições (MILLS, 1981 [1956], p. 10).

Se, conforme vimos anteriormente, uma das instituições imprescindíveis à reprodução capitalista é o estado, acessar o seu aparato é indispensável para que os seus poderes ou capacidades sirvam a tal propósito. Ocorre que o estado não é um sujeito real, que age e exerce o poder; são sempre conjuntos de políticos e funcionários localizados em determinadas partes do sistema estatal que ativam poderes e capacidades específicos inscritos em instituições e agências particulares (JESSOP, 1990, p. 367). Por isso, o acesso dos capitalistas ao estado não se opera de modo imediato. Ele demanda mediações por parte de uma categoria que, mesmo sem deter o capital, age de acordo com os interesses deste. Como disse Poulantzas (1969, p. 73), o estado capitalista serve melhor aos interesses da classe capitalista quando os membros desta não participam diretamente do aparato daquele. Nesse ponto, inspirado em Gramsci, insiro a categoria que chamo de *intelectual orgânico da finança*, que é o responsável pela articulação do estado com a fração financeira do capital.

Gramsci (2004 [1932], p. 15) notou que cada grupo social que se forma em torno de uma função essencial da produção econômica cria para si, organicamente, uma ou mais camadas de intelectuais que lhe dão homogeneidade e consciência da própria função nos campos econômico, social e político: "o empresário capitalista cria consigo o técnico da indústria, o cientista da economia política, o organizador de uma nova cultura, de um novo direito". Esses intelectuais são formados pelas classes dominantes em seus intentos de preservação, tanto da condição de exploração como do principal fruto material dessa condição, a acumulação de capital. Ainda de acordo com Gramsci, os empresários, ou pelo menos a sua elite, com vistas à sua expansão como classe, devem ter a capacidade de organizar a sociedade em todo o seu complexo organismo de serviços, inclusive o estado, ou então, de escolher prepostos — empregados especializados — aos quais confiar o papel de organizar as relações gerais exteriores à empresa.

É por isso que as superestruturas, das quais "os intelectuais são precisamente os 'funcionários'" (GRAMSCI, 2004 [1932], p. 20), tornam-se relevantes. Gramsci as fixa em dois planos, o da sociedade civil — organismos vulgarmente designados como privados — e o da sociedade política ou estado. Eles correspondem, respectivamente, ao exercício da *hegemonia* sobre toda a sociedade por parte do grupo dominante, e ao *domínio direto* expresso no estado e no governo jurídico. Nessa relação, "os intelectuais são os 'prepostos' do grupo dominante para o exercício das funções subalternas da hegemonia social e do governo político" (GRAMSCI, 2004 [1932], p. 21). A função subalterna exercida por meio desse intelectual orgânico é a "do consenso 'espontâneo' dado pelas grandes massas da população à orientação impressa pelo grupo fundamental dominante à vida social, consenso que nasce 'historicamente' do prestígio (e, portanto, da confiança) obtida pelo grupo dominante por causa da sua posição e de sua função no mundo da produção" (GRAMSCI, 2004 [1932], p. 21).

Ainda assim, é dentro do estado que a relação orgânica entre trabalho intelectual e dominação política se dá de forma mais acabada. Como disse Pierre Bourdieu (2011 [1996], p. 122), "a monopolização do universal é resultado de um trabalho de universalização realizado principalmente no interior do próprio campo burocrático". Também especialistas externos à burocracia chamados a auxiliar na reforma de suas instituições o fazem dentro de um limitado repertório de ideias, muitas vezes apelando para "as melhores práticas internacionais" como padrões de julgamento dessas instituições e modelos a serem seguidos (CARRUTHERS e HALLIDAY, 2000, p. 5). Devido à cristalização do trabalho intelectual e ao seu consequente afastamento do processo de produção, os aparelhos estatais implicam o domínio de um saber e de um discurso constituídos pela ideologia dominante e excludentes das massas populares (POULANTZAS, 2000 [1978], p. 53).

Já na época da industrialização brasileira os intelectuais ocuparam postos de destaque no aparelho estatal. Na era Vargas, assumiram tarefas políticas e ideológicas determinadas pela crescente intervenção estatal nos diversos domínios; no período 1945–1960, as carreiras a eles reservadas foram ampliadas, ao tempo que também foi intensificado o recrutamento de novos especialistas, como economistas, sociólogos e técnicos em planejamento e administração (MICELI, 2001, p. 197). O economista, ao tornar-se personagem notável das mudanças estruturais ocorridas no Brasil na fase da industrialização, responsável por analisar fatos econômicos e propor diretrizes de ação, exerceu o papel de intelectual orgânico da classe dirigente, dando uma feição tecnocrática à revolução burguesa no Brasil (IANNI, 2004 [1989], p. 171, 175). Em momentos mais recentes, economistas atuando como intelectuais orgânicos da finança e instalados no aparelho do estado apareceram como figuras fundamentais para a reprodução dos universais do momento, como a estabilidade monetária e a responsabilidade fiscal. Ao mesmo tempo que denunciavam a calamidade da inflação e desenhavam planos para contê-la, difundiam uma verdadeira cultura da instabilidade monetária, o que lhes conferiu legitimidade e autoridade para, como pedagogos dessa instabilidade, diagnosticar e remediar os males do país (NEIBURG, 2005, p. 11, 12; 2006, p. 614).

Assim como existe uma impossibilidade lógica de o estado representar a vontade geral, também à burocracia estatal não pode ser atribuída neutralidade em suas relações sociais. Isso porque, mesmo constituindo uma categoria social detentora de unidade própria, seu pessoal não deixa de ter um lugar de classe, que, no caso das altas esferas do funcionalismo, é o da classe burguesa ou pequeno-burguesa (POULANTZAS, 1973, p. 38; 1976, p. 74-75; 2000 [1978], p. 157). Essa unidade, ensinou Poulantzas (1969, p. 74), é dada pelo papel objetivo do estado, cuja totalidade coincide com os interesses da classe dominante. É dada também pela localização social do burocrata.

Para Erik Wright (1998, p. 311, 344; 2000, p. 16), apesar da indefinição no posicionamento de classe das frações intermediárias, quanto mais altas a suas posições nas hierarquias burocráticas, mais elas se alinham aos interesses capitalistas. No caso brasileiro, o estilo fechado e excludente na gestão da economia fez da tecnocracia estatal "uma elite acima do questionamento da sociedade ou da classe política" (DINIZ, 2004, p. 39). Reunida em restritos comitês, pôde contar com legitimidade suficiente para destinar parcelas dos recursos arrecadados pela máquina tributária sem ter de submeter tais decisões à discussão que se suporia existir no ambiente genuinamente democrático. Participou, assim, de um processo que carreou excedentes produzidos pelas classes produtoras — trabalhadoras — que, a despeito de seu papel, raramente foram chamadas a opinar sobre tal redistribuição.

Ao analisar atributos pessoais de, e relações entre, intelectuais orgânicos da finança, é possível constatar importantes similitudes entre seus componentes. Delas destaco as origens e os destinos educacionais e profissionais em diversos momentos que antecederam ou sucederam as suas passagens pela burocracia estatal. Muitos deles estudaram em determinadas escolas, trabalharam em determinados segmentos econômicos e tinham nessas instituições seus destinos profissionais depois da passagem por altos postos governamentais. Como um "tipo ideal", pode-se recorrer à figura de um economista que intercalou atividades profissionais entre departamentos de economia de prestigiadas universidades, equipes econômicas governamentais, instituições privadas do sistema financeiro e organismos financeiros multilaterais. A importância disso é que "a proximidade no espaço social ... predispõe à aproximação" em termos de algum grau de compartilhamento, por exemplo, das doxas que compartilham (BOURDIEU, 2011 [1996], p. 25).[11]

Uma constatação menos abstrata, mas nessa mesma linha, é a do insuspeito Joseph Stiglitz (2002, p. 19), para quem ministros de finanças e dirigentes de bancos centrais normalmente são muito próximos à comu-

---

11 Doxa é "um ponto de vista particular, o ponto de vista dos dominantes, que se apresenta e se impõe como ponto de vista universal; o ponto de vista dos que dominam dominando o estado e que constituíram seu ponto de vista em ponto de vista universal" (BOURDIEU, 2011 [1996], p. 120).

nidade financeira, que é de onde vêm e para onde retornam depois de passar pelo governo.[12] Para ele, é "natural" que esses indivíduos vejam o mundo através dos olhos dessa comunidade. O caso brasileiro, além de corroborar essa percepção — segundo um ex-ministro da Fazenda no governo Sarney e que chefiou ainda outros dois ministérios nos governos FHC, "esses técnicos são facilmente capturáveis"[13] —, seguiu linha similar em termos das conexões educacionais da tecnocracia econômica. Vários de seus membros mais importantes se formaram num sistema universitário — em especial o estadunidense — que parece ter homogeneizado, sob o credo e as receitas neoliberais, os esquemas teóricos e as orientações políticas e ideológicas que governaram suas ações e decisões (CHESNAIS, 1998, p. 30; 2005a, p. 47; LOUREIRO, 1998, p. 51).

As conexões profissionais parecem seguir um padrão semelhante. Dos cerca de quarenta indivíduos que ocuparam cargos de diretor do BCB e que, por isso, compuseram o Copom desde a sua criação em 1996, mais da metade teve como origem ou destino após deixar o BCB bancos, administradoras de fundos de investimento ou agências financeiras multilaterais. Enfim, observa-se nas políticas econômicas dos diversos governos desde a implantação do Plano Real (1994) certa continuidade de pessoas, ideias e ideologias, todas com importantes conexões com a finança. Segundo Morais e Saad-Filho (2003, p. 18), trata-se de uma peculiaridade do Brasil, onde organizações financeiras influenciaram a atividade econômica não preponderantemente por meio do financiamento à indústria ou de operações no mercado acionário, mas por meio da propriedade de títulos da dívida pública. Além disso, continuam Morais e Saad-Filho, os representantes da finança desalojaram da burocracia antigas frações sociais e garantiram seu controle sobre o estado por meio do crescente poder do Ministério da Fazenda e do Banco Central.

---

12 Em 2001, Joseph Stiglitz recebeu o chamado Prêmio Nobel de Economia. Foi vice-presidente e economista-chefe do Banco Mundial depois de presidir Conselho de Assessores Econômicos no governo Clinton, dos EUA.

13 Câmara dos Deputados. CPI – Dívida Pública. Notas taquigráficas da reunião ordinária n. 2400/09, 16 dez. 2009, p. 6.

O caráter de classe da política macroeconômica

O ano de 1994 marcou o início de um período não muito comum na história brasileira, de relativa estabilidade política. Naquele ano foi eleito o primeiro presidente da República que, depois dos então últimos quase quarenta anos da história brasileira, viria a cumprir integralmente o mandato concedido por voto direto. Também foi o ano em que o país trocou de moeda, no âmbito de um plano de estabilização econômica considerado pelos seus entusiastas o mais bem sucedido desde as frustradas tentativas de anos anteriores. No discurso das classes dominantes, o Brasil entrara no grupo dos países que se encaminhavam rumo ao desenvolvimento monetária e fiscalmente sustentável. Símbolo apoteótico desse novo estágio foi quando, em abril de 2008, a agência de classificação de risco *Standard & Poor's* atribui a uma parte da dívida brasileira o chamado grau de investimento. Para o então presidente da República, "o Brasil fo[ra] declarado um país sério, que tem políticas sérias, que cuida das suas finanças com seriedade ... E o que nós recebemos agora", emendou Lula, "é apenas o aval de que nós passamos a ser donos do nosso nariz em determinarmos as políticas que acharmos convenientes para o Brasil".[14]

Essas palavras revelam, primeiro, a elementar contradição em vincular soberania para determinar políticas à existência de um atestado de bom comportamento emitido por um terceiro. Importa ainda lembrar que, alguns meses depois, as grandes agências mundiais de classificação de risco, cujos atestados de boa conduta os países competidores de capital-dinheiro tanto ansiavam, ver-se-iam às voltas com dúvidas ainda maiores sobre sua credibilidade postas pela crise das hipotecas estadunidenses. Destaque-se, então, o que há de coerente e de verdadeiro nas avaliações feitas sobre economia brasileira na era do real feitas pelos intelectuais orgânicos da finança, pela imprensa econômica e por membros dos diversos governos que se seguiram. Delimitando melhor o que diziam todos eles, o

---

14 Presidência da República. Discurso do presidente da República. Maceió, 30 abr. 2008.

Brasil tornara-se um país sério e responsável aos olhos, contudo, da finança. Tal qualificação é necessária porque, em uma sociedade de classes, a ação do estado é pautada, ainda que primeiramente pela lógica do capital, também pela lógica de sua fração hegemônica.

No Brasil dos últimos dois decênios, vimos a construção de um cenário em que a finança pudesse contar, se não com garantias, ao menos com a precedência sobre outras classes ou frações na partilha de excedentes econômicos transitoriamente apropriados pelo estado. Por isso, o objetivo desta seção é explicitar de que modo alguns dos principais fundamentos da política macroeconômica contribuíram para reafirmar o caráter de classe do estado, de modo geral, e o seu caráter de fração financeira de classe, de modo específico. Para tanto, analiso três mecanismos de política econômica que, de modo articulado, estabeleceram um aparato institucional cujo resultado foi — e segue sendo — o favorecimento à finança. São eles a desvinculação de receitas federais de obrigatoriedades constitucionais de destinação a políticas de bem-estar, o sistema de metas para a inflação e a assim denominada responsabilidade fiscal.

Desvinculação constitucional de receitas

Das disputas entre classes pelos excedentes econômicos transitoriamente apropriados pelo estado podem resultar diferentes configurações redistributivas. Daí resultam vantagens para algumas e desvantagens para outras das classes ou frações que lutam pela apropriação desses excedentes. O favorecimento simultâneo de todas é uma impossibilidade lógica. Um dos meios pelos quais isso se processa é o tipo de gasto, o que determinará que uma ou mais frações sociais poderão ser favorecidas em detrimento de outra ou outras. Há ainda formas que podem conferir à redistribuição estatal maior estabilidade em termos dos destinos dos excedentes apropriados. Mecanismos legais podem prescrever de que modo se dará a repartição, por exemplo, definindo percentuais mínimos de destinação de certos tipos de gasto. Tal foi o caso da Constituição brasileira promulgada em 1988, pouco mais de três anos após o fim da ditadura militar instalada com o golpe de 1º de abril de 1964.

Por conta da demanda por participação democrática reprimida pela ditadura, a nova Constituição foi resultado também de forças sociais que contaram com significativa legitimidade para reivindicar e ver atendidos alguns de seus anseios. De suas participações resultaram conquistas que, em princípio, não dependeriam da discricionariedade do governo do momento para se converter em políticas públicas universais. Por exemplo, a Constituição promulgada em 1988 prescrevia que a União deveria aplicar anualmente não menos de 18% e os demais entes federados não menos de 25% da receita com impostos na manutenção e desenvolvimento do ensino. As contribuições ao PIS e ao Pasep financiariam o seguro-desemprego e o abono anual de um salário mínimo a trabalhadoras ou trabalhadores com renda mensal de até dois salários mínimos. Já as receitas decorrentes das contribuições sociais seriam destinadas integralmente ao financiamento da seguridade social — saúde, previdência social e assistência social.

Essa configuração concedeu a um contingente significativo da população brasileira a possibilidade de contar com um mínimo de serviços de educação, saúde, previdência e assistência social obrigatoriamente providos pelo estado. Se por um lado a previsão constitucional não garantia, por outro, tornava a luta para que essas conquistas pudessem ser reduzidas mais complexa do que no caso de tais políticas sujeitarem-se à discricionariedade de um governo. Mas isso não evitou a redução do espaço conquistado. No cenário de expansões financeira e da lógica neoliberal, o estado capitalista brasileiro adaptou-se à nova ordem. Indo de encontro ao que fora conquistado pelas frações sociais subalternas em 1988, ainda na fase preliminar ao lançamento do Plano Real o governo instituiu mecanismo que o autorizou a desvincular de destinos até então prescritos pela Constituição uma parcela significativa das receitas tributárias federais.

Em março de 1994, a Constituição federal foi emendada para criar o fundo social de emergência (FSE), ao qual vinculou-se o "objetivo de saneamento financeiro da fazenda pública federal e de estabilização econômica".[15] A principal fonte do fundo foi estabelecida de modo a contar

---

15 Brasil. Emenda constitucional de revisão n. 1, 1 mar. 1994.

com 20% da arrecadação tributária federal. Originalmente criado para os exercícios de 1994 e 1995, o FSE foi prorrogado, primeiramente até junho de 1997 e, depois, até dezembro de 1999, sendo que a partir de 1996 passou a denominar-se fundo de estabilização fiscal (FEF).[16] Os mesmos 20% de desvinculação das receitas tributárias federais continuaram compondo o novo fundo, o FEF. Merece destaque que, na criação do FSE, previa-se que os recursos desvinculados fossem "aplicados no custeio das ações dos sistemas de saúde e educação, benefícios previdenciários e auxílios assistenciais". Já na prorrogação, estabeleceu-se que eles seriam "aplicados *prioritariamente* no custeio" dessas políticas. Ou seja, nesse segundo momento o governo deixou ainda mais clara a desvinculação, curiosamente por meio de uma ambiguidade — o termo prioritariamente — que, não obstante, reforçaria a não obrigatoriedade constitucional de aplicação.

O processo se consolidou com aquilo que ficou conhecido como desvinculação de receitas da União (DRU). Em março de 2000, a Constituição federal foi novamente emendada e, nessa ocasião, nenhum fundo foi instituído. Os mesmos 20% de desvinculação, que vinham desde 1994, foram prorrogados várias vezes, a primeira até 2003, depois até 2007, 2011 e 2015.[17] Em nova prorrogação, agora até 2023, a desvinculação foi ampliada de 20% para 30%, basicamente das contribuições sociais.[18] Resta dessa configuração que a desvinculação constitucional de receitas manteve-se como mais uma expressão reveladora do caráter de classe do estado, agora na sua versão financeira. Isso porque foi justamente a finança a maior beneficiária desse mecanismo. Ocorre que se capitalistas em geral preferem liquidez (ARRIGHI, 1994, p. 5), os do tipo financeiro temem ainda mais qualquer embaraço que possa representar ameaça a essa liquidez.

Existe um paralelo entre dinheiro e crédito que pode jogar um pouco de luz no fenômeno da DRU. Trata-se da fungibilidade, ou seja,

---

16 Brasil. Emendas constitucionais n. 10, 4 mar. 1996; e n. 17, 22 nov. 1997.

17 Brasil. Emendas constitucionais n. 27, 21 mar. 2000; n. 42, 19 dez. 2003; n. 56, 20 dez. 2007; e n. 68, 21 dez. 2011. Ver ainda nota 11 à figura 2.2, p. 104.

18 Brasil. Emenda constitucional n. 93, 8 set. 2016.

a homogeneidade e capacidade de troca que tem o dinheiro. Segundo Bruce Carruthers (2005, p. 369), essa característica, que torna o dinheiro tão útil ao conferir-lhe o poder de comprar qualquer coisa, traz também um problema, que ele assim exemplifica: fungibilidade significa que o dinheiro que uma mãe ou um pai dá a um filho para pagar um corte de cabelo pode ser sub-repticiamente desviado para a compra de doces. Um pouco estranha, essa associação, contudo, faz sentido quando observamos que a DRU deu ao governo brasileiro maior liberdade de decisão sobre uma parte significativa do orçamento. Note-se que aí neoliberais não viram grandes problemas em contrariar-se um de seus axiomas mais caros, o qual clama por regras fixas contra o poder discricionário dos formuladores de política. O que a DRU fez foi justamente substituir regras claras de destinação de recursos arrecadados pela via tributária pelo poder discricionário do governo sobre como empregar os recursos desvinculados.

Para a finança, o problema anterior à DRU, contudo, não estava na existência de regras claras, mas sim, a *quem* elas atendiam. Como não eram do interesse da finança — seus membros não necessitam de educação ou saúde públicas; eles querem *juros públicos* —, elas não eram regras que se enquadravam no referido axioma. Lembrando da estória do doce, Carruthers (2005, p. 369) sublinha que credores, assim como mães e pais, não querem ver dinheiro fungível desviado do seu propósito original e, por essa razão, buscam fazer com que seus empréstimos sejam menos fungíveis. Uma forma de fazê-lo é converter dinheiro geral — aquele que pode ser empregado em qualquer coisa — em dinheiro especial — aquele que deve ter destinação predefinida. Isso se dá, por exemplo, por meio de classificações orçamentárias, que, assim, criam restrições para que um determinado tipo de recurso seja empregado em certas atividades. O racional é que essas restrições aumentam a probabilidade da dívida ser paga (CARRUTHERS, 2005, p. 369). Essa mesma lógica ajuda a compreender de que forma a DRU serviu ao objetivo de sustentar o endividamento público brasileiro.

Ainda que de forma não tão clara, o efeito prático da DRU foi reservar recursos para pagamento de serviços da dívida pública. Façamos mais um esforço de abstração para trazer a noção de fungibilidade para mais perto deste argumento, porém invertendo o raciocínio. Na descrição de Carruthers, o credor impõe ao devedor a condição de que o produto do empréstimo deverá ser aplicado em determinado empreendimento que, espera-se, seja capaz de gerar excedentes para pagamento do empréstimo. A inversão de raciocínio a que me refiro está na ideia de que o aumento da fungibilidade do dinheiro — como ocorreu por meio da DRU — favoreceu os credores na medida em que evitou que recursos potencialmente destinados aos serviços da dívida — ou seja, aos credores — tomassem, obrigatoriamente, destinos estranhos a eles. Assim, se um recurso vinculado era menos fungível porque se destinava a objetos distintos dos serviços da dívida pública — educação, seguridade social etc. —, torná-lo fungível, ou seja, desvinculá-lo, aumentaria a probabilidade dele vir a servir à dívida.

Figura 2.2 – DRU e resultado fiscal primário, Brasil, 1994–2015

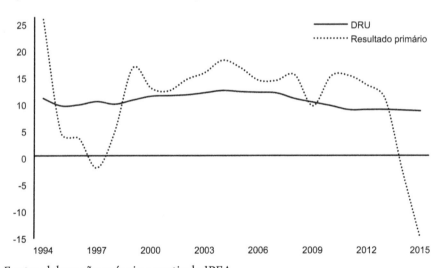

Fonte: elaboração própria a partir de IPEA.

Notas: I) percentuais em relação à arrecadação de impostos e contribuições federais, exceto previdenciárias; II) desvinculação estimada conforme as emendas constitucionais do FSE, FEF e DRU, que atingiram, também, os 18% sobre impostos que a Constituição de 1988 determinara que a União aplicasse em educação. Esta última desvinculação foi reduzida dos originais 20% para 12,5% em 2009, 5%

em 2010 e nula a partir de 2011, restabelecendo-se então a previsão constitucional original (Brasil. Emenda constitucional n. 59, 11 nov. 2009, artigo 5°).

De um modo pouco sutil, o que fez a DRU foi informar aos credores não necessariamente que o produto da desvinculação estaria hipotecado com juros da dívida, mas que, com efeito prático similar, tampouco estaria vinculado a qualquer destino concorrente, como a provisão estatal de serviços de saúde ou educação. Os montantes desvinculados ficaram livres da restrição constitucional para, então, ser disputados e redistribuídos conforme as correlações de força entre classes e outras frações sociais que lutavam pelos recursos orçamentários em questão. Nos primeiros anos do real, os montantes desvinculados serviram para o governo fazer frente à restrição fiscal resultante da redução do chamado imposto inflacionário. Pode-se notar na figura anterior como fora difícil estabilizar o resultado fiscal primário na primeiro período do real, até 1998. De qualquer forma, a desvinculação de receitas significou o acréscimo de recursos de livre aplicação equivalentes a uma média de 10% das receitas com tributos federais durante o período 1994–2015.

O ponto principal dessa configuração é que o governo brasileiro entendeu que deveria ter mecanismos para servir à dívida pública, e a DRU cumpriu esse papel. Aqui cabe um comparativo entre os governos FHC e Lula que mostra, mais do que a continuidade da política, o seu aprofundamento. Distanciando-se da tradicional retórica anticredor do PT, os governos de Lula demarcaram com clareza o seu comprometimento com o pagamento de juros da dívida. Durante o segundo mandato de FHC (1999–2002), a média da parcela de resultado primário positivo que excedeu à desvinculação representou 2,8% da arrecadação tributária federal; nos dois mandatos de Lula (2003–2010), essa média foi elevada a 3,5%. Não surpreende que o risco sobre a dívida externa brasileira nos primeiros anos de governo Lula tenha caído abaixo do nível observado nos anos FHC (ver figura 2.1, p. 87) e que graus de investimento tenham sido concedidos à dívida brasileira alguns anos depois. As reduções dos resultados primários combinadas com perdas de graus de investimento conferidos pelas principais agências internacionais de risco no primeiro governo Dilma (2011–2014) corroboram essa hipótese.

A liberdade de gasto a que me referi deve ser relativizada pela consideração do que ocorreu a partir de 1999, ano da crise que levou ao câmbio flutuante e à adoção do regime de metas para a inflação. Desde então, à exceção dos anos de 2009, 2014 e 2015, os valores desvinculados passaram a servir integralmente à formação de resultados primários positivos, o que não ocorreu na maior parte da fase pré-1999 do real. Acontece que resultado primário positivo maior do que o incremento da parcela desvinculada significa um esforço de contenção de gastos não financeiros também em relação à parcela que já era desvinculada. Se para formar aqueles resultados fiscais superavitários recorreu-se também a uma parcela do que já era desvinculado, nesses casos tem-se que a DRU foi integralmente direcionada ao pagamento de juros da dívida pública. De 1995 a 1998, em 2009, 2014, e 2015, esse direcionamento foi parcial, como mostra a figura anterior.

Considerando-se que o objetivo primeiro da DRU foi a formação de resultados primários positivos, o que ela fez foi desvincular receitas até então vinculadas a gastos em educação ou saúde para, na prática, vincular essas mesmas receitas a gastos com serviços da dívida pública, especialmente os juros. Da mesma forma que a educação e a saúde, que tinham suas cotas da receita tributária predeterminadas, agora também a finança poderia contar com a possibilidade de obter a sua. Se por um lado esta não foi garantida pela Constituição de 1988, como continuavam sendo aquelas, agora em patamares menores, por outro, tampouco haveria o constrangimento constitucional até então imposto às classes dominantes no acesso à parcela desvinculada. Com isso, a DRU colocou à mercê da apropriação por parte da finança a mesma parcela que arrancara às classes e frações subalternas. Esse aumento da fungibilidade de recursos outrora vinculados foi um dos primeiros passos para conceder à finança vantagem na luta pelos excedentes apropriados pelo estado. No entanto, como isso não veio acompanhado de uma vinculação explícita ao pagamento de juros, outros mecanismos institucionais somaram-se à DRU, contribuindo, assim, com a vantagem de classe da finança. São esses mecanismos que analiso nas próximas duas seções.

Sistema de metas para a inflação

Nos cerca de três decênios que se seguiram à Segunda Guerra Mundial, a grande preocupação socioeconômica era o pleno emprego, em torno do qual foi erigido o consenso keynesiano, aproximando interesses de capitalistas, estado e trabalhadores. Findos os chamados anos gloriosos do capitalismo, a partir do final dos anos 1970 — um pouco mais tarde na América Latina — é o controle da inflação que assume o posto. Preocupação essa que já se revelara nos primeiros anos do pós-guerra, por exemplo, nas conhecidas receitas anti-inflacionárias que o FMI impunha aos países que recorriam à sua ajuda (BABB, 2007, p. 129). Mas foi quando o monetarismo se tornou hegemônico no pensamento econômico que a inflação assumiu o primeiro posto nas preocupações que passaram a guiar as principais políticas econômicas de grande parte dos governos nacionais.

A veemente aversão dos monetaristas à inflação estava na crença de que, além de distorcer preços e impossibilitar decisões racionais no nível da empresa, ela impedia a condução racional da economia como um todo (EYAL, 2000, p. 78). Isso então demandaria ações que fizessem do mercado a fonte capaz de suprir os agentes econômicos com informações mais precisas acerca da atividade econômica. Para isso, o controle inflacionário era o primeiro requisito. Tal prioridade dever-se-ia ao fato de a inflação erodir a integridade do sistema de preços, este o provedor chave de informação numa economia de mercado (BABB, 2007, p. 129). Contudo, esse é um debate aberto, visto que os mecanismos de mercado não transmitem informações diretas sobre intenções, desejos e valores, mas informações sobre resultados de decisões (ELSON, 1988, p. 13). De todo modo, se a teoria monetarista não é explicação suficiente para a troca de prioridades políticas, ela bem serviu para dar legitimidade teórica a uma série de políticas.

Como em tantos outros movimentos irradiados do centro da economia mundial, a preocupação com inflação chegou à América Latina, onde vários países passaram a direcionar seus maiores esforços para contê-la. Tal movimento tornou-se politicamente legitimado na medida em que a inflação fora inculcada nas representações sociais como uma espécie de inimigo nacional. Em fevereiro de 1986, quando o governo brasileiro lançou o Plano Cruzado, um dos muitos com vistas a conter a escalada de preços, o então presidente da República disse que iniciava-se naquele momento "uma guerra de vida ou morte contra a inflação".[19] Esta era sinônimo de emergência social e, desde então, como tal passou a ser tratada em importantes eventos da vida nacional, quase sempre com forte apoio popular. Isso deveu-se, em grande parte, à retórica sobre os seus piores efeitos atingirem primeira e mais intensamente os mais pobres. Como estes não tinham meios de se proteger da perda do poder de compra da moeda de que dispunham aqueles com acesso ao mercado financeiro, alinharam-se aos clamores da finança contra a inflação.

No entanto, se de um lado a inflação atingia com violência as classes de menor poder aquisitivo, por outro, reduzia os rendimentos reais, quando não a própria riqueza, dos que tinham aplicações financeiras. Essa segunda parte, contudo, não fez parte dos discursos justificadores dos plano de estabilização, alguns deles apresentados como salvação nacional. O processo que começara com a quixotesca figura do "fiscal do Sarney", em 1986, teve como apoteose a eleição de Fernando Henrique Cardoso para o posto de presidente da República, em 1994.[20] A ele atribuía-se a imagem de principal responsável pelo Plano Real — este foi gestado enquanto FHC era ministro da Fazenda no governo Itamar (1992–1994) —, que, finalmente, vencera a inflação depois dos vários fracassos dos governos Sarney e Collor. Mas como disse Marx (1982 [1852], p. 426) sobre a França de Louis Bonaparte, "a sociedade é salva tantas vezes quantas se vai restringindo o círculo dos seus dominadores e um interesse mais exclusivo é defendido contra um interesse mais amplo".

---

19 O primeiro dia de guerra à inflação. *O Estado de S. Paulo*, São Paulo, 1 mar. 1986, n. 30.049, p. 1.

20 Sobre o denominado "fiscal do Sarney", o então presidente da República, em seu pronunciamento de anúncio do Plano Cruzado, disse: "cada brasileiro será e deverá ser um fiscal de preços" (*op. cit.*).

Se o Brasil deixou de conviver com a hiperinflação, isso se deu concomitantemente ao favorecimento da fração financeira do capital, que, por sua vez, foi alcançado a expensas do aprofundamento da exploração do trabalho alheio e da redução do financiamento de políticas de bem-estar (voltarei a isso). Outro efeito foi o aumento do desemprego, como mostra a figura seguinte. Na Região Metropolitana de São Paulo, maior centro econômico e populacional do Brasil, a média anual da taxa de desemprego, que fora 11% durante o período 1985-1994, foi a 17% durante o período 1995-2003 e a 14% durante 2003-2015.

Figura 2.3 – Inflação no Brasil e desemprego na cidade de São Paulo, 1985-2015

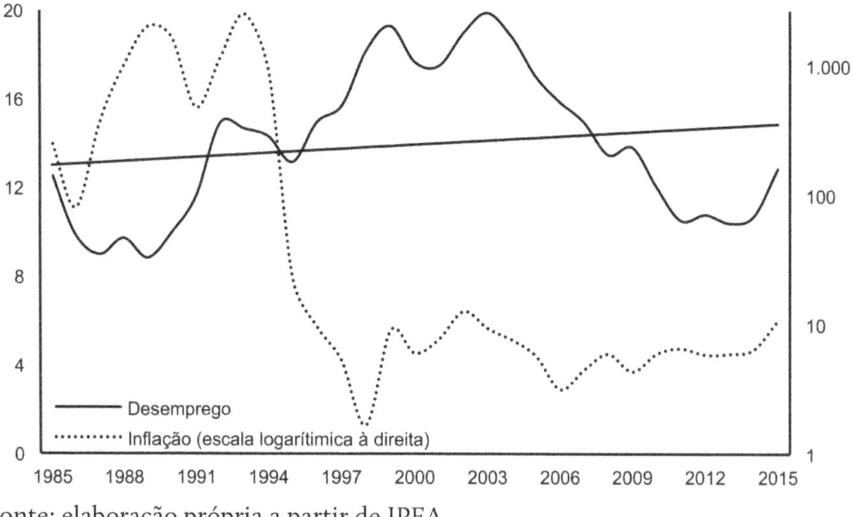

Fonte: elaboração própria a partir de IPEA.

Notas: 1) escalas percentuais; 11) desemprego na Região Metropolitana de São Paulo, incluindo o desemprego oculto, que é o trabalho precário e o desemprego por desalento.

Sabemos que as tentativas de controle da inflação implementadas desde a chamada redemocratização do Brasil, esta em 1985, até antes do Plano Real fracassaram. Quase todas foram seguidas por períodos cujos níveis inflacionários foram ainda mais altos do que aqueles que se propunham a reduzir. Nesse aspecto, o Plano Real logrou importante êxito, mantendo a inflação sob controle até os dias de hoje. Desde então a questão passou a ser tratada de tal forma que em seu nome qualquer medida se justificaria, ao que pareceu alinhar-se a maioria da sociedade brasileira. Um ponto por vezes não tão claro é que se, de um lado, *a* sociedade foi aparentemente — numa sociedade de classes não se pode dizer que efeitos econômicos se deem uniformemente sobre *a* sociedade — beneficiada pela inflação baixa, por outro lado uma minoria dela, especificamente as classes financeiras, foi, não aparente, mas efetivamente beneficiada de forma direta.

O favorecimento à finança deveu-se ao fato de que o mecanismo usado para conter as elevações de preços foram taxas reais de juros sistematicamente altas. Ainda que isso tenha ocorrido ao longo de todo o período em questão, este deve ser dividido em dois subperíodos, que se distinguem pelos meios de controle da inflação. No primeiro, quando vigorou o Plano Real (1994–1998), o mecanismo principal foi a política cambial de manutenção da moeda nacional valorizada. A chamada âncora cambial, que mantinha o real próximo da paridade com o dólar estadunidense, estabilizava os preços dos produtos comercializáveis no mercado internacional, o que se refletia nos preços de produtos comercializados no mercado doméstico. Um dos reflexos foi favorecer as importações e prejudicar as exportações, com reflexos negativos no balanço de pagamentos. Durante 1994–1998, o Brasil acumulou resultado deficitário de mais de U$S 107 bilhões em transações correntes, que teve de ser financiado com o ingresso de cerca de U$S 112 bilhões de capital financeiro do tipo investimento em carteira.

O segundo subperíodo que se distingue quanto ao meio de controle da inflação iniciou após uma sucessão de crises — México, Sudeste da Ásia, Rússia — que, entre 1995 e 1998, levaram a ataques especulativos sobre a moeda brasileira. Em janeiro de 1999, o regime de âncora cambial não se sustentou e o governo brasileiro abandonou a paridade com o dólar estadunidense. Logo em seguida o BCB sinalizou que a flutuação do câmbio não significava o fim da âncora nominal, e que esta passaria a ser operada por meio da taxa de juros. Em março de 1999, declarou ser

> essencial transmitir à sociedade que a economia não opera[ria] sem âncora nominal e que o Banco Central possu[ía] capacidade de atuação. Nesse sentido, o desempenho da autoridade mone-

tária passar[ia] a pautar-se pelo comprometimento com o controle da taxa de inflação. Dado o atual cenário, percebe-se como fatores determinantes a austeridade da política fiscal e o aporte de crédito externo.[21]

Na mesma ocasião, de uma só vez, o Copom elevou a meta da taxa nominal de juros básica da economia de 25% para 45% ao ano,[22] o que levou a um aumento da taxa real *ex-post* de 17% para 30% entre fevereiro e março de 1999. Esse patamar foi reduzido logo no mês seguinte, quando o próprio Copom admitiu "que a taxa de juros nominal de 39,5% ao ano representava remuneração real muito elevada".[23]

Um pouco mais tarde, em junho de 1999, temendo que a flutuação do câmbio resultasse em hiperinflação, o governo adotou o regime de metas para a inflação (ARESTIS, DE PAULA e FERRARI-FILHO, 2009, p. 9). Desde então, as taxas de juros brasileiras se mantiveram nos níveis mais altos dentre as principais economias mundiais (ver figura 1.1, p. 38, e figura 1.3, p. 47). Elas foram bastante atrativas para a finança, o que se coadunava com o entendimento do Banco Central de que "o aporte de crédito externo" era determinante para o controle inflacionário.[24] Em apenas um mês (mar. 1999), quando o Copom elevou a taxa Selic, a representatividade dos títulos remunerados com base nessa taxa aumentou de 57% para 68% do

---

21 Banco Central do Brasil. Comitê de Política Monetária. Ata da 33ª reunião, 4 mar. 1999.

22 Até a 32ª reunião do Copom, quando foi decidido permitir a flutuação das taxas de câmbio, a taxa de juros básica fixada pelo Comitê era a TBC. Extinta essa taxa, a partir da 33ª reunião o Copom passou a fixar metas para a taxa Selic, cujo observado no período compreendido entre a 32ª e a 33ª reuniões foi de cerca de 37% ao ano. A taxa Selic é a taxa média ajustada dos financiamentos diários apurados no sistema especial de liquidação e de custódia para títulos públicos federais.

23 Banco Central do Brasil. Comitê de Política Monetária. Ata da 34ª reunião, 14 abr. 1999. Desde a reunião anterior, a meta já tinha sido reduzida de 45% para 39,5% ao ano por meio da utilização do viés de redução. A definição de viés para a taxa de juros é um mecanismo pelo qual o Copom indica um sentido — elevação ou redução — para potencial alteração da meta da taxa de juros, delegando ao presidente do Banco Central essa prerrogativa sem a necessidade de realização de reunião extraordinária do Comitê.

24 Banco Central do Brasil. Comitê de Política Monetária. Ata da 33ª reunião, 4 mar. 1999.

total da dívida pública mobiliária federal interna. Comprando-se os períodos 1995–1998 e 1999–2015, a média da participação dos títulos remunerados com base na taxa Selic aumentou de 28% para 42% da dívida interna, enquanto a parcela remunerada a taxas prefixadas reduziu de 42% para 26%. Essa evolução confirma avaliações de que os governos Lula continuaram *in toto* (PRATES e PAULANI, 2007, p. 33) ou mesmo aprofundaram a política macroeconômica iniciada no segundo mandato de FHC (MOLLO e SAAD-FILHO, 2006, p. 114, 115).

Ao inaugurar esse segundo subperíodo do real, o Copom declarou que "a estabilidade dos preços em regime de câmbio flutuante [seria] garantida pela austeridade fiscal sustentada e por um sistema de austeridade monetária compatível com a política fiscal". Disse ainda que, "como no curto prazo a política fiscal est[ava] dada, o instrumento efetivo para controle das pressões inflacionárias [seria] de natureza monetária, ou seja, a taxa de juros".[25] O que fez o BCB nesse momento foi lançar mão do instrumento sobre o qual detinha controle praticamente absoluto — política monetária — e sinalizar para o restante do aparato estatal o que mais seria necessário à sustentação do controle inflacionário — a chamada austeridade fiscal. Com isso, a política monetária impôs limites à política fiscal; esta foi austera para pagar pela a rigidez daquela. Isso revelou ainda uma contradição entre a política monetária e a alegada necessidade de austeridade fiscal, que se viu comprometida justamente pela elevação dos gastos com juros (ver figura 2.4, p. 117).

O objetivo que vinha sendo perseguido desde a chamada redemocratização e que, com o real, atingira seu êxito mais duradouro, mas que se viu ameaçado no início de 1999, ganhou contornos institucionais importantes. A partir de então, a âncora nominal, que até então fora do tipo cambial, passou a ser monetária. A política de juros altos — ao menos altos o quanto fosse necessário para manter a inflação sob controle — que vinha já desde antes do Plano Real ganhou suporte legal. Atendeu-se com isso a um dos

---

25 Banco Central do Brasil. Comitê de Política Monetária, *op. cit.*

clamores da finança que a economia acadêmica apresentara sob o axioma de que a condução das políticas econômicas deve pautar-se por regras e não pela discricionariedade dos formuladores. Desde então, o governo passou a fixar, explícita e formalmente, compromissos com dados níveis de inflação. Para isso, a interação entre estado — via banco central — e finança atingiu um formato especial. Foi o regime de metas para a inflação que passou a proteger a finança da potencial desvalorização de seus ativos.

De acordo com o decreto que estabeleceu aquele regime, a política monetária passaria a obedecer às seguintes diretrizes: i) as metas seriam fixadas pelo Conselho Monetário Nacional (CMN); ii) essa fixação ocorreria até junho de cada segundo ano imediatamente anterior ao ano para o qual se referisse a meta; iii) caberia ao BCB executar as políticas necessárias ao cumprimento da meta; e iv) caso isso não ocorresse, o seu presidente deveria divulgar, em carta aberta dirigida ao ministro da Fazenda, as razões do descumprimento, as providências para retomar os níveis de inflação estabelecidos e o prazo estimado para isso acontecer. A tônica do decreto se concentrou naquilo que o discurso oficial costuma chamar de transparência, que se traduz ainda em compromisso ou sinalização firme para os agentes econômicos sobre como se comportaria o governo nessa questão. Institui-se, enfim, determinação legal para que a autoridade monetária executasse "as políticas *necessárias*" ao controle da inflação.[26]

As sinalizações do sistema de metas foram direcionadas para todos os agentes econômicos, o que, contudo, não significou que o regime fosse favorável ao seu conjunto. Ao contrário, configurou-se em mais um mecanismo institucional com nítido caráter de classe. Com o seu suporte, a finança foi a principal favorecida na repartição de excedentes efetivada por meio do aparato fiscal do estado. Ao concluir, saliento que esta análise não faz qualquer consideração sobre o regime de metas ser ou não eficaz. Essa polêmica, aliás, existe, por exemplo, nos debates entre aqueles analistas cujas preocupações são, resumidamente, o foco na estabilidade

---

26 Brasil. Decreto do executivo n. 3.088, 21 jun. 1999; grifo adicionado.

monetária, de um lado, ou o foco no crescimento econômico, de outro. Entendo que isso é menos importante. Importa ao meu argumento investigar como esse mecanismo se articulou com outros — por exemplo, a DRU, que analisei na seção anterior, e a lei de responsabilidade fiscal, que analiso na próxima — que formaram o caráter de classe do estado, desde então sob a hegemonia da finança.

A assim chamada responsabilidade fiscal

Há termos que ao longo da história se estabelecem com impressionante força ideológica. Os objetivos que evocam podem guiar ações de indivíduos e organizações, dentre elas as estatais, como se fossem valores universais. Para análises do período pós-Segunda Guerra, poderíamos selecionar termos como desenvolvimento econômico ou pleno emprego. Para aqueles que se encontravam sob ditaduras, poderíamos eleger democracia; um pouco mais adiante, nossa escolha poderia recair sobre o controle inflacionário. O que todos tiveram em comum foram as suas apresentações ao conjunto da sociedade como se todas as classes sociais e suas frações pudessem ser igualmente beneficiárias de suas realizações. Nos dias atuais, um termo que parece seguir essa lógica é "responsabilidade". Foi nada mais do que a sua alegada falta no âmbito fiscal o pretexto utilizado para dar um verniz legal ao golpe dentro do estado capitalista brasileiro engendrado em 2016 para devolver a política macroeconômica ao curso desejado pela finança (ver o posfácio a este livro).

Por vezes acompanhado de adjetivos como social, ambiental, ou socioambiental, o termo responsabilidade tem servido como importante recurso de propaganda a diversas organizações empresariais ou estatais. Como nos dias de hoje é imperativo ser responsável, também o setor estatal deve sê-lo. Se a empresa deve ser socialmente responsável — seja lá o que isso quer dizer —, se todos nós devemos ser ambientalmente responsáveis, o estado deve ser, além de tudo isso, responsável quanto à questão fiscal. No caso brasileiro, depois da redemocratização, tendo ainda passado pela estabilização monetária, o estado foi instado a promover certas instituições particularmente importantes ao capitalismo em seu atual estágio. Partindo-se do pressuposto neoliberal de que o estado, além de gastar demais, gasta mal, seriam necessárias instituições capazes de conter esse ímpeto. É aí que se apresenta o discurso da assim chamada responsabilidade fiscal.

Ao lado de outros dispositivos, merece destaque a denominada lei de responsabilidade fiscal (LRF), que desde a sua edição, no ano 2000, tem sido celebrada pela imprensa corporativa, por economistas da finança e da academia e por tantos outros que se baseiam no discurso intencionalmente simplista de que o estado gasta demais e mal. Digo simplista porque tais análises muitas vezes deixam de providencialmente considerar, por exemplo, com *o que* o estado gasta; deixam, mais ainda, de ocupar-se em analisar *com quem* gasta e *de quem* extrai o que gasta. Essas análises interessadas acerca do tema acabam assim privilegiando determinados aspectos da lei sem tocar numa questão fundamental que é justamente o seu caráter de classe. Nesse sentido, a compreensão sobre como classes operam nesse ponto especifico da questão fiscal pode advir da análise não só do que a lei faz, mas também daquilo que ela *não faz*, o que, de fato, é outro modo de fazer.

Primeiramente, na LRF declarou-se como seu objetivo o estabelecimento de normas para a gestão "responsável" das finanças públicas. Entendeu-se como tal, fundamentalmente, o cumprimento de metas de resultados fiscais e a obediência a limites de endividamento. Para tanto, a LRF determinou que, a partir de sua edição, as leis de diretrizes orçamentárias (LDO) passassem estabelecer metas de receitas, despesas, resultados fiscais nominal e primário e endividamento público. Para a fase de execução do orçamento, a LRF impôs que, se num dado momento, for constatado que o total da receita pode não comportar o cumprimento das metas de resultados fiscais, despesas devem sofrer as limitações necessárias ao alcance do equilíbrio. Dessa limitação, contudo, não podem fazer parte despesas relativas a obrigações constitucionais e legais, aí incluídas — e isso é o mais importante para o meu argumento — aquelas destinadas ao pagamento dos serviços da dívida pública.

Dois pontos chamam especial atenção nessa configuração. Um deles, o mais óbvio, é a ressalva que faz a LRF para que não se imponham limites a despesas com serviços da dívida. Esse é o "não faz", ao qual me referi anteriormente, mas que efetivamente concede privilégio aos credores da dívida pública. Estes, no caso de dificuldades financeiras por parte do estado, não verão sua cota na partilha fiscal sacrificada nos primeiros momentos. Isso pode ser comparado a um concurso de credores, que neste caso teria a finança no primeiro posto da fila. Claro que, de acordo com a LRF, ao lado dos rentistas estariam as frações sociais destinatárias do gasto estatal vinculado a obrigações constitucionais, porém, como vimos anteriormente, a DRU tratou de enfraquecer esse preceito. Resta do espírito da LRF não criar embaraços para que o estado cumpra suas obrigações junto à finança. Com efeito, a lei promove justamente o oposto ao colocar a finança no topo das prioridades de pagamento do estado.

Outro ponto — este menos óbvio — de destaque na configuração distributiva que a LRF promoveu foi a figura da meta de resultado fiscal primário, este formado pelo total das receitas não financeiras menos o total das despesas não financeiras. Desde a edição da LRF, as metas de resultados primários, assim como as de resultados nominais, passaram a ser estabelecidas anualmente nas LDO.[27] No entanto, o tratamento dado a esses dois tipos de resultado não foi o mesmo. Em uma das edições da LDO, o governo brasileiro esclareceu que "anualmente são estabelecidas metas de resultado primário no intento de garantir a solvência intertemporal da dívida pública. Por sua vez, o resultado nominal e o estoque da dívida do setor público são *meramente indicativos*, uma vez [que] sofrem influência de uma série de fatores fora do controle direto do governo".[28] Na prática, o governo fez mais do que isso com vistas ao alcance de resultados primários positivos. Em todas as LDO para os anos entre 2001 e 2014, as metas de resultado primário — o mais importante segundo a citação acima — foram superavitárias, perfazendo uma média anual equivalente a 2,3% do PIB para o governo

---

27 Brasil. Lei complementar n. 101, 4 maio 2000, artigo 4º, parágrafo 1º.

28 Brasil. Lei n. 11.768, 14 ago. 2008, anexo IV; grifo adicionado.

federal.[29] Em nenhum desses anos isso ocorreu com as metas indicativas de resultado nominal, que, ao contrário, foram sempre deficitárias.

Figura 2.4 – Necessidade de financiamento do governo central, Brasil, 1995-2015

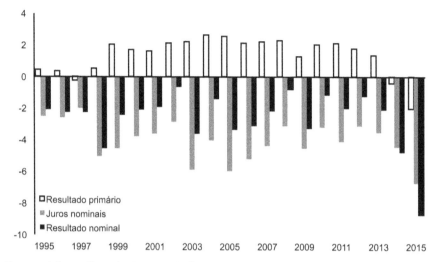

Fonte: elaboração própria a partir de IPEA.

Nota: percentuais em relação ao PIB.

É certo que metas superavitárias de resultado nominal também atenderiam à finança, afinal, uma vez atingidas tais metas, todos os compromissos teriam sido pagos. Ocorre que governos raramente operam em equilíbrio fiscal. O capitalismo em geral, e o financeiro em particular, dependem de resultados fiscais negativos. Se as condições esperadas para a economia e para as finanças públicas sinalizam resultado nominal deficitário na elaboração do orçamento estatal, o estabelecimento de meta de resultado primário positivo é alternativa para provisionar um dado fluxo

---

29 Para o exercício de 2015, a LDO estabeleceu meta de resultado primário positivo, que, no final daquele ano foi convertida em negativa por alteração na lei original (Brasil. Lei n. 13.080, 2 jan. 2015, e lei n. 13.199, 3 dez. 2015). O governo federal compreende as empresas estatais federais e o governo central, este formado pelo tesouro nacional, previdência social e banco central.

de pagamentos de juros no curto prazo. E foi exatamente isso que aconteceu no caso brasileiro, como mostra a figura anterior. Durante quase todo o período 1995–2015 houve resultados primários positivos (média anual de 1,4% do PIB) que, contudo, foram superados pelos juros nominais da dívida pública (média de 4% do PIB), levando o governo central a recorrentes resultados nominais deficitários (média de 2,6% do PIB).

Vimos na seção anterior que o período iniciado com o real divide-se em dois subperíodos, distinguíveis conforme os respectivos meios de controle da inflação. A mudança na política monetária revela também mudanças na política fiscal. Durante o primeiro subperíodo (1995–1998), os resultados primários formaram uma média anual positiva equivalente a 0,3% do PIB. No subperíodo seguinte (1999–2015), esse percentual foi elevado a 1,6%. Tal elevação ocorreu para conter o avanço da dívida pública por conta dos aumentos das despesas com juros. Tais aumentos, por sua vez, ocorreram por conta de elevações da taxa de juros básica da economia, que, em 1999, foi adotada como âncora nominal do real logo após o colapso da âncora cambial. Como resultado, a média anual de juros nominais sobre a dívida pública federal elevou-se de 3% do PIB durante 1995–1998 para 4,3% durante 1999–2015.

A importância da diferença entre resultado primário e resultado nominal não é mera questão empírica, no caso, a conjuntura brasileira, caracterizada pelas sustentabilidades do primeiro em níveis positivos e do segundo em níveis negativos. Há aí um aspecto teórico relevante, qual seja, o de que a existência do conceito de resultado primário o faz instrumento de favorecimento da finança. Para compreender essa questão, tomemos o orçamento público como uma arena em que atores políticos são movidos por interesses que determinam lutas de classe (O'CONNOR, 2002, p. xiv, 2, 203). Quando a meta de resultado fiscal primário é superavitária, o estado anuncia antecipadamente que a parcela correspondente no orçamento fiscal não mais será objeto de disputa. Nesse caso, a disputa já ocorreu, e a classe ou fração vencedora já é conhecida. A diferença entre as equações pelas quais são aplicados os conceitos de cada um dos tipos de resultado na gestão do gasto público deixa isso mais claro:

> I) nominal = receitas – despesas não financeiras – *juros nominais*
> II) primário = receitas não financeiras – despesas não financeiras.

A existência em si do conceito resultado primário também revela uma opção de classe. Revela ainda a contradição entre o discurso de responsabilidade fiscal idealizado na LRF e a prática. Nesse aspecto, o máximo que se pode atribuir à LRF em termos de "reponsabilidade" é apontar em relação a quais classes a gestão fiscal foi responsável. A combinação de resultado primário superavitário e resultado nominal deficitário mostra que o estado brasileiro foi responsável a partir da ótica da finança. É por isso que reivindicações sobre a composição do orçamento em nome da responsabilidade fiscal são muitas vezes armas políticas que refletem o poder dos atores mais fortes para, via restrições composicionais impostas sobre os mais fracos, defender os níveis absolutos almejados pelos primeiros.[30] O resultado primário omite os juros da dívida pública do debate político e da disputa entre classes sobre os excedentes arrecadados pelo estado. Debate e disputa assim restringem-se aos níveis das receitas não financeiras — esta formada preponderantemente pela arrecadação tributária — e das despesa não financeiras, num tendente movimento de redução destas e de aumento daquelas como resultados da luta de classes na arena fiscal.

Desde a edição da LRF estabeleceu-se uma crença que o Brasil entrara numa fase de maior cuidado com as finanças públicas por conta da imposição de restrições, inclusive penais, aos governantes na execução dos gastos. Nas palavras de Loureiro e Abrucio (2004, p. 60), a LRF teria inaugurado uma "cultura política de responsabilidade fiscal" e, a partir de então, prosseguem, tornou-se mais difícil a adoção de práticas populistas e irresponsáveis na gestão fiscal. Essa, no entanto, é uma análise incompleta, o que se evidencia por meio daquilo que o governo decidiu privilegiar e, de outro lado, por meio do que, na mesma lei, decidiu flexibilizar. Ocorre que a LRF é manifestamente tendenciosa acerca do tipo de gasto a ser limitado e aquele que não pode sofrer qualquer limitação. No primeiro caso, por exemplo, ela estabelece limites explícitos para a despesa com

---

30 Devo essa passagem a Erik Olin Wright (correspondência pessoal).

pessoal.[31] No segundo, a LRF define que a criação de despesas obrigatórias de caráter continuado deve ser acompanhada da demonstração da origem dos recursos para o seu custeio, o que, no entanto, "não se aplica às despesas destinadas aos serviços da dívida".[32]

A realidade é que o estado gasta mais do que arrecada, o que, aliás, é da natureza do estado capitalista, o que parece se aprofundar em tempos de financeirização. No caso brasileiro, gastou mais do que arrecadou em extensa medida por conta dos juros sobre a dívida pública. Com isso, a responsabilidade fiscal assumiu um caráter mais retórico do que factual em face dos seus efeitos. Estes foram recorrentemente o aumento de impostos e o recurso ao endividamento. Ao lado do declarado objetivo da LRF de induzir uma gestão fiscal comprometida com o equilíbrio das contas públicas, constou a necessidade do agente estatal obedecer aos limites e às condições para o endividamento público. É verdade que a LRF mandou estabelecer limites de endividamento, os quais, no entanto, foram estipulados apenas para estados e municípios, ficando a União — que é o maior devedor — sem qualquer limitação dessa natureza. Em relação ao pouco que existe no processo de orçamento em relação à dívida, a passagem extraída da LDO para 2009 citada anteriormente deixa claro que "o estoque da dívida do setor público [é] *meramente* [*indicativo*]".

Com isso, a ideologia da responsabilidade fiscal legitimou o estabelecimento de metas de juros a pagar ao mesmo que passou a impressão que as contas públicas eram geridas de forma austera. Os recorrentes resultados nominais deficitários e o crescente endividamento são evidências suficientemente fortes para autorizar tal conclusão. Como o limite da despesa é basicamente a receita tributária acrescida do endividamento, aumente-se algum dos dois últimos e estará autorizado o aumento da primeira, o que fica evidente na figura seguinte. A média da arrecadação tributária federal — excluídas as contribuições previdenciárias —, que no período 1990–1999, ou seja, antes da edição da LRF, equivalia a de 11%

---

31 Brasil. Lei complementar n. 101, 4 maio 2000, artigo 19.

32 Brasil, *op. cit.*, artigo 17, parágrafo 6º.

do PIB, foi a 15% no período 2000-2015, que é seguinte à lei. Tudo isso para sustentar a ampliação do resultado primário, cuja média foi de 0,9% a 1,6% do PIB entre esses mesmos períodos. Responsabilidade fiscal, nesse sentido, é um comportamento não restrito a limitar os gastos àquilo que é arrecadado; é possível ser fiscalmente responsável arrecadando o necessário para um determinado volume de gasto. Qual caminho tomar depende da luta que classes travam também na arena fiscal.

Figura 2.5 – Arrecadação tributária federal e resultado primário, Brasil, 1990-2015

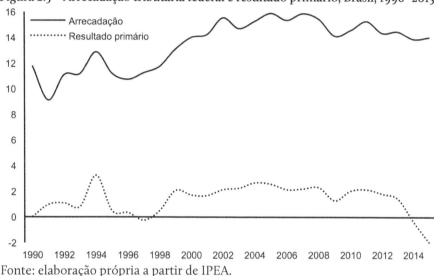

Fonte: elaboração própria a partir de IPEA.

Notas: i) percentuais em relação ao PIB; ii) arrecadação não inclui contribuições previdenciárias.

Por isso, acertou Jorge Garagorry (2007, p. 203, 205) ao afirmar que a LRF se constituiu num conjunto de mecanismos que visaram à geração de resultados fiscais destinados aos pagamentos de juros da dívida pública. Isso se revelou, prossegue Garagorry, pela imposição de limites e condições para o gasto não financeiro, concomitante à proibição de limitações para a despesa financeira. Essa distinção entre gastos que *devem* e gastos que *não podem* ser limitados também distinguiu, em classes ou frações, quem cedeu e quem se apropriou dos excedentes econômicos arrecadados pelo estado. Mais do que o caráter de classe do estado, a LRF evidenciou o privilégio à fração hegemônica do capital no seu estágio de expansão financeira. A redação da lei mostra o zelo estatal em evitar ambiguidades quanto à priorização aos serviços da dívida pública. Isso ficou evidente na diferença entre o texto do projeto de lei aprovado pelo legislativo e o da LRF que veio a ser sancionada pelo poder executivo. O primeiro propunha que "a lei de diretrizes orçamentárias ... estabelece[sse] ... limite referencial para o montante das despesas com juros, com base em percentual da receita corrente líquida".[33] O dispositivo foi vetado pelo então presidente da República, que alegou que "a introdução de limite para despesas com juros, ainda que com caráter referencial, suscitaria a interpretação de que o objetivo seria o não pagamento de juros, o que apresenta[va] caráter bastante distinto, senão oposto, à tônica do projeto de lei complementar".[34]

Bem observou Octavio Ianni (2004 [1989], p. 263) que "quando o predomínio dos interesses sintetizados no grande capital já é tão amplo, o governo não se dedica a discursar à opinião pública, ao povo". No caso da LRF, com especial clareza explicitada no referido veto, o destinatário do discurso do governo foi a finança, que viu-se desde então brindada com uma lei cuja "tônica" era justamente não impor qualquer limite ao "pagamento de juros". Com isso, a própria LRF serve de evidência para suplantar a noção incorreta de que seria ela um dispositivo destinado a diminuir a influência política sobre a questão fiscal. Uma lei, como qualquer decisão do estado, decorre de disputas que classes travam com vistas aos potenciais resultados. Com isso, o seu idealizado caráter universal é empiricamente superado pelo caráter de classe da sociedade capitalista que, inescapavelmente, é reproduzido no aparato e na ação estatais.

---

33 Presidência da República. Mensagem [de veto] n. 627, 5 maio 2000.

34 Presidência da República, *op. cit.*

Superestrutura fiscal, expropriação e exploração

> Pouco a pouco o ferro do proprietário queimava os bichos de Fabiano. E quando não tinha mais nada para vender, o sertanejo endividava-se. Ao chegar a partilha, estava encalacrado, e na hora das contas davam-lhe uma ninharia.
>
> *Graciliano Ramos*

Procuro neste capítulo demonstrar como dívida pública e tributação, conjuntamente, podem servir ao aprofundamento da taxa de exploração do trabalho alheio. Chamo a atenção para a necessária mediação por parte do estado para o desenvolvimento de um processo específico de expropriação financeira. Para além da redistribuição de excedentes, esse processo pode levar a um aprofundamento ulterior da taxa de exploração. Com base na experiência brasileira recente, o capítulo explora o sistema fiscal formado pela dívida pública e a estrutura de tributação, o qual se consolidou a partir do lançamento do Plano Real (1994). A partir de então, parcelas significativas dos excedentes gerados pelo trabalho foram expropriados através de uma combinação entre juros da dívida pública e tributação em constantes elevações; expropriação essa que atingiu de forma especial o chamado salário social inscrito nas políticas públicas de bem-estar.

Essa hipótese engendra a noção de que impostos, assim como juros e lucros, são diferentes formas que tomam os excedentes econômicos durante a circulação do capital. Cada uma delas é meio de apropriação que depende do papel do respectivo apropriador no processo de valorização capitalista. Adicione-se que o capital não arca com qualquer tipo de ônus tributário, pois impostos são parte da mais-valia. Ainda assim, uma elevação da tributação sobre os excedentes pode sinalizar tributações adicionais sobre resultados futuros da exploração capitalista. Como as condições políticas necessárias à ampliação da tributação sobre os lucros não estão sempre disponíveis, uma das alternativas é o endividamento. Uma das consequências é que, como a dívida contratada no presente pode levar o estado a ampliar a tributação, a ampliação do endividamento engendra a potencial ampliação da exploração futura do trabalho alheio. E isso se dá justamente na medida dos juros reais pagos pelo estado. Tal configuração torna o sistema financeiro, seus agentes e mecanismos, aí incluído o estado, orgânicos ao processo geral de exploração do trabalho.

Dessa forma, a política fiscal em geral e a tributação em particular são elementos da luta de classes, em que os apropriadores não são apenas os proprietários dos meios de produção. A apropriação de excedentes também resulta do modo do regulação, do qual o estado capitalista é o principal ator. O quanto ele gasta ou arrecada dos excedentes em disputa depende da correlação entre as forças que atuam sobre o orçamento estatal. A política fiscal, portanto, desempenha um papel crítico no processo geral de acumulação de capital, este cada vez mais associado ao processo de financeirização neoliberal. No caso brasileiro, reproduziu-se nestes últimos cerca de vinte anos o padrão global dessa financeirização cujos resultados foram desfavoráveis às classes trabalhadoras e outros grupos subalternos que vivem sob o domínio do que Harvey (2010, p. 48) chama de "nexo estado-finança".

Delimitando um pouco mais esta noção, discuto neste capítulo como o nexo dívida-tributação-finança pode ampliar a exploração ulterior do trabalho alheio. Para isso, dispenso atenção especial à figura do juro, mais do que à dívida em si. A simples existência de juros — sejam eles positivos ou negativos em termos reais — engendra expropriação e, assim, luta de classes. Para Jeffrey Harrod (1992, p. 31), a preocupação com o juro talvez seja o melhor indicador de como a humanidade sempre teve problemas em lidar com a legitimidade da dívida. Exageros a parte, pois nem toda a humanidade — a finança, por exemplo — tem esse problema, esta análise coloca a mim do lado dos que têm tal problema. Daí a opção por esta abordagem à figura do juro, cujo ônus é o que diferencia autores progressistas daqueles preocupados com a dívida em termos tais como transferências injustas entre gerações ou reduções da taxa de acumulação de capital (VERNENGO, 2007, p. 83). Por isso, me ocupo da questão do juro como transferência de mais-valia entre classes, restando para a questão intergeracional não mais que a consideração de que trata-se de uma noção abstrata que naturaliza a existência de explorados e exploradores que, ademais, vivem no mesmo momento histórico.

Uma última advertência é sobre o uso da teoria do marxista valor. Diferentemente — mas sem negar a sua capacidade explicativa — do conceito de exploração baseado no aparato econômico da teoria do valor-trabalho, recorro a um conceito sociológico de exploração. Este conduz à questão da relação de classes em termos tais que do esforço de uma depende o bem-estar material da outra (WRIGHT, 2002, p. 845; 2006a, p. 65). A presente discussão absorve essa concepção na medida em que a expropriação de tipo financeiro decorre da dependência entre classes, assim como a acumulação capitalista, aliás, depende da exploração de trabalho alheio. Além disso, chamo a atenção para a necessidade de medições por parte do aparato estatal para que esse processo se desenvolva. No caso da dívida pública brasileira, as suas dimensões quantitativas — valores, prazos, juros — e o seu aparato institucional — legislação, risco soberano, burocracia econômica — asseguraram à finança lucros, liquidez e riscos muitas vezes indisponíveis nos setores produtivos na economia.

A financeirização da exploração de classe

O termo classe tende a conduzir nossa atenção para a velha distinção marxista entre as duas classes fundamentais do modo de produção capitalista: donos dos meios de produção e donos apenas da própria força de trabalho. Esse caminho, contudo, se amplia frente à complexidade que caracteriza a estrutura de classes contemporânea. Ainda que não seja um fenômeno exclusivo dos dias atuais, são significativas a presença e a relevância de outros atores em meio à relação entre produtores diretos — trabalhadores — e capitalistas. Burocratas, prestadores de serviços, gerentes, consultores, cientistas, financiadores e uma série de outros agentes não produtivos — "produtivos ... são todos aqueles que contribuem de alguma forma para a produção da mercadoria" (MARX, 2000 [1863], p. 156-157) — se multiplicam como postulantes aos excedentes produzidos. Em tempos de financeirização, ganha relevância a fração de classe formada pelos que não são nem donos dos meios de produção, tampouco vendem a própria força de trabalho. São os proprietários de capital em forma de dinheiro que, por meio de juros, se apropriam de parte da mais-valia.

Max Weber (1964 [1922], p. 242), ao definir classe proprietária — "aquela em que as diferenças de propriedade determinam de um modo primário a situação de classe" —, já apontara que as positivamente privilegiadas eram as rentistas, aí incluídos os credores de dinheiro, e que das negativamente privilegiadas faziam parte os devedores. Não podemos deixar de observar que a concepção weberiana é problemática, pois, como disse Marx (1990 [1890], p. 233), os papéis de credor ou devedor resultam da simples circulação de mercadorias. Com isso, a noção de exploração assume outra natureza, à qual Marx (1972 [1850], p. III; 1991 [1894], p. 745) se referiu como exploração secundária.[1] Ainda assim, o

---

1   Apesar das conotações pejorativas do termo, o conceito de exploração capitalista se re-

próprio Marx (1990 [1890], p. 233) também observou que "a luta de classes na antiguidade ... tomou a forma principal de uma disputa entre devedores e credores, e acabou em Roma com a ruina dos devedores plebeus, que foram substituídos por escravos".

Mas se aquela luta entre devedores e credores ficou na antiguidade, lutas de outra natureza, agora travadas nos mercados financeiros, aprofundam-se. Nesses mercados desenvolvem-se meios importantes de apropriação de excedentes, o que torna os mercados *loci* de lutas de classes. No Brasil, já vimos, muito do mercado financeiro se desenvolveu junto do aumento do endividamento público, que, ao converter-se de externo para interno e de contratual para mobiliário, contribuiu para a expansão financeira da economia. Aliado a isso, o fundamentalismo anti-inflacionário e a busca por capitais estrangeiros premiaram a finança com as mais altas taxas de juros do mundo. Estas se fizeram acompanhar por elevações sustentadas da carga tributária em nome de uma alegada responsabilidade fiscal que, de fato, serviu para suportar as crescentes despesas com o endividamento. Isso aponta para uma abordagem da relação entre devedores e credores da dívida pública como relação de classes e como meio de expropriação de excedentes produzidos pelo trabalho sem relação direta de trabalho. Trata-se de uma expropriação que, no entanto, pode ocasionar a elevação da taxa de exploração do trabalho alheio.

De acordo com o pensamento marxista clássico, a exploração capitalista é baseada na relação entre proprietários dos meios de produção e proprietários apenas da própria força de trabalho, ambos "livres" para se encontrar no mercado e ali estabelecer seus contratos. Num primeiro momento, nenhuma relação de exploração se estabelece, e tanto capitalistas como trabalhadores têm a faculdade de decidir aceitar ou não as condições do contrato. Contudo, uma vez que este é estabelecido, as relações passam ao interior do local em que se desenvolve o processo de

---

fere tão só à apropriação do sobre-trabalho de uma classe por outra (ROEMER, 1982a, p. 105; 1982c, p. 299; THERBORN, 1999, p. 9). Assim, o termo exploração é importante não como uma categoria ética, mas como uma explicação para a acumulação capitalista (ROEMER, 1982c, p. 302).

produção, onde a força de trabalho é convertida em trabalho cujo valor excede o valor dessa mesma força, dando origem à mais-valia. Quando os frutos do trabalho são comercializados, a mais-valia é realizada como lucro do capitalista, que assim apropria sob a forma de dinheiro parte dos frutos do trabalho alheio. Nesse sentido, a totalidade do processo capitalista, que inclui produção e circulação, indica um conceito de classe baseado na noção de exploração, que se desenvolve dentro de uma estrutura de classes correspondente.

Nos modos pretéritos de produção, senhores exploravam escravos ou servos; no atual, capitalistas exploram proletários. Assim, embora Marx reconhecesse a existência de outras classes, a divisão fundamental entre elas é entre explorador e explorado (JOHNSTON e DOLOWITZ, 1999, p. 135). Disso depreende-se que classes sociais "são arranjos de agentes sociais, definidos principalmente, mas não exclusivamente, pelos seus lugares no processo de produção, ou seja, na esfera econômica" (POULANTZAS, 1978a, p. 14). Embora seja na produção que o processo fundamental do capital se desenvolve, o que chamamos de esfera econômica deve ser compreendido em sentido amplo. Essa esfera "inclui não apenas a produção, mas todo o ciclo produção-consumo-distribuição" e, como tal, abrange todas as formas de capital, a saber, "capital produtivo, capital mercadoria, capital dinheiro" (POULANTZAS, 1978a, p. 18). Essa noção de produção em sentido amplo se aplica também à noção de classe.

Se restringirmos a nossa análise aos modos de produção em abstrato, veremos que em cada um deles há duas classes *fundamentais*: senhores e escravos no modo escravo de produção; senhores e servos no modo feudal; e burgueses e trabalhadores no modo capitalista de produção (POULANTZAS, 1973, p. 33). Porém, numa sociedade concreta, continua Poulantzas, a formação social envolve mais de duas classes. Embora essas outras classes possam não ser *fundamentais*, podem assumir posição protagonista no processo de acumulação, a depender das condições históricas do desenvolvimento capitalista. Isso ocorre porque certos processos podem ter especial relevância na reprodução do capital, ao menos para alguma classe ou fração em sua busca de acumulação. Foi o que aconteceu, por exemplo, com a chamada financeirização da economia, que levou organizações financeiras, seus mecanismos e ativos e passivos correspondentes a atingir níveis que colocaram a finança no topo da hierarquia de lucratividade (DUMÉNIL e LÉVY, 2011, p. 35, 69).

Com isso, joga-se luz sobre a importância das frações de classe para a compreensão do atual regime de acumulação. Ocorre que a dominação burguesa opera por meio da aliança entre suas frações — industrial, comercial, financeira — que compartilham a dominação política (POULANTZAS, 1973, p. 44; 1978b, p. 93). Mas essa aliança, prossegue Poulantzas, só pode funcionar regularmente sob a hegemonia de uma das frações, que unifica o poder de classe sob sua liderança. É amplamente reconhecido que nestas últimas cerca de quatro décadas essa hegemonia tem sido da finança. Esta se "refere às frações mais altas das classes capitalistas e às instituições financeiras em qualquer arranjo social em que tais frações controlam tais instituições ... A finança ... não é uma indústria distinta. Em vez disso, combina aspectos de classe e institucionais" (DUMÉNIL e LÉVY, 2011, p. 13). Essa combinação e o próprio conceito de finança chamam a atenção para a possibilidade de a atual fração hegemônica e os processos financeiros correlatos alterarem os termos sob os quais excedentes são gerados e distribuídos, influenciando assim todo o processo de exploração capitalista.

Exploração significa que "uma categoria de agentes econômicos trabalha mais do que o necessário para a sua própria reprodução e que os frutos do seu sobre-trabalho são apropriados por outra" (THERBORN, 1999, p. 9-10). Em uma abordagem que salienta o caráter relacional da exploração, Erik Wright (2000, p. 10) assinala que "o bem-estar do explorador depende do esforço do explorado". Para ele, essa noção de dependência é o que diferencia exploração de opressão, cuja diferença fundamental é que na primeira existe uma relação de dependência de um ator social em relação a outro, ao passo que na segunda, não. O fim de uma relação de opressão não impõe perda material alguma ao opressor, mas o fim da relação de exploração a impõe ao explorador. Dessa forma, uma coalizão é explorada quando a coalizão complementar, ou seja, a exploradora, depende da relação entre elas para auferir seu rendimento (ROEMER, 1982c, p. 292). Essa distinção está, de alguma forma, presente no quadro de determinação estrutural de classes de Poulantzas (1978a, p. 14-17), que é delineado pelas relações de exploração econômica e de dominação ideológica e política.

A distinção que faz Erik Wright entre as relações de opressão e de exploração é útil para a compreensão em nível abstrato sobre como a acumulação de capital se explica. Para Poulantzas, tais relações aparecem integradas e, dessa forma, servem a uma necessidade empírica na compreensão do atual regime de acumulação, ao qual a finança é orgânica. Como fração capitalista hegemônica, ela imprime sua própria lógica sobre a produção. Por isso que a organização e as relações de trabalho podem mostrar um quadro de análise limitado, visto que a extração de valor pode ocorrer por meio de uma variedade de mecanismos internos e mecanismos externos ao local de produção (APPELBAUM, BATT e CLARK, 2013, p. 500). Dessa forma, tanto a abordagem de Wright como a de Poulantzas permitem conceber o processo de exploração de forma ampliada, considerando-se a possibilidade de que taxas de exploração possam ser alteradas por desenvolvimentos que ocorrem na superestrutura capitalista, por exemplo, na esfera financeira.

Isso não significa que exploração possa ocorrer sem produção material, mas que os seus termos podem ser alterados pelo que acontece fora da esfera da produção. Como lembra Bob Jessop (2013, p. 7), a acumulação de capital mantém importantes condições de sua existência em instituições, organizações e formas e práticas sociais que são extraeconômicas. É este o caso das relações que se desenvolvem nos mercados financeiros, onde o dinheiro opera como uma mercadoria cujo preço correspondente é o juro. São relações extra-econômicas porque, como acontece "no caso do capital portador de juros, o retorno ... é simplesmente o resultado de uma transação jurídica" (MARX, 1991 [1894], p. 470). Isso conduz nossa atenção para o papel do estado e seu aparato econômico no processo de financeirização. Assim como no regime antecessor de acumulação, o fordista, o estado assumiu posição central no modo correspondente de regulação.[2]

---

2   Modo de regulação é "um conjunto de normas, instituições, formas organizacionais,

No regime fordista, os espaços dominantes de contradições eram as relações salariais e o dinheiro, sendo este último regulado por meio da expansão do crédito e do gasto estatal, e os salários, por meio da produção e do consumo em massa suportados pelo estado de bem-estar keynesiano (JESSOP, 2013, p. 14). Naquele regime, o estado exercia regulação estrita sobre a finança — incluindo a oferta geral de crédito, taxas de juros e operações financeiras — de modo a criar mecanismos com vistas ao pleno emprego e à limitação das flutuações cíclicas (DUMÉNIL e LÉVY, 2001, p. 585-586). Mais tarde, sob o regime neoliberal de regulação, o principal papel do estado passou a ser criar e manter um quadro institucional caracterizado pelo fortalecimento do direito de propriedade e a promoção do livre mercado. Comparado ao fordismo, o regime de acumulação dominado pela finança fez do dinheiro a mais abstrata expressão do capital, desenraizado no espaço dos fluxos mundiais; parcelas do chamado salário social foram privatizadas ou reconvertidas em mercadoria, aí incluído o crédito ao consumo privado (JESSOP, 2013, p. 18).

A financeirização, assim, ampliou a importância relativa da circulação do capital-dinheiro, sobre o qual se retiraram restrições para busca, ao largo de todo o planeta, de alternativas mais rentáveis. Assim como o dinheiro, dívidas e ativos financeiros tornaram-se centrais no processo de acumulação, e a inflação tornou-se tema crítico, visto que fora um dos mecanismos de distribuição dos custos do fordismo e do estado de bem-estar social (JESSOP, 2013, p. 15). O seu controle tornou-se então prioridade na era neoliberal, conferindo-se-lhe um forte caráter de classe, sendo, por isso, mais do que um problema econômico, uma questão política (DUMÉNIL e LÉVY, 2011, p. 43, 60; KRIPPNER, 2011, p. 63). No âmbito da política monetária, aos interesses financeiros assegurou-se que a inflação não seria tolerada (PAPADATOS, 2013, p. 133). O principal resultado foi que a fração financeira do capital ganhou proeminência na apropriação da mais-valia, também por meio de receitas extraídas dos rendimentos do trabalho por intermédio de juros.

---

grupos sociais e padrões de conduta que podem estabilizar temporariamente o regime de acumulação" (JESSOP, 2013, p. 8).

Exploração para além da relação de trabalho

Na seção anterior chamei a atenção para meios de ativação da produção capitalista e da distribuição de seus frutos que se desenvolvem em espaços além da esfera da produção. Considerando que o capital só se reproduz em movimento (HARVEY, 2010, p. 165, 206), a esfera da circulação é fundamental para a análise do processo integral de exploração do trabalho. Ocorre que o modo de produção capitalista, diferente de outros, omite a exploração dos produtores diretos. No feudalismo, por exemplo, ela era claramente notada por meio da parcela da produção do servo apropriada pelo senhor; no capitalismo o produto não é repartido entre capitalista e trabalhador, mas levado ao mercado (COHEN, 1979, p. 358). Ali, uma variedade de relações pode afetar a partilha dos excedentes, o que, além de tornar a exploração do trabalho menos óbvia, sinaliza uma potencial elevação das taxas de exploração em momentos ulteriores. Outra decorrência do produto ser levado ao mercado é adicionar processos de apropriação e atores até então ausentes.

Segundo Marx (1971 [1859], p. 98), "a separação da venda e da compra torna possível não apenas o comércio propriamente dito, mas um grande número de transações *pro forma*", o que "torna possível que uma grande quantidade de parasitas se introduza no processo de produção". Por uma série de arranjos superestruturais, cada um desses atores, agora via mercados, dentre eles o financeiro, se apresenta como destinatário de parcelas da mais-valia. Ao capitalista produtivo — o industrial ou o comerciante, por exemplo —, que realiza lucros, se associam o estado, que arrecada tributos, a finança, que percebe juros, e toda sorte de intermediários, corretores e outros agentes improdutivos que recebem comissões, tarifas etc. Reformulando uma proposição de Gerald Cohen (1979, p. 358) sobre a exploração capitalista, pode-se afirmar que "o proletário produz todo o produto, mas o capitalista [e outros atores improdutivos apropriam-se de] parte do valor do produto".

Esse argumento não implica negar que o objeto da exploração capitalista seja o trabalho alheio, mas afirmar que seus termos podem ser modificados por relações que se desenvolvem para além das trabalhistas. Essa hipótese foi defendida por John Roemer (1982b, p. 263) ao argumentar "a estrutura de classes marxista pode ser produzida sem qualquer instituição de relação de trabalho". Indo além, defendeu que a exploração poderia ocorrer mesmo sem tal instituição. Roemer não refutou a ideia de que a exploração de classe é vinculada ao trabalho, o que, aliás, ele tomou como medida para distinguir explorador e explorado. Para ele, estaria nesta categoria quem trabalha mais que o socialmente necessário e naquela, quem trabalha menos que o socialmente necessário (ROEMER, 1982b, p. 261; 1982c, p. 299). O que Roemer tentou demonstrar foi como poderia ocorrer exploração baseada em desigualdades não necessariamente relacionadas à *venda* da força de trabalho. Para isso, ele idealizou três economias hipotéticas: I) um mercado competitivo, onde haveria propriedade desigual dos meios de produção; II) um mercado de trabalho; e III) um mercado de crédito.

Para Roemer, todas essas economias hipotéticas seriam capazes de produzir a estrutura de classe marxiana, mesmo sem a existência da venda de força de trabalho. Na primeira economia, todos os produtores trabalhariam em suas próprias instalações, tendo todos as mesmas necessidades, utilizando as mesmas tecnologias e diferenciando-se uns dos outros apenas por suas posses iniciais. Esta última característica daria aos mais ricos a opção de produzir bens cujo valor de mercado lhes permitiria trabalhar menos tempo do que os mais pobres. Ali, as condições de mercado criariam uma estrutura de exploração porque levariam um agente a ter de trabalhar mais do que o socialmente necessário e possibilitariam a outro trabalhar menos do que essa medida, ainda que nenhuma relação trabalhista fosse estabelecida. O resultado seria uma apropriação indireta de frutos do trabalho alheio, mediada pelo mercado. A segunda economia hipotética — mercado de trabalho — difere da anterior unicamente pela existência da faculdade de cada produtor comprar ou vender força de trabalho.

O terceiro mercado hipotético é especialmente importante para um dos argumentos desta seção por envolver relação de dívida. Essa economia — mercado de crédito — também seria capaz, argumenta Roemer, de produzir a estrutura de classes marxiana mesmo sem a existência de venda de força de trabalho. Nesse modelo, a força de trabalho é substituída por capital a ser emprestado pelo potencial explorador ao potencial explorado. Esses *status* — explorador ou explorado — e as suas posições de classe são definidas por meio dos juros, que facultariam ao primeiro trabalhar menos e obrigariam o último trabalhar mais do que o tempo socialmente necessário. Marx (1991 [1894], p. 477) fizera analogia similar ao dizer que "dinheiro, e também mercadorias, são em si capital potencial, latente, ou seja, podem ser vendidos como capital; nessa forma eles proporcionam controle sobre e dão direito à apropriação de trabalho alheio". Referindo-se ao que chamou de exploração secundária na França de 1848-1850, ele disse que a

> exploração [de camponeses] difere da exploração do proletariado industrial apenas na *forma*.[3] O explorador é o mesmo: *o capital*. Os capitalistas individuais exploram os camponeses individuais por meio de *hipotecas* e de *usura*; a classe capitalista explora a classe camponesa por meio dos impostos cobrados pelo estado (MARX, 1972 [1850], p. 111; grifos no original).

Apesar das controvérsias relacionados à abordagem de Roemer, é possível notar que as relações de exploração podem estender-se para além do ponto de produção (DYMSKI, 1992, p. 295).[4] Isso amplia o significado sociológico de exploração, pois esta pode ter seus termos alterados por relações sociais que se desenvolvem, por exemplo, nos mercados financeiros. Essa ideia aparece quando Bowles e Gintis (1990, p. 177) criticam justamente a idealização dos mercados em equilíbrio de Roe-

---

3 A classe trabalhadora é "explorada pelo pequeno comerciante que lhe fornece os meios de subsistência. Esta é uma *exploração secundária*, que segue juntamente da *exploração original* desenvolvida diretamente no processo produção em si" (MARX, 1991 [1894], p. 745; grifos adicionados).

4 O modelo de Roemer foi severamente criticado por outros marxistas. Para Gary Dymski (1992, p. 295), Roemer colocou a exploração de lado ao dispensar a noção de esforço e basear-se inteiramente na diferenciação de propriedade de ativos produtivos. Michael Lebowitz (2005, p. 61) foi mais longe, acusando Roemer de colocar pressupostos absorvidos de Marx dentro de um quadro antimarxista, qual seja, o do individualismo metodológico.

mer, que para eles são todos empiricamente improváveis. Para Bowles e Gintis, tanto no mercado de trabalho como no de crédito, as transações são contestadas, ou seja, não há garantias de que os agentes cumprirão os termos dos contratos. Por exemplo, ainda que uma dada quantidade de tempo a ser devotada ao trabalho possa ser contratada, as efetivas realizações de suas quantidades e qualidades não podem ser garantidas *a priori*. De forma similar, embora as condições de um empréstimo possam ser objetos de contrato, ações futuras do devedor ou de outros capazes de influenciar a probabilidade de pagamento do empréstimo não podem ser garantidas *a priori*.

Percebe-se, dessa forma, que mercados financeiros, como quaisquer outros, não são espaços em equilíbrio. Mais do que isso, são espaços de luta entre classes. Com efeito, a identificação de sujeitos a classes não se restringe às suas relações dentro do ponto de produção, ampliando-se por conta das relações que se desenvolvem nos mercados financeiros (WILLIAMS, 2001, p. 320). Capitalistas financeiros, por exemplo, além de possuir capitais emprestáveis, são capazes de extrair receitas extraordinárias por conta de suas posições no sistema financeiro (LAPAVITSAS, 2013, p. 16). O ponto crítico para esta relação são os juros. Deve ser enfatizado que, assim como a mais-valia não provém da mera circulação de mercadorias — sua fonte é o trabalho produtivo —, ela tampouco pode originar-se na circulação do capital-dinheiro movimentado pela dívida. Não obstante, juros servem para estabelecer relações de classe que se desenvolvem para além dos limites da esfera produtiva.

O juro é um mecanismo de redistribuição de mais-valia, mas pode ser também expressão de esforço adicional por parte da classe trabalhadora. Ele não é "nada mais que uma parte do lucro, ou seja, da mais-valia" (MARX, 1991 [1894], p. 493), que não surge das condições objetivas subjacentes à característica essencial do capitalismo — separação entre força de trabalho e meios de produção —, mas de uma circunstância em que não apenas capitalistas que operam atividades produtivas dispõem de dinheiro (HILFERDING, 2006 [1910], p. 100). No entanto, ainda que o capital que Marx (1991 [1894], p. 732) caracterizou como portador de juros tenha o "modo de exploração do capital sem o seu modo de produção", o fato de o dinheiro não estar nas mãos apenas de capitalistas que o empreguem produtivamente faz com que a finança, por nutrir-se do trabalho alheio, interfira no emprego, no salário e nas formas de dominação sobre o trabalho (SALAMA, 1998, p. 440). Neste sentido, a financeirização tem um claro conteúdo de classe estabelecido por seu potencial de suportar, ou mesmo aprofundar, a exploração do trabalho em um cenário construído para enfrentar um regime de acumulação — fordismo — que revelara seus limites.

Em fins da década de 1970, quando a acumulação de capital experimentava índices medíocres, capitalistas encontraram novas fontes de lucros via mercados financeiros (LAPAVITSAS, 2013, p. 27). Em parte, isso foi viabilizado pela estagnação ou mesmo retração dos salários, aí incluído o chamado salário social, o que levou trabalhadores depender cada vez mais de empréstimos para atender suas necessidades de reprodução (LAPAVITSAS, 2011, p. 620; SANTOS, 2013, p. 85, 95). Isso abriu possibilidades de *apropriação* de excedentes que então assumiram um caráter de *exploração* na medida em que se desenvolveram a partir da relação orgânica entre produção e finança. Este caráter de exploração por parte da finança também salienta a distinção marxiana entre exploração secundária e exploração primária. Esta "envolve a extração direta de trabalho excedente" e aquela "ocorre na distribuição e nas trocas, e baseia-se tão só no direito de propriedade dos capitalistas", podendo tomar formas como "aluguel, juros, dividendos" (DYMSKI, 1992, p. 295). A apropriação de excedentes via processos financeiros pode enfim engendrar potenciais elevações das taxas de exploração à medida que trabalhadores são premidos a recorrer ao crédito para suprir insuficiências salariais. Este é o caso dos empréstimos para fins de consumo ou financiamentos imobiliários, cujo caráter de exploração é dado pelo fato de que os respectivos "pagamentos de juros são geralmente extraídos dos salários futuros dos devedores" (SANTOS, 2013, p. 94).

Dívida pública, tributação e redistribuição de excedentes

Relações de expropriação ou exploração podem envolver diferentes arranjos institucionais, conforme o regime de acumulação. Vimos que o caráter de exploração potencial inscrito nas relações financeiras decorre da necessidade de endividamento de trabalhadores que são levados a transferir parte dos salários para a finança. De qualquer forma, tanto no processo de exploração, que se dá por meio da relação de trabalho, como no de expropriação decorrente da relação de dívida, uma característica é que as partes são relativamente visíveis entre si. Ainda que não seja possível delimitar empiricamente as magnitudes envolvidas, são proprietários dos meios de produção que exploram trabalhadores assalariados, e são credores que expropriam devedores. No nível de classe, proprietários e trabalhadores, credores e devedores, se encontram nos respectivos mercados — de trabalho ou de crédito — e ali celebram seus contratos. Nas suas lutas, enxergam com razoável clareza seus adversários de classe, contra quem lançam suas reivindicações.

Os fatores que conferem esse caráter de classe às relações sociais na esfera financeira também estão presentes em outro mecanismo crítico para o processo de financeirização. Trata-se da dívida pública, que também pode assumir um caráter de exploração ao engendrar esforço adicional — materializado pelo juro — do devedor. No entanto, há uma característica que singulariza a dívida pública como mecanismo de potencial ampliação da exploração. Trata-se da presença do estado em meio à relação. Sua posição e seu papel intermediador, ao mesmo tempo que reduzem tensões entre classes, contraditoriamente viabilizam a redistribuição de excedentes entre elas. Cabe ao estado a parte visível das decisões sobre quem cede e quem se apropria, bem como sobre os montantes redistribuídos por seu intermédio. Assim, tais decisões se desenvolvem sem suficiente clareza sobre o lugar de cada classe nesse processo. Quando o estado toma recursos emprestados, várias versões sobre quem deles se beneficia são plausíveis. Pode-se dizer que financiarão bens e serviços públicos que beneficiarão a sociedade em geral;

ou que serão investidos produtivamente e, assim, gerarão empregos, crescimento e mais arrecadação tributária; finalmente, e de modo mais simples, que servirão para cobrir resultados fiscais negativos.

Qualquer desses discursos pode ser ou não verdadeiro, mas o certo é que a vala comum das finanças estatais conecta expropriadores e expropriados ao mesmo tempo que, contraditoriamente, omite um grupo do outro. Esse fenômeno coloca um desafio para o analista. A riqueza, que outrora era mais visível por circular na indústria e no comércio, hoje talvez chame menos atenção por circular em montantes significativos no âmbito financeiro (PINÇON e PINÇON-CHARLOT, 2007, p. 25, 26). Nessa dinâmica, o endividamento público revela o caráter de classe do estado. Comprometido com o seu papel estabilizador das relações sociais, o estado serve à redução de tensões também nesse tipo de relação social materializado pela dívida pública. Isso ocorre, porém, de modo sutil, sem a necessidade de adjudicações como as que por vezes o estado é levado a proferir acerca de disputas entre capitalista e trabalhadores ou entre devedores e credores privados.

Se analisarmos o capitalismo em sua dimensão histórica, veremos que o estado sempre desempenhou um papel de mediador. Como o ganho material de uma classe se dá a expensas de outra, a relação entre elas é necessariamente conflituosa (JOHNSTON e DOLOWITZ, 1999, p. 135). No entanto, dificuldades para identificar adversários nessas lutas tornam as disputas mais complexas. Cabe então ao estado conectar as classes "em uma relação assimétrica de dominação e exploração" (THERBORN, 2008 [1978], p. 220). Ao fazê-lo, omite exploradores e explorados uns dos outros, diminuindo as chances de conflito. Desempenha, assim, o processo de mediação que Therborn (2008 [1978], p. 224-225) chama de deslocamento ou canalização, que designa a intervenção por meio da qual o estado é capaz de deslocar contradições e encobrir a exploração. Uma das razões para que isso seja possível, continua Therborn, é que a posição central do estado frequentemente leva a supor que ele não conheça nem seja responsável imediato pela exploração. E isso tem sido fundamental também à expropriação de tipo financeiro.

Em termos do que poderia referir-se à acumulação de capital, "as principais realizações do neoliberalismo foram redistributivas em vez de geradoras" (HARVEY, 2006b, p. 43). Surge daí a contradição inscrita no fato de que a redistribuição de excedentes a partir dos produtores diretos para as classes superiores solapa a legitimidade do sistema redistributivo. No entanto, como as consequências dessa contradição demandam tempo para se revelar, até que isso ocorra capitalistas podem lucrar com ela. No regime de acumulação sob hegemonia da finança, o capital depende tanto da legitimidade do estado como da posição ambígua que este ocupa em relação às classes. No primeiro caso, parafraseando Gramsci, o estado contribui para que o explorado — ou o expropriado — consinta com essa sua condição. No segundo, por ser relativamente autônomo das classes particulares, goza de legitimidade para apresentar-se como agente dos interesses de toda a sociedade na redistribuição dos excedentes que arrecada por meio da tributação. O estado atua, portanto, não só no amortecimento dos conflitos entre classes gerado pela expropriação financeira, mas também na redistribuição de excedentes. Vejamos como isso funcionou no Brasil a partir de meados dos anos 1990.

O advento do neoliberalismo colocou a questão tributária como um dos seus alvos mais importantes e, seguindo a retórica de defesa da redução do papel do estado na economia, advogou também a redução dos impostos vinculados à propriedade. A lógica era a de que isso incentivaria o investimento privado — por definição mais eficiente — que, por conseguinte, incentivaria o crescimento econômico. Este, por sua vez, levaria ao aumento da arrecadação tributária. Ocorre que reduções de tributos não se convertem automaticamente em investimentos quando capitalistas são livres para decidir o que fazer com os excedentes retidos, que podem sim ser direcionados à produção, mas também podem ser simplesmente consumidos (PRZEWORSKI, 1985, p. 215). Assim, prossegue Przeworski, quando a redução de impostos não for coordenada com sistemas de incentivos fiscais que a condicionem ao investimento, este será apenas uma possibilidade, sendo a única garantia o aumento da riqueza das classes proprietárias. Como mostrou Thomas Pikkety (2014, p. 509), nos países do centro capitalista em que mais se reduziram impostos sobre os estratos superiores de renda foi onde também esses mesmos estratos aumentaram suas participações na renda nacional.

Essa foi mais uma das falácias do neoliberalismo, que, na prática, significou redução de impostos para os mais ricos e aumento para os mais pobres, deixando como saldo o aprofundamento da desigualdade econômica. Não bastasse, o teorizado crescimento econômico decorrente da redução da tributação sobre o capital não se confirmou. Apesar do crescimento não ser uma garantia de melhoria universal das condições de vida, a sua falta impõe às classes subalternas ainda mais restrições. O curioso é que, diante desse quadro, a tributação de um modo geral não reduziu. Segundo Matías Vernengo (2007, p. 83), a globalização e a revolução conservadora foram hábeis tão só em estabilizar a taxa de crescimento do estado, em vez de encolher o seu tamanho. Aliás, se tomarmos a tributação como indicador da representatividade do estado para economia, chegaremos a conclusão de que este ampliou a sua participação na economia. Este é também o caso brasileiro.

Não contando com a confiança depositada nos países desenvolvidos tampouco com poder militar suficiente para se endividar sob restrições menores da parte dos credores, o estado brasileiro teve de oferecer a estes últimos, além de juros altos, garantias de que teria condições de pagá-los.[5] Para isso, montou um sistema fiscal que garantiu níveis de tributação suficientemente altos para suportar de forma segura os juros da dívida pública. A ele associou o instituto do resultado fiscal primário, que, na prática, garantiu que partes substanciais dos aumentos de arrecadação tributária fossem direcionadas aos credores. A sistemática é tão simples quanto àquela descrita por Marx (1990 [1890], p. 919) em seu estudo sobre a acumulação primitiva de capital, da qual a dívida pública é "uma das mais

---

5   Em pesquisa conduzida com administradores dos maiores fundos de investimento estadunidenses internacionalmente orientados, Mosley (2006, p. 109) concluiu que eles exigem de governos de países emergentes uma observância muito maior sobre os indicadores de inflação, situação fiscal, dívida, regulação trabalhista e composição do gasto estatal do que o fazem em relação a países desenvolvidos.

poderosas alavancas". Como a dívida é suportada pelas receitas estatais, que devem cobrir os pagamentos de juros, "o moderno sistema tributário [acaba sendo] o complemento necessário ao sistema de endividamento" (MARX, 1990 [1890], p. 921).

Figura 3.1 – Dívida pública e tributação federais, Brasil, 1991-2015

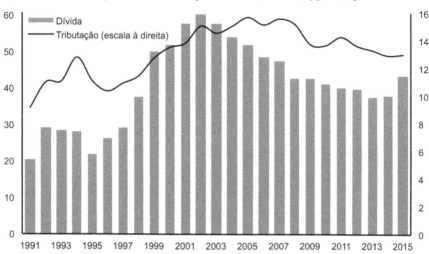

Fonte: elaboração própria a partir de IPEA.

Notas: I) percentuais em relação ao PIB; II) dívida: médias mensais no ano da DPMFi em poder do público e da dívida externa bruta do governo central; III) tributação: arrecadação anual de impostos e contribuições federais, exceto previdenciárias.

No Brasil, conforme ilustra a figura anterior, ocorreram aumentos tanto do endividamento público como da carga tributária federal, tendo a elevação desta ocorrido em extensa medida para suportar o aumento daquele. Durante a maior parte da década de 1990, a dívida manteve-se relativamente estável, e a tributação federal, em níveis inferiores aos dos anos seguintes, estes também de endividamento mais alto. A média da dívida do governo central, que fora de 26% do PIB durante o período 1991-1997, foi a 51% em 1998-2002; a média da arrecadação de tributos federais passou de 11% para mais 13% do PIB entre esses mesmos períodos. O último deles coincide com a erupção de várias crises financeiras globais — Sudeste da Ásia, Rússia e o próprio Brasil — que levaram o governo brasileiro a elevar as taxas de juros e, consequentemente, os gastos com juros da dívida (ver figura 1.3, p. 47, e figura 2.4, p. 117). O nível de endividamento voltou a cair a partir de 2003 e, após alguns anos, também o nível da tributação tomou tendência de redução, movimentos esses interrompidos em 2014–2015, quando mais uma crise se instalou.

Essa configuração garantiu a sustentabilidade da dívida pública em níveis adequados tanto à capacidade de pagamento do estado como à necessidade de valorização do capital-dinheiro a ele emprestado. Do ponto de vista fiscal, isso indica que dívida e taxas de juros tiveram de ser suficientemente baixas para que os serviços da dívida fossem suportados pelo orçamento; em termos de relações entre classes, dívida e juros foram altos o suficiente para que continuar nutrindo a finança. Por isso, resultados fiscais deficitários e endividamento públicos eram situações que a finança desejava sustentar. Assim, fica clara a resposta à pergunta retórica que faz Hall Wilson (2002, p. 17, 193): por que alguém abriria mão de cobrar encargos extorsivos de uma entidade que não pode falir quando tudo que é preciso, para perpetuar tal situação, é uma dívida alta o bastante para não poder ser reduzida de forma significativa pelos instrumentos disponíveis a tal entidade? Marx (1972 [1850], p. 40) já dissera que o "crédito público se sustenta na confiança de que o estado permitir-se-á ser explorado pelos lobos da finança".

Impostos, assim como lucros, juros, alugueis, são uma das formas de apropriação de mais-valia. Todas elas são meios de captura de frutos do sobre-trabalho, o que assume uma ou outra forma de acordo com o papel de cada apropriador no processo de circulação capitalista. Ainda segundo Marx (1991 [1894], p. 282),

> a "necessidade social" que governa o princípio da demanda é basicamente condicionada pelo relacionamento das diferentes classes e suas respectivas posições econômicas; em primeiro lugar, por essa razão, particularmente pela proporção entre o total de mais-valia e de salários, e em segundo, pela proporção entre as várias partes em que a própria mais-valia é dividida (lucro, juro, aluguel da terra, tributos etc.)

Enfim, o tributo "apenas altera a proporção em que essa mais-valia é dividida entre o próprio capitalista e terceiros" (MARX, 1990 [1890], p. 658). Dessa forma, será sempre o trabalhador a suportar o ônus econômico da tributação.

Figura 3.2 – Dívida mobiliária, taxa de juros e investimento, Brasil, 1991-2014

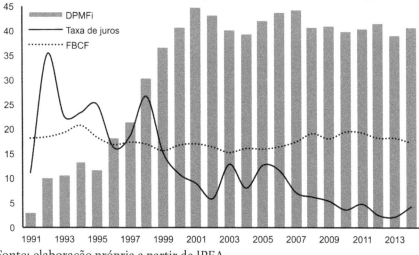

Fonte: elaboração própria a partir de IPEA.

Notas: I) escala percentual; II) taxas reais *ex-post* de juros *Overnight*/Selic; III) DPMFi: médias mensais no ano da dívida pública mobiliária federal interna em relação ao PIB; IV) FBCF: total anual da formação bruta de capital fixo em relação ao PIB; V) FBCF e PIB conforme sistema de contas nacionais referência 2000, que tem 2014 como último ano da série.

Como a mais-valia — na verdade, todo o valor de troca — é produzida pelo trabalho, fato é que capitalistas não *pagam* tributos; eles tão só *recolhem* aos cofres estatais, sob o nome de tributo, a parte dos excedentes produzidos pelo trabalho que, resultante das lutas entre trabalhadores, capitalistas e estado, não mais cabe, por ora, aos dois primeiros. No entanto, não se pode afirmar com certeza — ao menos empiricamente — que impostos de hoje são exclusivamente deduções do lucro passado, tampouco que esses mesmos impostos não podem ser diferidos para a produção futura. Trabalhadores não podem adiar suas necessidades de reprodução, mas capitalistas podem realocar capital-dinheiro da produção presente para alternativas mais rentáveis no futuro. É exatamente o que fazem quando direcionam capital-dinheiro para ativos financeiros como substitutos de investimentos produtivos potencialmente menos rentáveis. A figura anterior mostra um quadro cuja evolução corresponde a essa hipótese.

Distinguindo-se em fases o período da figura anterior, conforme a evolução da formação bruta de capital fixo (FBCF) — ela representa o investimento produtivo —, nota-se uma correlação negativa entre FBCF de um lado, e taxas de juros e dívida pública de outro. Enquanto a FBCF caiu de uma média de 18% em 1991-1998, para 16% em 1999-2005, a dívida pública mobiliária federal interna (DPMFi) aumentou de 14% para 41% do PIB, permanecendo pouco acima desse nível em 2006-2014. Nesta última fase, quando a média da taxa real de juros caiu para 5,3% ao ano, ante 10% em 1999-2005 e 22% em 1991-1998, a FBCF subiu a nível quase idêntico ao da primeira fase. Em suma, quando taxas de juros subiram, potenciais investimentos em produção foram direcionados para o que Marx chamou de capital portador de juros; inversamente, o investimento na produção cresceu quando as taxas de juros foram reduzidas.

Impostos cobrados no presente podem engendrar exploração ulterior do trabalho à medida que o capitalista for capaz de transferir o ônus tributário para a produção futura. De modo ainda mais claro do que o demonstrado na figura anterior, isso ocorre na medida em que sistemas tributários são regressivos, ou seja, quando o ônus recai com mais intensidade sobre as faixas inferiores de renda. Como já disse, o total da carga tributária é, em última instância, suportado pelo trabalhador. No entanto, isso não elimina a possibilidade dessa carga ser ampliada por meio de mudanças na estrutura tributária. Quando são mais representativos os tributos indiretos, por exemplo, os que incidem sobre o consumo por parte da classe trabalhadora, esta acaba suportando proporcionalmente impostos em dimensões superiores ao supostamente suportado pelo capital. Trata-se, aliás, de um movimento duplamente concentrador, pois, enquanto os assalariados transformam a quase totalidade de sua renda em consumo, as classes proprietárias retêm parte da sua para aumentar seu capital, fonte dessa mesma renda (FURTADO, 2007 [1959], p. 219).

Na figura seguinte podemos ver que no Brasil a tributação indireta foi significativamente mais alta do que a proveniente de impostos e contribuições diretas, que são as incidentes sobre a renda e a propriedade. Enquanto a média da tributação indireta aumentou 2,1 pontos percentuais (de 13% para 15,1%) em relação ao PIB entre os períodos 1990-1998 e 1999-2005, a da tributação direta aumentou 1,4 ponto (de 4,7% para 6,1%). A partir de 2006 a tendência se reverteu. Entre os períodos 1999-2005 e 2006-2015, a tributação indireta caiu 0,9 ponto e a direta aumentou 0,7 ponto.

Figura 3.3 - Tributações indireta e direta, Brasil, 1990-2015

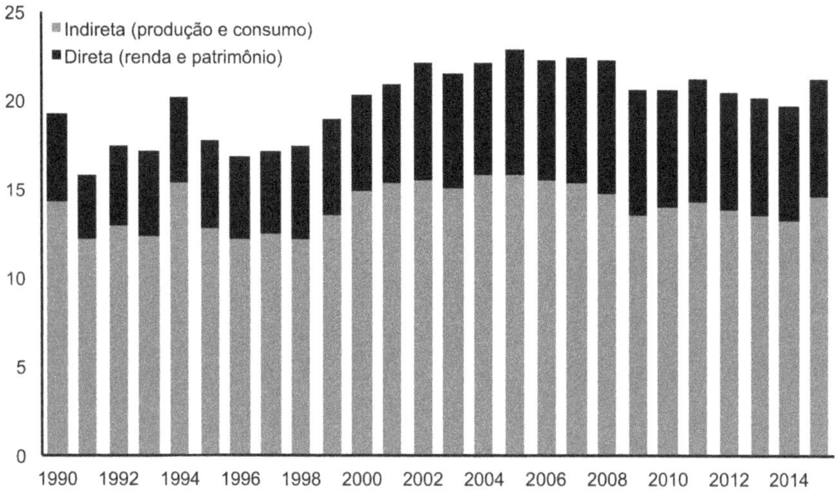

Fonte: elaboração própria a partir de IPEA.

Notas: 1) percentuais em relação ao PIB do total de impostos e contribuições federais, exceto previdenciárias, e total Brasil do imposto estadual ICMS; 11) estes tributos representaram uma média de aproximadamente 85% da carga tributária total em todos os níveis de governo durante o período 2002-2009 (GOBETTI e ORAIR, 2010, p. 6).

Não vou avançar muito mais neste caminho sob pena de, ao diferenciar contribuintes por meio do quanto "pagam" — ou melhor, recolhem — de tributos, contradizer o argumento fundamental de que quem efetivamente suporta a totalidade do ônus tributário é a classe trabalhadora. Essa contradição, aliás, pode estar presente justamente no exemplo de tributação indireta *versus* tributação direta recém analisado. Não obstante, entendo que o eventual erro não é tão grave se considerarmos que a parcela de mais-valia angariada por meio de tributos diretos atinge as classes proprietárias em dimensões maiores do que atinge as classes produtoras. Inversamente, dentre os que cedem mais-valia via tributos indiretos, por exemplo, sobre o consumo, há mais trabalhadores do que capitalistas. Daí a importância de investigar quem cede, quanto cede e quem se apropria da fração da mais-valia redistribuída em função de uma dada configuração tributária.

Além de sutilezas subjacentes à tributação direta vis-à-vis a indireta, há dispositivos que estabelecem de modo explícito vantagens para as classes proprietárias que auferem juros. Isso não quer dizer que o estado atue de forma voluntarista, com o objetivo explícito de favorecer essa ou aquela fração. Há razões aparentemente técnicas para políticas fiscais, como no caso de aumentos regressivos de tributos que visam a, dentre outras coisas, prevenir a retirada de investimentos estrangeiros (PASTOR JR. e DYMSKI, 1991, p. 219). Contudo, isso não elimina o fato de que as vantagens serão das classes proprietárias, que, se não são garantidas exclusivamente pela ação do estado, o são pelas relações de classes, aí incluídas as do estado com as diversas classes. Medidas nesse sentido podem ser os incentivos fiscais para investimentos em títulos da dívida pública, que ampliam a regressividade tributária. Cito apenas um exemplo.

Em fevereiro de 2006, por meio de medida provisória, que foi convertida em lei em junho do mesmo ano, o governo brasileiro "reduzi[u] a zero a alíquota do imposto de renda incidente sobre os rendimentos ... produzidos por títulos públicos ... pagos, creditados, entregues ou remetidos a beneficiário residente ou domiciliado no exterior".[6] A mesma medida reduziu a zero a alíquota da CPMF então incidente sobre liquidações de operações com ações. Ainda que não houvesse, naquele momento, necessidade premente de enfrentar ameaças de retiradas de capitais estrangeiros — o que já ocorrera em passado recente via aumento de juros —, o efeito prático esperado era similar, pois visava à atração de novos capitais estrangeiros. Seguindo o discurso estatal, não se tratava de favorecimento de classe, pois vislumbrava-se uma série de benefícios de caráter universal. Nessa linha se direcionavam as justificativas apresentadas pelo ministro da Fazenda ao expor os motivos para a concessão das isenções:

---

6   Brasil. Medida provisória n. 281, 15 fev. 2006, convertida na lei n. 11.312, 27 jul. 2006.

A possibilidade de aumentar a participação de investidores não residentes poderá resultar em importantes benefícios na administração da dívida pública federal e em economia na despesa na conta de juros. Isto porque, a maior participação do investidor estrangeiro pode ajudar a diminuir a percepção de risco associada à dívida e, destarte, o prêmio pago pelo tesouro nacional na emissão de seus títulos.

A melhoria do perfil da dívida pública, é bem sabido, tem o potencial de induzir implicações positivas para diversas áreas, inclusive para o setor produtivo. A menor volatilidade financeira e a ampliação dos efeitos da política monetária, que podem advir da medida, são apenas os efeitos mais diretos. A melhoria tende a se transmitir a todo o mercado de renda fixa, favorecendo a queda dos custos, o aumento dos prazos e a ampliação das possibilidades de captação de recursos pelas empresas privadas. O barateamento do investimento produtivo é um importante ingrediente para a criação do emprego, o aumento da renda e o crescimento econômico.

No médio prazo, com o fortalecimento do mercado de capitais, pode-se esperar que as famílias ampliem seu acesso ao crédito, em especial aos de médio e longo prazo — como é o caso do financiamento imobiliário —, proporcionando um incremento no nível de bem-estar da sociedade.[7]

Não ousaria avaliar essas projeções, pois seria impossível saber se elas se confirmaram e, se isso ocorreu ou não, o foi por conta das medidas que elas buscavam justificar. No entanto, cabe sublinhar um ponto. De acordo com a referida exposição de motivos, o governo estimava para o ano de 2006 uma redução de juros da ordem de R$ 1,2 bilhão e uma renúncia fiscal de cerca de R$ 87 milhões.[8] Ocorre que a renúncia era um fato — a lei fora editada —, ao passo que a redução de juros, uma hipótese. Esse caráter hipotético da segunda parte indica a continuidade de disputa pelos excedentes apropriados pelo estado. Quanto à primeira parte, importa notar que a disputa fora momentaneamente resolvida ao escrever-se na lei quem deixaria de "pagar" um tanto de imposto de renda. Segundo o ministro da Fazenda, "o custo da implementação [da medida provisória seria] compen-

---

7 Ministério da Fazenda. Exposição de motivos n. 00017/2006, 14 fev. 2006, para a adoção da medida provisória n. 281, 15 fev. 2006.

8 Ministério da Fazenda, *op. cit.*

sado pelo aumento de receita ... resultante da ampliação da base de cálculo dos tributos ... acima do previsto nas projeções iniciais de 2006".[9] Numa palavra, seria suportado pela elevação da taxa de mais-valia. Como isso se processa — de forma não conjuntural como o exemplo recém citado, mas estrutural — é o que discuto na próxima seção.

Dívida pública e elevação da taxa de exploração

A tributação sempre foi um fator crítico para a superestrutura capitalista, mas tornou-se ainda mais relevante como o advento da financeirização neoliberal. Governos, assim como empresas e famílias, viram-se atingidos à medida que a finança passou a poder criar e comercializar direitos sobre fluxos de receitas futuras, incluindo as tributárias (RADICE, 2010, p. 27). O envolvimento entre estado e finança levou à criação de mecanismos financeiros que, combinados com o sistema tributário, formaram um complexo de expropriação e exploração do trabalho alheio. Assim, para além da tributação como forma de redistribuição de mais-valia, considero agora a hipótese de que a primeira pode elevar a própria magnitude da mais-valia futura. Sigo a pista indicada por Therborn (2008 [1978], p. 226) quando assinala que, nas dinâmicas específicas de qualquer modo de produção, a classe trabalhadora deve gerar excedentes para os seus exploradores e, *adicionalmente*, financiar a dominação do estado sobre si mesma.

Para Erik Wright (1999, p. 129), devido ao peso da legitimidade do estado é razoável supor que a classe trabalhadora se disponha a aceitar uma tributação sobre salários maior do que a correspondente redução salarial que ocorreria num eventual contexto em que inexistissem tributos. Uma das explicações para isso seria que, "devido à distância do estado do processo direto de exploração ..., é geralmente mais fácil aumentar o montante extraído para propósitos 'públicos' do que elevar diretamente os lucros de membros individuais da classe dominante". Por isso, "uma ele-

---

9 Ibidem.

vação da tributação tende a encontrar menos resistências do que aumentos de rendimentos da propriedade ou reduções salariais" (THERBORN, 2008 [1978], p. 227). Se o argumento for correto, a "tributação pode então ser vista como, em parte, uma arma na luta de classes por meio da qual o estado apropria certo montante de sobre-trabalho *indisponível* a capitalistas privados" (WRIGHT, 1999, p. 129; grifo no original).

Com isso, Wright contrapõe a tese de que o montante presumível do imposto eventualmente dispensado por uma situação hipoteticamente sem tributação seria invariavelmente apropriado pelo capitalista, ou seja, que neste caso o capitalista já teria reduzido o salário ao mínimo necessário à reprodução da força de trabalho. Para Wright, esse argumento é questionável se salários reais e tributação forem vistos, ao menos parcialmente, como resultantes da luta entre classes, em vez de resultantes da extração de uma parte de um salário supostamente superior ao necessário para a reprodução da força de trabalho. Sintetizando, para Wright (1999, p. 129) a tributação "tem a capacidade de elevar a taxa de mais-valia agregada". Dessa forma, ele considera que a exploração se desenvolve também na esfera da circulação, assim como fazem John Roemer e outros estudiosos. Costas Lapavitsas (2013, p. 33), por exemplo, ainda que empregue o termo "expropriação financeira" com vistas a "[evitar] confusão com exploração no local de produção", adverte que "isto não exclui a existência de processos de exploração na circulação".

Considerando-se a legitimidade que o estado tem para tributar, é razoável supor que tenha legitimidade também para direcionar a exploradores — na forma de juros, por exemplo — parte da mais-valia arrecadada por meio da tributação. Ao tributar, o estado sinaliza potenciais elevações da taxa de mais-valia, o que pode ocorrer à medida que o endividamento público for capaz de elevar o próprio nível de tributação. A capacidade de emitir dívida pode aumentar o poder de tributação se considerarmos que, quando toma esse caminho, o estado está efetivamente arrecadando o montante de despesas que excede o que foi arrecadado sob a denominação de tributo. Da mesma forma que "pagamentos de juros geralmente são feitos a partir de salários recebidos posteriormente" por trabalhadores que foram levados a substituir salário por crédito (SANTOS, 2013, p. 94), aumentos de tributos para fins de pagamento de juros da dívida pública podem ter um caráter similar de exploração. Esse incremento pode alterar termos das relações de trabalho no âmbito de processos produtivos ulteriores.

Dentre as alternativas de que dispõe o estado para financiar seus gastos estão o aumento de impostos, a emissão de moeda ou a obtenção de empréstimos. Esta última é politicamente mais barata do que a primeira, que tende a encontrar resistências de pagadores de tributos. Claro que isso projeta aumentos de impostos no futuro, mas ao tomar emprestado o governo arrecada recursos extraordinários sem que os contribuintes percebam imediatamente (MARX, 1990 [1890], p. 921). A emissão de moeda, dados os potenciais efeitos inflacionários deixou de ser uma prática recorrente, com especial ênfase a partir do momento que a teoria monetarista tornou-se hegemônica. Se uma, outra ou alguma combinação delas será adotada dependerá das correlações de forças entre quem disputa espaço para influenciar políticas econômicas. Trata-se de uma relação de classes cuja contradição se revela na dúvida sobre até que ponto a satisfação que o estado dá aos interesses dos credores da dívida pública compromete a satisfação aos anseios dos pagadores de impostos (MOORE, 2004, p. 301).

A dívida não é apenas um substituto temporário de tributos indisponíveis para arrecadação no presente. Ela projeta um aumento real da tributação na magnitude dos juros reais a serem pagos. É certo que há alternativas, como a redução de gastos ou a emissão de moeda ou de mais dívida, como vimos, mas elas não são mutuamente excludentes. Contudo, nenhuma fonte de receita estatal, nem mesmo o mais eficiente sistema tributário, tem a capacidade do endividamento para levantar rapidamente grandes somas (MOORE, 2004, p. 301). No caso brasileiro, como mostra a figura seguinte, as elevações de arrecadação federal ocorridas desde o Plano Real foram, na maioria das vezes e em conjunto, superadas por resultados nominais deficitários, ou seja, por necessidades de financiamento via endividamento. Enquanto a média das variações anuais de arrecadação tributária equivaleu a 1,6% do PIB durante

1995-2015, a média dos resultados nominais negativos foi de 2,7% do PIB. Enfim, o endividamento foi, de longe, o mais eficaz meio de obtenção de recursos pelo estado.

Figura 3.4 – Resultado fiscal e variação de tributação, Brasil, 1995-2015

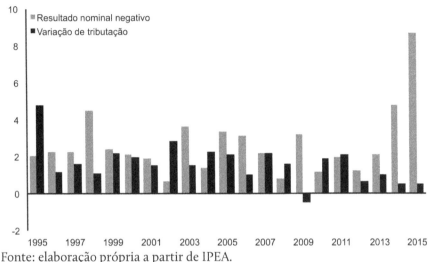

Fonte: elaboração própria a partir de IPEA.

Notas: i) percentuais em relação ao PIB; ii) impostos e contribuições federais, exceto previdenciárias.

Aumentos de tributos, na maioria das vezes, dependem de aprovação legislativa e, quando ocorrem, nem sempre produzem efeitos imediatos, como nos casos em que há prazos constitucionais para o início de vigência. Isso não se aplica ao endividamento, cujas decisões seguem a discricionariedade do poder executivo. Some-se a isso um falso debate sobre a magnitude da carga tributária, cujas opiniões hegemônicas geralmente são de que é muito alta, que deveria parar de crescer ou mesmo diminuir. Em torno dessa ideia uniram-se capitalistas e trabalhadores movidos pela crença de que impostos mais baixos significariam salários mais altos para estes e lucros mais altos para aqueles, os quais, supostamente, decorreriam do suposto crescimento econômico. Contudo, dizer que a carga de impostos é alta sem as devidas qualificações tende a omitir uma classe da outra sob a ideologia do interesse comum forjada por aqueles a quem se dá o direito de emitir opiniões.

Quando analisamos a dívida pública tendo em conta os juros e a arrecadação de tributos para suportá-los, há uma implicação sociológica importante dessa sua dinâmica. Assim como no processo de alocação dos recursos arrecadados pelo sistema tributário, a dívida exerce função semelhante quando possibilita transferir excedentes por meio de juros. Num cenário de elevação de juros e de aumento da carga tributária, é razoável supor que este ocorre em alguma medida para suportar a elevação daqueles. Além disso, os juros da dívida funcionam como um tributo sobre trabalhadores e, ao mesmo tempo, como um tributo negativo para as classes de apropriadores compostas por proprietários de títulos públicos. É esse aspecto que conduz à necessidade da maior qualificação do debate acerca da aparente unanimidade sobre a carga tributária ser alta ou baixa. Sob um ponto de vista de classes, não se pode pensar *na* carga tributária, mas em *cargas* tributárias. Por isso, temos sempre o dever de perguntar: a carga tributária é alta ou baixa para *quem*?

É sintomático que mesmo dentro da classe empresarial, cuja luta poderíamos supor unificada em torno de impostos mais baixos, não exista consenso sobre o tema. Como lembra Therborn (2008 [1978], p. 227), a tributação, assim como outras formas estatais de extração, é uma fonte de disputas tanto entre classes quanto dentro da classe dominante. Evidências disso são as posições por vezes conflituosas entre indústria e finança. Para aqueles que acumulam capital por meio da atividade produtiva, o imposto tende a ser visto como um obstáculo ao investimento e aos seus potenciais lucros; para quem se apropria de mais-valia por meio de juros, a defesa de redução da carga tributária tende a ser menos enfática. Uma amostra deu-se quando, no final de 2007, o parlamento brasileiro discutia a proposta de prorrogação da CPMF. De um lado, ao defender a extinção do tributo, o então presidente da Federação das Indústrias do Estado de São Paulo (FIESP) dizia que

> nos projetos que são discutidos da reforma tributária não se fala de desoneração; então, a única chance que nós temos de desonerar é cumprir a lei e a Constituição e terminar com a CPMF no dia 31 de dezembro de 2007, abrindo a porta para a reforma tributária, mas desonerando ... num momento em que a sociedade brasileira não

aceita, em hipótese nenhuma, mais aumento de carga tributária ... Então, presidente ..., senhoras senadoras, senhores senadores, aqui um apelo da sociedade brasileira: vamos acabar com isso.[10]

Já o diretor-presidente da Confederação Nacional das Instituições Financeiras, na ocasião representando o presidente da Federação Brasileira de Bancos, foi mais comedido. Mesmo dizendo considerar válidos os dados e argumentos que a FIESP utilizara para defender a extinção da CPMF e para convencer da capacidade do orçamento público suportar uma eventual perda de receita, sua proposta foi ao encontro do que defendia o poder executivo, que era manter o tributo. Referindo-se primeiramente à argumentação do representante da indústria paulista, o representante da finança argumentou:

> Tudo isso é inquestionável; eu não tenho nenhum reparo a fazer ..., mas nós vivemos num mundo que dá muitas voltas, ocorrem mudanças, e nós então precisamos agir com certa prudência ... Eu acho que a prudência, ela recomendaria que, com todos os defeitos que a CPMF tem, ela poderia continuar ... mas claramente com uma trajetória de redução.

Pouco antes, o banqueiro dissera que

> a redução da carga tributária ... poderia provocar um crescimento potencial na economia brasileira porque os investimentos privados seriam motivados ... Portanto, algumas sugestões que eu colocaria aqui para vossas excelências seria[m] de que a prorrogação da CPMF deveria vir acompanhada de um compromisso, de uma trajetória consistente de redução da arrecadação, ou de redução da própria CPMF. Então nós poderíamos ..., com uma hipótese de se fazer uma *redução gradual* ... de arrecadação ..., terminando, então, ao final de um período de seis, sete anos com uma alíquota residual ... E nesta redução gradual, excelências, eu gostaria de alertar de que é importante também começar a fazer uma deso-

---

10 Esta manifestação e as duas seguintes foram gravadas em áudio pelo autor durante reunião da Comissão de Constituição, Justiça e Cidadania do Senado Federal, de 31 out. 2007, na qual realizou-se a 2ª audiência pública para subsidiar a instrução da proposta de emenda à Constituição n. 89, que originariamente visava à prorrogação da DRU e da CPMF.

neração seletiva, começando pelo crédito. O crédito poderia ser o primeiro item a ser contemplado com essa desoneração gradual, de forma a possibilitar que esse crescimento vertiginoso que o crédito vem tendo se expanda ainda mais.

Figura 3.5 – Tributação federal e juros, Brasil, 1995-2015

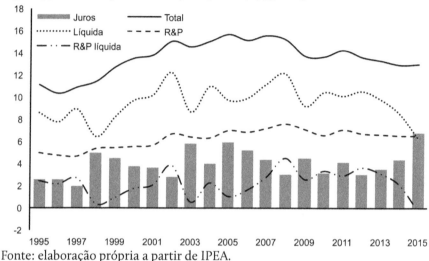

Fonte: elaboração própria a partir de IPEA.

Notas: i) percentuais em relação ao PIB; ii) as linhas referem-se a tributações; iii) impostos e contribuições federais, exceto previdenciárias; iv) R&P: renda e patrimônio.

Vimos anteriormente que a estrutura tributária brasileira é mais onerosa para as classes trabalhadoras do que para as classes proprietárias por conta da maior representatividade dos tributos indiretos vis-à-vis os diretos (figura 3.3, p. 145). Mas esse caráter regressivo não se limita à tributação, podendo estender-se para estrutura fiscal em sentido amplo. No período em análise, o estado brasileiro operou um sistema de redistribuição de excedentes que, conjugando tributação e dívida pública, fez-se ainda mais regressivo do que o próprio sistema tributário. Essa hipótese já fora levantada por Marcelo Medeiros (2003, p. 148), para quem não seria exagero afirmar que o estado brasileiro "favorece os ricos". Para ele, isso dever-se-ia ao caráter regressivo dos gastos estatais, principalmente aqueles não regulados por qualquer legislação de caráter igualitarista, como a que trata dos gastos sociais. Já os gastos financeiros, que estavam entre os maiores do governo federal e, ao mesmo tempo, eram apropriados por uma minoria, fizeram do estado um agente agravante das desigualdades em favor dos ricos, concluiu Medeiros. A figura anterior apresenta evidências do que chamo de estrutura fiscal regressiva, que resultou da combinação entre tributos e juros sobre a dívida pública. Revela ainda que a arrecadação tributária federal não cresceu na dimensão que uma análise agregada — sem olhar o *quem* — indicaria.

Para além do fato de que capitalistas efetivamente não suportam qualquer ônus tributário — eles apenas *recolhem* aos cofres estatais essa parcela da mais-valia —, os montantes que efetivamente entregam ao estado podem ser ainda menores que a aparente entrega. Durante o período 1995-2015, o total de tributos federais correspondeu em média a 13,5% do PIB, relação que cai a 9,5% quando subtraídos, do total de tributos, os juros sobre a dívida pública, que de fato funcionam como imposto negativo. Considerando-se apenas os tributos diretos — aqueles sobre a renda e o patrimônio —, esses índices representaram 6,2% e 2,2% do PIB, respectivamente. Logicamente, em ambos os casos a diferença entre a tributação bruta e a líquida de juros é a mesma, 4%, que foi o quanto os juros sobre a dívida pública representaram do PIB nesse período. No entanto, uma vez que esses juros foram pagos a pessoas e empresas que também "pagam" impostos sobre a renda — incluídos na renda esses mesmos juros —, foram estas que receberam o maior benefício fiscal.[11]

Ainda na figura anterior nota-se que a tributação líquida oscilou mais significativamente nos momentos de crise, reforçando a tese de que ali se abrem oportunidades para as classes proprietárias elevarem seus ganhos. Em 1998-1999, período de crises cambiais, 2003, primeiro ano de governo Lula, e 2015, ano da crise econômica e política que culminou com a derruba-

---

11 Durante 2000-2015, fundos mútuos, bancos e outras empresas financeiras detiveram em média cerca de 90% da dívida pública federal interna, e empresas não financeiras e indivíduos, aproximadamente 10%.

da do governo Dilma, quase não houve tributação sobre renda, propriedade e ganhos de capital em termos líquidos. Ao contrário, nesses momentos as classes credoras auferiram ganhos maiores do que o montante que o estado arrecadou nessa modalidade de tributação. Também a crise financeira de 2008, cujos reflexos mais profundos foram observados em 2009, gerou resultado similar ao interromper a tendência de elevação da tributação líquida sobre a renda e o patrimônio iniciada em 2005.

Quando consideramos os juros sobre a dívida pública como um imposto negativo; quando percebemos que esse imposto é negativo para as classes proprietárias; e, principalmente, quando lembramos que o tributo positivo — aquele que sustenta o gasto estatal — advém das classes produtoras, o complexo dívida pública e tributação mostra seu potencial de amplificação da taxa de exploração do trabalho alheio. Não no sentido da compressão do trabalho necessário e a correspondente ampliação do trabalho excedente que se realizou num processo de produção já concluído. Essa amplificação se dá pela luta de classes na esfera da circulação, o que, no entanto, sinaliza uma potencial elevação da taxa de mais-valia no futuro. Ela pode ser mais alta ou mais baixa não apenas por conta dos fatores econômicos *stricto sensu* — produção de valores de troca —, mas também por conta de aspectos políticos relacionados às disputas entre classes travadas com o intermédio do estado.

No caso brasileiro, políticas macroeconômicas, especialmente as fiscais, seguiram um padrão mundial de favorecimento ao capital financeiro em detrimento das classes trabalhadoras. Como vimos no primeiro capítulo, o objetivo primeiro das prescrições neoliberais não era redistribuir renda ou riqueza, ao menos não no sentido dos mais ricos para os mais pobres. O observado foi justamente o oposto. Ainda assim, suas linhas fundamentais aportaram no Brasil como solução para o seu atraso econômico, demarcando o que, no final de 1994, o então futuro presidente da República chamaria de ruptura com a era Vargas. Às vésperas de assumir a presidência, o ainda senador Fernando Henrique Cardoso disse

> resta[r] ... um pedaço do nosso passado político que ainda atravanca o presente e retarda o avanço da sociedade. Refiro-me ao legado da era Vargas — ao seu modelo de desenvolvimento au-

> tárquico e ao seu estado intervencionista. Esse modelo, que à sua época assegurou progresso e permitiu a nossa industrialização, começou a perder fôlego no fim dos anos 70. Atravessamos a década de 80 às cegas, sem perceber que os problemas conjunturais que nos atormentavam — a ressaca dos choques do petróleo e dos juros externos, a decadência do regime autoritário, a superinflação — mascaravam os sintomas de esgotamento estrutural do modelo varguista de desenvolvimento.[12]

Isso significava que o modelo de desenvolvimento ancorado na ação direta do estado na economia deveria dar lugar a um modelo que supostamente deixasse os agentes de mercado tomar a frente do processo. A crença era de que a estabilidade macroeconômica e a integração brasileira à economia mundial, via aprofundamento das aberturas comercial e financeira, privatizações, extinções de monopólios estatais, câmbio livre etc. conduziriam ao crescimento e desenvolvimento econômicos. Contudo, a considerar o observado desde então, a ruptura em relação à era iniciada com Vargas parece ter sido também nesse último quesito. A média anual de crescimento real do PIB *per capita*, que fora de cerca de 4% durante o período 1931–1980, e praticamente zero em 1981–1994, atingiria pouco mais de 1,6% em 1995–2013.

Como vimos anteriormente, foi nesse último período que a finança ascendeu ao topo na hierarquia de apropriação de excedentes econômicos, o que é sintetizado pelas altas taxas de juros. Elas significam lucros financeiros a expensas da redução de lucros gerados na produção, o que tende a comprimir salários reais e elevar a taxa de exploração da força de trabalho (OLIVEIRA, 2006, p. 15). Segundo Armando Boito (2007, p. 118), essa foi a realidade observada na indústria brasileira a partir de meados dos anos 1990. Ocorre que a finança é orgânica ao processo de acumulação capitalista, que, ao englobar o estado, alcança também o sistema formado pela dívida e a tributação. Assim, esse mesmo sistema possibilita elevar a taxa de exploração do trabalho de forma similar ao que faz o crédito privado com a financeiri-

---

12 Fernando Henrique Cardoso. *Diário do Congresso Nacional*, Seção II, ano XLIX, n. 160, 15 dez. 1994, p. 9187.

zação da renda do trabalho. Com efeito, toda a superestrutura do regime de acumulação sob hegemonia da finança é composta de uma intrincada rede de mecanismos financeiros que envolvem créditos e ativos, tanto privados como estatais, bem como agentes privados ou estatais cujas relações são mediadas por tais mecanismos.

Figura 3.6 – Distribuição funcional da renda, Brasil, 1990-2014

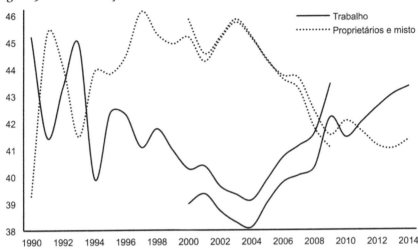

Fonte: elaboração própria a partir de IBGE.

Notas: I) percentuais em relação ao PIB; II) desconsiderados os impostos sobre a produção e a importação, que, no período, representaram uma média anual de cerca de 15% do PIB; III) as linhas que partem de 1990 correspondem a dados do sistema de contas nacionais (SCN) referência 2000, e as que partem de 2000, a dados do SCN referência 2010; IV) Trabalho: salários e contribuições sociais sobre salários, que, no SCN, figuram sob a conta "remunerações"; V) Proprietários e misto: lucros, dividendos, alugueis, juros e outras rendas de capital, que são rendimentos de proprietários e rendimentos mistos, estes últimos não identificáveis exclusivamente ao trabalho ou ao capital. No SCN, correspondem, respectivamente, às contas "excedente operacional bruto" e "rendimento misto bruto".

É difícil apreender empiricamente a capacidade do sistema formado pela dívida pública e a tributação elevar a taxa de exploração que, até aqui, discuti mais em nível teórico. Jamais seremos capazes de precisar quanto do excedente redistribuído refere-se a trabalho necessário, quanto refere-se a trabalho excedente e, principalmente, quanto este último poderá amplifica-se em ciclos ulteriores de produção. Ainda assim, se for correto assumir que a tributação em si pode elevar a taxa de exploração futura, mesmo que não seja possível indicar precisamente a sua magnitude, ao menos a sua tendência geral pode ser apreendida. No caso brasileiro, o que pode-se afirmar é que os resultados da financeirização neoliberal foram desfavoráveis para as classes trabalhadoras. A partir do real, ampliou-se — e na maior parte do tempo assim se manteve — o hiato entre a participação do capital, em favor deste, e a do trabalho sobre a produção de valores, conforme evidenciado na figura anterior. Isto suporta a alegação de que, "julgado a partir de seus próprios objetivos de classe, o neoliberalismo foi um sucesso inquestionável" (DUMÉNIL e LÉVY, 2011, p. 25).

A figura anterior mostra os percentuais de distribuição da renda, representada pelo PIB, entre os principais apropriadores do produto adicionado à economia. Vê-se que nos primeiros anos da década de 1990, pouco antes do Plano Real, havia alternância entre capital e trabalho na apropriação de maior parcela do produto. A partir de 1994, isso não mais ocorreria até 2008. Durante o período 1994–2008, os rendimentos dos proprietários e mistos combinados excederam os rendimentos do trabalho a uma média anual de 3,8% do PIB (ou 5,3% no período 2000–2008 se considerado o PIB calculado no SCN referência 2010). Sublinho que os juros da dívida pública, que são apropriados como rendimento do capital, alcançaram a média de 4% do PIB em 1995–2008 (ver figura 2.4, p. 117). Remuneração do trabalho em queda e juros reais sistematicamente altos significaram em alguma medida a elevação da taxa de exploração do trabalho.

Esse fenômeno não pode ser totalmente explicado pelos aumentos conjuntos de juros e tributação ocorridos a partir da expansão financeira da economia brasileira, mas eles detêm uma parcela da explicação. Em cenários de taxas de juros ascendentes, os atores procuram adaptar suas decisões. Empresas, por exemplo, exigem maiores retornos sobre os investimentos e procuram recuperar estes últimos em períodos de tempo mais curtos (KRIPPNER, 2011, p. 56). Para isso, tendem a aumentar a pressão sobre o trabalho para extrair mais-valia suficiente não apenas para uma determinada taxa de lucro visada por capitalistas "produtivos"; agora essa taxa tem de ser suficientemente alta para que uma parcela adicional seja apropriada pela finança. Mesmo que capitalistas "produtivos" não direcionem capital-dinheiro para ativos financeiros, eles dependem, em alguma medida, da finança para ativar a produção. Além disso, uma vez que a taxa de juros funciona como custo de oportunidade tanto de capitais investidos na produção como daqueles direcionados a ativos financeiros, qualquer elevação dessa taxa elevará a rentabilidade esperada com a atividade produtiva. E o modo pelo qual o capitalista busca atingir esse objetivo é tornando a força de trabalho mais barata. Como bem disse Marx (2004 [1844], p. 80), isso ocorrerá tanto mais quanto mais mercadorias o trabalhador produzir.

Figura 3.7 – Produtividade do trabalho na indústria, Brasil, 1992–2015

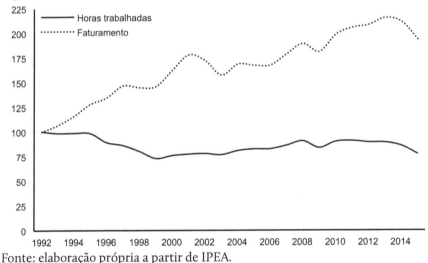

Fonte: elaboração própria a partir de IPEA.
Nota: escala em número índice, 1992 = 100.

Como mostra a figura anterior, a produtividade do trabalho na indústria brasileira — faturamento vis-à-vis horas trabalhadas — elevou-se ao longo de todo o período analisado. Podemos ver que o faturamento cresceu a taxas consideravelmente aceleradas em relação à quantidade de horas trabalhadas. Enquanto estas declinaram cerca de 22% aquele elevou-se 93% entre o início e o fim da série, tendo, contudo, atingido um pico de mais de 115% em 2013. Movimento condizente com esse fora constatado por Pastor e Dymski (1991, p. 205, 213, 217) quando notaram correlação positiva entre aumentos de juros da dívida externa e redução da participação dos salários sobre produção industrial em vários países latino-americanos entre meados dos anos 1970 e meados dos anos 1980. Desde meados dos anos 1990, o Brasil passou a seguir uma estratégia fiscal que se disseminara primeiro ao longo dos países centrais até chegar à periferia da economia mundial. Para essa estratégia, em várias partes do planeta,

> as classes trabalhadoras, diretamente, por meio da compressão salarial com vistas aumentar a competitividade internacional e, indiretamente, via aumentos de impostos e cortes em serviços públicos, [tiveram de] pagar pela crise e pela a restauração da viabilidade econômica do controle capitalista sobre o sistema financeiro (ALBO e EVANS, 2010, p. 286).

Enfim, a política fiscal é questão de disputa entre produtores e apropriadores, estes últimos de diversos tipos e não restritos aos donos dos meios de produção. E os resultados — ou seja, se o estado irá reduzir (ampliar) gastos ou tributação, como o fará, quem cederá, e quem se apropriará dos excedentes em disputa — da luta irão depender das correlações de forças que atuam sobre o orçamento estatal. Este pode então ser caracterizado como um subcampo do campo econômico, que, segundo Bourdieu (1997, p. 56), é um campo de ação socialmente construído onde se confrontam agentes com diferentes dotações de recursos, e onde os objetivos e a eficácia das ações vão depender da posição de cada um dentro da estrutura de distribuição do capital. O orçamento, antes de mera tecnologia de gerenciamento de recursos, representa uma arena política, onde classes disputam excedentes transitoriamente apropriados pelo estado. Isso é o que investigo mais detidamente na próxima seção, com vistas a evidenciar alguns destinos dados a tais excedentes nestes últimos cerca de vinte anos.

Gasto estatal e apropriação da renda

O discurso neoliberal, além dos objetivos falaciosos — crescimento e desenvolvimento — que proclamava e dos reais — restauração dos lucros comprimidos por políticas keynesianas — que omitia, pregou a redução da intervenção direta do estado na economia. Em termos estruturais, não foi o que aconteceu, como vimos anteriormente. Mas em alguns aspectos tal redução se fez observar, como no caso das privatizações de empresas estatais e da transferência à iniciativa privada de serviços até então predominantemente providos pelo estado. Desenvolveu-se desde o início dos anos 1990 uma espécie de consenso induzido sobre ser o estado um empresário ineficiente e um gastador irresponsável e a iniciativa privada, os opostos disso. Também ganhou força o discurso sobre o estado gastar demais e que isso seria uma das causas da estagnação econômica que se observava no mundo em desenvolvimento desde o início dos anos 1980 (VERNENGO, 2007, p. 81).

As alegadas soluções foram então delineadas de modo a reduzir a presença e o gasto estatais, porém com um viés suficientemente claro sobre quais deles seriam objeto de ações reformadoras. Dentre os eleitos estavam a intervenção estatal produtiva, o funcionalismo público e a previdência social, sobre os quais, no Brasil, pesaram as seguintes medidas: I) em 1996, implementação de programa de ajuste fiscal e reestruturação financeira dos estados, que propunha apoio financeiro do governo federal às unidades federadas que se comprometessem com o controle e a redução das despesas com pessoal, a adoção de programas de privatização e de concessão dos serviços públicos, o controle das empresas estatais, compromissos de resultado fiscal e a redução e o controle do endividamento; II) entre 1996 e 1998, privatizações da *Light* Serviços Elétricos, da Companhia Vale do Rio Doce, do Sistema Telebrás e concessão das malhas ferroviárias da Rede Ferroviária Federal; III) em 1996, extinção de cerca de 100 mil cargos (em 1997 seriam mais 70 mil), demissão de mais de 27 mil funcionários não estáveis, extinção de licença-prêmio e do direito à promoção na aposentadoria, instituição de programa de demissão voluntária no serviço público federal e limitação das vantagens e benefícios para os empregados das empresas estatais aos mínimos previstos na legislação; e iv) extinção de aposentadorias de legislação especial, revisão de regras de cálculo e de concessão de aposentadorias, instituição do fator previdenciário, que, via combinação de tempo de contribuição, idade e expectativa de vida do contribuinte, visava a retardar a busca por aposentadoria de trabalhadores da esfera privada.[13]

Mas é justamente a partir desse momento que um determinado gasto passou a ser dos principais responsáveis pelos resultados fiscais negativos sem que, não obstante, merecesse o mesmo tratamento no debate político. Eram os juros da dívida pública, que ao lado da liberalização financeira iniciada no final do governo Sarney (1985-1989), intensificada no governo Collor (1990-1992) e acelerada nos governos FHC (1995-2002), conduziu o estado brasileiro a importante restrições monetárias e fiscais. Instalou-se o que Morais, Saad Filho e Coelho (1999, p. 13) definem como uma contradição fundamental entre a política fiscal e a política monetária, qual seja, a de que o aperto monetário em situação de alto endividamento automaticamente levava ao afrouxamento fiscal via aumento do pagamento de juros. Todo esse movimento foi semelhante ao observado em países do centro, que desde o início dos anos 1980 tiveram seus resultados fiscais deficitários fiscais aprofundados por altas taxas de juros (DUMÉNIL e LÉVY, 2001, p. 587; 2004a, p. 78).

A evolução daquele cenário revelou como e porque a questão do gasto público era e segue sendo discutida seletivamente, quase como se o estado simplesmente consumisse excedentes. Numa discussão ideologicamente orientada, não tomou-se tempo debatendo — sob pena de esclarecer para a sociedade em geral — sobre todos os destinos do gasto estatal. Mas quando este é analisado sob a dialética que explicita quem paga e quem recebe, os discursos revelam preocupações com certa

---

13 Banco Central do Brasil. Boletim do Banco Central do Brasil. Relatório 1996, v. 33; Relatório 1997, v. 34; Relatório 1998, v. 34; e Relatório 1999, v. 35.

configuração distributiva, favorável a uma determinada classe ou fração. Como os recursos movimentados pelo estado podem engendrar ampliação da exploração do trabalho alheio, a análise que se atinha a um dos lados — o ato de o estado gastar — favorecia quem se beneficiava — o recebedor do gasto — desse ato. Fazia isso ao omitir no debate os grandes apropriadores do gasto estatal. Como lembra Roemer, as "coalizões explorada e exploradora são sempre complementares entre si" (1982c, p. 285). Já apontei anteriormente que da primeira coalizão fazem parte as classes trabalhadoras. Também já argumentei que são elas que ocupam o lugar de reais devedores dos empréstimos tomados pelo estado. Cabe a elas produzir excedentes suficientes para nutrir um sistema tributário que tem como uma de suas funções servir à dívida.

Figura 3.8 – Detentores dos títulos federais em poder do público, Brasil, 2000-2015

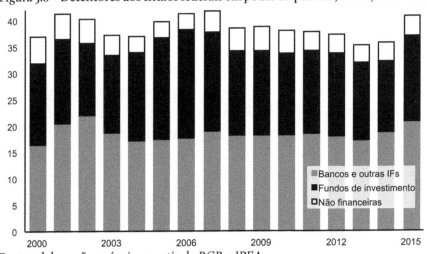

Fonte: elaboração própria a partir de BCB e IPEA.

Notas: I) percentuais em relação ao PIB; II) médias mensais em cada ano.

Do outro lado dessa relação social, a coalizão exploradora é aquela que noutros momentos referi como finança. A esse termo dou agora um significado ampliado, de modo a incluir todos aqueles que auferem juros, independente de serem ou não legalmente classificados como empresas financeiras. Na média do período abrangido pela figura anterior, bancos e demais instituições financeiras eram credores de 48% da dívida pública federal interna brasileira, o que equivalia a 18% do PIB. Fundos de investimento — a maior parte deles administrada por bancos — detinham 42% da dívida (16% do PIB). Ou seja, em conjunto esses dois grupos detinham cerca de 90% do total da dívida, sendo o restante detido por empresas não financeiras, por exemplo, fundos de pensão. Esses índices demonstram que a finança foi a principal beneficiária do endividamento público e das políticas que visavam manter a confiança de credores na capacidade do estado pagar seus compromissos.

Conforme já discuti, a repartição de excedentes é resultado de lutas entre classes ou ainda de lutas dentro delas. São diversos os mecanismos pelos quais isso se operou no Brasil, e o que destaquei foi o complexo fiscal formado pela dívida pública e a arrecadação tributária. Nesse complexo há um outro mecanismo que também foi usado pelo estado brasileiro em seu papel estabilizador das relações de classes cujo resultado, não obstante, engendrou expropriação e sinalizou ampliações da exploração capitalista em ciclos produtivos ulteriores. Trata-se do assim chamado gasto primário, ou seja, aquele que, para fins de avaliação, exclui do seu total os gastos com juros. Os gastos primários, assim como a arrecadação tributária, a depender dos sentidos — quem recebe e quem paga, respectivamente — que tomam, podem modificar os níveis de expropriação, a exploração potencial e, consequentemente, de desigualdade material.

Com o advento do neoliberalismo, uma quase unanimidade foi difundida sobre o estado gastar mal e demais e, nessa esteira, se fortaleceu o clamor para que as despesas públicas fossem reduzidas. Isso, já vimos, não ocorreu, e uma simples olhada nos aumentos da carga tributária, mesmo bruta, e do endividamento público não deixa muitas dúvidas a esse respeito (ver figura 3.1, p. 141, e figura 3.5, p. 154). Mas aqui, ao olhar para os níveis mais altos das agregações estatísticas, corremos o risco de chegar a conclusões incorretas. Uma delas seria a de que o clamor dos ideólogos da crise fiscal do estado pela redução de gastos não se realizou. Ocorre que tais clamores tinham endereço certo. Por exemplo, não se viu defesas de reduções de gastos com juros da dívida pública tão enfáticas quanto aquelas que se endereçavam às despesas com o funcionalismo e a previdência públicos. Por exemplo, para o presidente do Banco Central durante quase todo o segundo governo FHC,

> a dívida cresce porque o governo tem um determinado resultado primário, superávit [sic] ou déficit [sic], que é aplicado ao pagamento de juros. Mas por baixo desse dado do superávit [sic] primário, como tem sido no Brasil, ou déficit [sic], como foi no passado, em alguns momentos, existem componentes importantes.
>
> Um subcomponente importante, mas nem de longe o único, é o componente de pessoal [e encargos]. Poderíamos mostrar vários outros.
>
> Eu vejo com grande preocupação, por exemplo, a aprovação, que, acho, aconteceu ontem, de se acabar com o fator previdenciário e outras medidas que expandam ainda mais o gasto público, principalmente naquilo que não é investimento.
>
> Eu sei que a realidade é dura, as pressões são enormes, o país é carente, isso tudo é triste, mas o fato é que isso tudo tem um custo também. Quer dizer, não dá para ir tomando uma medida atrás da outra sem que isso tenha impacto em outras variáveis, o que acaba, ao meu ver, reduzindo nossa capacidade de lidar com essas questões sociais, que são tão prementes.[14]

A afirmação de que o estado gastava demais com aposentadorias poderia ser tão verdadeira quanto a de que gastava demais com juros ou qualquer outra coisa. Isso vai depender, por exemplo, do ponto de vista, ou mesmo do interesse, de quem opina. Contudo, não pareciam pairar muitas dúvidas sobre qual deles tenderia a ser reduzido em eventuais ações reformadoras. Ao se referir aos aumentos de idade mínima para aposentadoria e desindexações de benefícios promovidas nos EUA, Canadá e Suécia em meados dos anos 1990, Herman Schwartz (1998, p. 258-259) constatou que quanto maior era o endividamento público, maior era a probabilidade de redução de gastos com bem-estar social. Ele esclarece que, enquanto as transferências de renda de bem-estar representam essencialmente um direito de proprieda-

---

14 Câmara dos Deputados. CPI – Dívida Pública. Notas taquigráficas da reunião ordinária n. 2129/09, 18 nov. 2009, p. 5-7.

de — são asseguradas por lei — implícito, a dívida é um direito explícito; quando há conflito entre elas, são quase sempre as primeiras a ser sacrificadas em nome da manutenção da confiança por parte dos credores. No caso brasileiro, foi justamente a previdência social — o item mais representativo do gasto público — que sofreu reformas importantes no período de aprofundamento da lógica financeira.[15]

Figura 3.9 – Despesas selecionadas do governo central, Brasil, 1995-2015

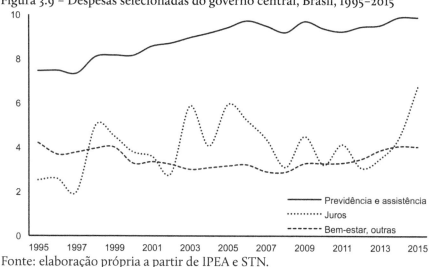

Fonte: elaboração própria a partir de IPEA e STN.

Notas: 1) percentuais em relação ao PIB; 11) Bem-estar, outras: despesas com saúde, saneamento, educação, cultura, habitação, urbanismo e trabalho.

---

15 As emendas constitucionais n. 20, de 15 dez. 1998, e n. 41, de 19 dez. 2003, promoveram reformas profundas nos regimes de previdência social, sendo a primeira delas mais significativa para os trabalhadores do setor privado e a segunda, para o regime dos servidores públicos. Dentre as mudanças mais importantes constaram elevações em idades mínimas para obtenção de aposentadoria, limitações de valores de aposentadorias e de pensões e instituição de contribuição previdenciária de servidores públicos inativos e pensionistas. A emenda constitucional n. 47, de 5 jul. 2005, restituiu alguns benefícios à aposentadoria de servidores públicos que haviam sido suprimidos pela reforma de 2003. Logo após Dilma Rousseff ser reeleita para um segundo mandato presidencial, por meio das medidas provisórias n. 664 e n. 665, de 30 dez. 2014, o governo modificou regras para de concessão de benefícios trabalhistas e previdenciários, tornando mais restritos os acessos à pensão por morte de cônjuge, auxílio-doença, seguro-desemprego e ao abono-salarial anual para trabalhadores que recebem até dois salários mínimos.

Se tomarmos os gastos com previdência e assistência sociais em relação ao PIB veremos, como mostra a figura anterior, que desde o Plano Real eles têm aumentado, o que, poderia contrariar a conclusão de Schwartz. Contudo, isso não quer dizer que tais benefícios não tenham sido impactados com medidas de contenção, o que melhor revelar-se-ia se os mesmos fossem relativizados não apenas pelo PIB, mas, por exemplo, pela quantidade de pessoas que deles se beneficiavam. Não disponho de dados suficientes para precisar quantas pessoas foram beneficiárias de cada tipo de gasto dos que formam a figura anterior. No entanto, é certo que a previdência e a assistência sociais, bem como as demais despesas que compõem o chamado salario social, se direcionaram a muito mais pessoas do que as despesas com juros. Relativamente poucos capitalistas financeiros se apropriaram dos juros pagos pelo estado. Já vimos que bancos, fundos mútuos e outras empresas financeiras detinham cerca de 90% dos títulos da dívida pública federal na média do período 2000–2015 (figura 3.8, p. 164).

Do outro lado dessa relação estava a maioria da população — trabalhadores, suas famílias e as pessoas mais pobres — dependente de despesas estatais com seguridade social, seguro-desemprego, educação, saúde e outras. Como mostra a figura anterior, a média anual desses gastos caiu de 3,9% do PIB em 1995–1999 para 3,1% em 2000–2010, elevando-se a 3,7% em 2011–2015. Em contrapartida, a média das despesas com juros subiu de 3,3% para 4,2% entre 1995–1999 e 2000–2010, indo a 4,4% do PIB em 2011–2015. Em toda a série, a média de gastos com juros foi de 4% do PIB e a das despesas de bem-estar selecionadas — exceto previdência e assistência — foi de 3,5% do PIB.

Enfim, o modelo econômico implementado em fins dos anos 1990, em que o controle da inflação passou a depender de altas taxas de juros, elevou as despesas com os juros da dívida pública e comprimiu os principais gastos de bem-estar. O panorama mostra que no Brasil alguns dos resultados das políticas associadas a esse modelo foram o aumento do endividamento público, o aumento seletivo — de modo a atingir mais as classes subalternas — de tributos e a redução ou contenção dos principais gastos de bem-estar. Acompanhando Camara e Salama (2005, p. 213), pode-se afirmar que, qualquer que seja a forma de financiamento dos serviços da dívida, seus efeitos são cada vez mais lucrativos para a finança e para pequenas parcelas da população e desastrosos para a sua maioria, em especial os segmentos mais modestos. Tudo isso, para além dos efeitos redistributivos e econômicos *stricto sensu*, não seria possível sem uma estrutura política que, sob o verniz da democracia capitalista, explicitou justamente a contradição entre democracia e capitalismo aprofundada com a financeirização da economia. Esta é a hipótese que investigo no próximo capítulo.

Política macroeconômica e democracia econômica

O poder econômico confere poder político. Ali onde os impérios antigos desembarcavam seus exércitos, aos impérios modernos basta desembarcar seus banqueiros.

José Carlos Mariátegui

Se ao final do processo da industrialização brasileira a dívida externa conferia às multinacionais, aos bancos estrangeiros e aos governos dos países imperialistas capacidade de influenciar processos econômicos, sociais e políticos internos (IANNI, 2004 [1989], p. 258), em tempos mais recentes a dívida pública interna concedeu poder similar à finança. Acontece que, independente do endereço, a dívida sempre teve sua origem nas relações de classes e no poder político (CHESNAIS, 2005a,

p. 39), colocando o estado à mercê de proprietários privados (MARX e ENGELS, 1982 [1846], p. 72). Sem insinuar que essa influência fez do estado em nossos dias menos democrático do que tem sido em sua história de mútua relação reprodutiva como o capital, meu argumento é que esse caráter antidemocrático agora assume a versão pautada pela lógica da finança. Acerta Samir Amin (2008, p. 72) ao afirmar que "o novo capitalismo plutocrático dos oligopólios financeirizados é o inimigo da democracia, esvaziando-a de conteúdo substantivo".

Críticos do neoliberalismo dizem que o estado passou a subordinar-se aos mercados financeiros. Isso, no entanto, só seria plausível se concebêssemos ambas as esferas suficientemente independentes entre si. Mercados são construções sociais, sobre as quais as classes proprietárias têm ascendência, e o mesmo se aplica ao estado. O mercado não age, não decide; são pessoas associadas ou em disputa que o fazem. Ainda assim, sua figura foi reificada o suficiente para que os fenômenos ali observados servissem de justificativa para importantes decisões estatais no campo econômico. Governantes passaram a afirmar com a segurança de estar no caminho certo, até mesmo democrático, que suas decisões seguiam padrões de mercado. Assim, o senso comum também absorveu a quase convicção de que a sociedade deve ser regulada por mercados livres. A ideia de que estes resolveriam aquilo que o modelo keynesiano não foi capaz de sustentar foi feita hegemônica e, evocando dogmas de um novo liberalismo, chegou-se a tratar democracia e mercados livres como complementares entre si, quando não como sinônimos.

Mas mercados, quanto mais livres, mais longe estarão do que se poderia chamar de democracia. O mercado capitalista, por exemplo, em vez de facilitar um processo de decisão baseado no espírito público, tende a destruí-lo, pois não promove a relação entre atores como concidadãos, como membros de uma mesma comunidade, mas como meros fatores dos processos de produção e comércio de bens (ELSON, 1988, p. 14, 16). A antítese entre mercado e política democrática se revela claramente quando indivíduos têm a possibilidade de obter nesse mesmo mercado soluções privadas para problemas que, não obstante, dizem respeito à coletividade

(BOWLES e GINTIS, 1986, p. 135). Quando recorrem a ele em busca de soluções privadas de saúde, educação, segurança etc. acabam contribuindo para reproduzir carências nesses mesmos setores. De um lado, liberam o estado da pressão pelo fornecimento de tais serviços, de outro, abrem espaços aos mais ricos para que se apropriem de recursos sociais potencialmente destinados ao custeio de serviços públicos.

Estes primeiros apontamentos já indicam que não restrinjo o conceito de democracia que adoto à sua caracterização liberal. A despeito das evidências empíricas que parecem conferir a esta um aspecto mais real do que um conceito radical de democracia, é à perspectiva igualitária e participativa que esta análise se referencia. Interessam neste trabalho os critérios que distinguem a democracia capitalista do que delimito como genuína democracia, quais sejam, a igualdade econômica e a participação social igualitária nas decisões que afetam a vida em sociedade. Outro ponto a destacar do caminho teórico escolhido é a importância de manter em perspectiva a noção de graus de democracia, tanto no espaço como no tempo. Determinadas sociedades podem ser mais ou menos democráticas do que outras, e cada uma delas pode ser mais ou menos democrática em uma ou outra época. Podem, ainda, ser mais ou menos democráticas no que diz respeito a uns ou outros assuntos. Isso aponta ainda para a necessidade de reconhecer avanços e retrocessos no sentido da democratização da sociedade mesmo dentro do modo de produção capitalista.

Ainda que as instituições da democracia burguesa sirvam mais à reprodução do capital do que a movimentos substantivos no sentido da justiça social, elas não estão a salvo de ser desafiadas por expressões efetivamente democráticas. Isso pode ocorrer na medida em que as classes subalternas se tornem mais ativas politicamente. Se teoricamente democracia e capitalismo estão cada um em um polo, em termos empíricos a economia e a política se localizam entre esses extremos. Ou seja, mesmo dentro do capitalismo, há expressões — ainda que possam ser marginais e estar sob constante ameaça — democráticas cuja evolução pode conduzir à superação do próprio capitalismo. Permanece central a ideia de que o estabelecimento de uma ordem democrática e a eliminação das instituições centrais da economia capitalista são requisitos para a ampliação da capacidade das pessoas governarem suas vidas pessoais e suas histórias sociais (BOWLES e GINTIS, 1986, p. 3).

Capitalismo *ou* democracia

Fez-se hegemônica a ideia de que capitalismo e democracia se implicam mutuamente; que para uma sociedade ser democrática tem de ser capitalista e, sendo capitalista, será democrática. A experiência do chamado socialismo real, ao conjugar propriedade não privada dos meios de produção e coordenação econômica centralizada com formas totalitárias de governo, teve papel fundamental na consolidação dessa ideia. Sua comparação com o conjunto de países em que impera a conjugação entre propriedade privada e coordenação econômica via mercados, suportada pelo sistema político democrático liberal, auxiliou na construção de uma clara oposição: de um lado capitalismo e democracia e, de outro, socialismo e totalitarismo. Tanto que a reação imediata dos comentaristas ocidentais ao colapso do regime soviético foi ratificar o triunfo permanente do capitalismo e da democracia liberal (HOBSBAWM, 1995, p. 575). Mas é fato o estatismo autoritário do socialismo realmente existente levou a um grande ceticismo sobre um modelo de socialismo baseado no planejamento estatal centralizado (WRIGHT, 2013, p. 15). Ocorre que eles derrubaram seus estados capitalistas mas permaneceram sob o domínio do capital (MÉSZÁROS, 2011, p. 917).

Disso resultou ainda o que seria o problema central para o socialismo nos momentos seguintes ao colapso soviético, qual seja, mostrar que as sociedades podem desenvolver alguma forma de autogoverno que combine igualdade social e liberdade política (WEFFORT, 1992, p. 97). Nem mesmo o fato disso não ter ocorrido na sequência daquele fenômeno — derrubar um império não implica instituições melhores, como mostrou a experiência da Rússia pós-soviética (BLOCK e EVANS, 2005, p. 510; EVANS, 2008, p. 297), que, ademais, assim como a maioria das sociedades pós-comunistas, ao jogarem-se diretamente na democracia e no capitalismo, tiveram como resultado a falência econômica (ŽIŽEK,

2008, p. 48) — foi suficiente para por em questão a noção de que o capitalismo era um sistema econômico democrático e o socialismo não. Resultou daí também uma ideologia que tem se mostrado suficientemente funcional em apoiar a manutenção da legitimidade política que o capital necessita para reproduzir-se, ainda que de modo cada vez mais instável.

Essa ideologia, contudo, pode ser desmentida por fases históricas geralmente breves. Nelas, o capital pôde muito bem se desenvolver prescindindo da democracia liberal. Foi o que demonstraram as ditaduras Vargas (1937–1945) e a militar (1964–1985), ambas períodos de significativo crescimento da economia brasileira. Não é fora de propósito lembrar a aliança entre as maiores potências capitalistas ocidentais e a União Soviética de Stalin, cujo Exército Vermelho foi o responsável pela vitória sobre a Alemanha de Hitler (HOBSBAWM, 1995, p. 7). No entanto, uma economia de mercado só pode desenvolver-se sob certas condições democráticas, assim como certas condições estruturais sociais para uma democracia estável só se estabelecem sob uma economia de mercado desenvolvida (OFFE, 2004 [1991], p. 515-516). No longo prazo, o capital requer que o sistema político se organize sob uma democracia do tipo burguesa, pois um aparato estatal demasiado forte pode colocar as suas próprias ameaças sobre o capital. Por exemplo, é essencial para este último poder se livrar de governos incapazes de responder aos seus anseios de classe.

Para Joshua Cohen e Joel Rogers (1983, p. 49), a democracia capitalista, assim como não é só capitalista, também não é só democrática, pois os direitos políticos — expressão, associação, voto — são mais formais e procedimentais do que substantivos. Por exemplo, esses direitos não levam em conta em sua forma de aplicação as desigualdades na distribuição de recursos que afetam decisivamente o exercício das prerrogativas políticas e limitam o poder de expressão. Como assinalou Pierre Bourdieu (2001, p. 9), os agentes políticos não possuem todos o mesmo nível de acesso aos instrumentos necessários para produzir uma opinião própria, tanto em termos de autonomia como de interesses vinculados a uma posição particular. Assim, prossegue Bourdieu, o voto não se converte no verdadeiro sufrágio universal que pretende ser a menos que se tenham universalizado as condições de acesso ao universal.

Por outro lado, como argumentam Cohen e Rogers (1983, p. 49), a democracia capitalista também difere do capitalismo puro, pois os direitos políticos formais, bem como uma série de ações na arena política, possibilitam a trabalhadoras e trabalhadores interferir em políticas estatais e, com isso, influenciar o comportamento do capital. Esses direitos, acreditam Cohen e Rogers, ainda que sem garantias de ganho, fazem com que a democracia capitalista seja mais favorável a ganhos materiais dos trabalhadores do que outros regimes capitalistas, como o fascismo ou o autoritarismo burocrático. Junto da incerteza sobre os resultados de uma eventual revolução — o que já pode desencorajar tal movimento —, a possibilidade de ganhos ou compensações imediatas leva a um consentimento por parte das classes subalternas em manter suas reivindicações dentro de um nível seguro ao capital (COHEN e ROGERS, 1983, p. 51; PRZEWORSKI, 1985, p. 157). Constrói-se assim o compromisso de classe entre capital e trabalho requerido para a manutenção da paz e tranquilidade tão importantes à acumulação capitalista (HARVEY, 2005, p. 10).

Exemplo emblemático desse compromisso pôde ser visto no Brasil durante os governos Lula (2003–2010). Segundo Chico de Oliveira, o Partido dos Trabalhadores, historicamente ligado à resistência contra a ditadura militar (1964–1985), e que incentivou a discussão sobre pobreza e desigualdade, ao ascender ao poder político trouxe algo de novo na relação entre dominantes e dominados: dos termos da velha equação gramsciana "coerção + consentimento = hegemonia", o primeiro desapareceu e o segundo inverteu o sentido. Não era mais o dominado quem consentia em subordinar-se, mas sim dominante que passara a consentir em ser aparentemente "liderado" por representantes das classes subalternas (OLIVEIRA, 2006, p. 22). Já da parte das classes subalternas, o consentimento foi alcançado, de um lado, por meio da incorporação de movimentos populares aos governos petistas e, de outro, por meio da políticas públicas direcionados aos segmentos mais pobres, como transferência de renda, ampliação do crédito bancário e aumentos substantivos do salário mínimo (BRAGA, 2015, p. 117-118). Apesar da preocupação em aliviar a situação de pobreza, pouco se fez para alterar substancialmente a estrutura do gasto governamental. As taxas da expropriação de classe sustentada pelo complexo dívida-tributação, por exemplo, foram mais altas durante os governos petistas do que nos governos tucanos. Durante 2003–2015, os juros nominais sobre a dívida pública federal equivaleram a uma média anual de 4,4% ante os 3,3% observados ao longo do período 1995–2002 (ver figura 2.4, p. 117).

Mas esse não é um problema novo, pois sempre houve muita dificuldade para a tradição marxista lidar com o fenômeno paradoxal da democracia como "um regime no qual a minoria exploradora domina por meio de um sistema legal de eleições populares livres" (THERBORN, 2008 [1978], p. 248). A solução para essa dificuldade passa pela constatação de que o sistema político não se sobrepõe ao capital, sendo que este condiciona aquele e as suas instituições fundamentais, inclusive as eleições formalmente livres. Capitalistas têm poder sobre governos porque estes anteveem a perda de apoio popular se agirem contra os interesses daqueles (BARRY, 2002, p. 177). É dos capitalistas o poder de decisão sobre o investimento, e uma das suas expressões mais claras está na chamada fuga de capitais. Essa ameaça avisa aos membros de uma determinada sociedade que

> empresas irão alocar e realocar sua produção numa escala global que minimize os custos futuros esperados; as perspectivas de emprego em cada país dependerão então da habilidade de cada estado-nação criar um clima de negócios atrativo; e a habilidade de qualquer grupo governante em assegurar sua reeleição dependerá em larga medida da situação do emprego no período precedente às eleições (BOWLES e GINTIS, 1986, p. 189).

Novamente o primeiro governo Lula serve de exemplo. Diante de sinais que as políticas monetária e fiscal do então novo governo seguiriam as mesmas linhas contracionistas observadas desde os governos FHC (1995–2002), setores do Partido dos Trabalhadores se levantaram em protesto. Algumas manifestações acabaram levando membros à expulsão e outros a deixar o partido. Mas a Carta ao Povo Brasileiro, escrita pelo então candidato Lula às vésperas de sua eleição em 2002, já tinha avisado que um eventual governo seu manteria o modelo macroeconômico vigente. Lula se comprometera, por exemplo, com resultados fiscais primários nos níveis que fossem necessários para servir à dívida pública. E assim o fez. Aquela carta não era mera estratégia para ganhar a eleição; fazia parte do programa de governo liderado pelo PT.

A Carta ao Povo Brasileiro mostrou que no sistema capitalista, a despeito de alguns acidentes de percurso — como a eleição de governos não alinhados aos valores desse sistema, o quê, sublinhe-se, não foi o caso do Brasil em 2002 —, a tendência é que só se qualifiquem para o exercício do poder estatal grupos que preencham certos requisitos minimamente seguros ao capital. O que foge a esse padrão provoca reações que não tardam em tentar devolver o sistema à "normalidade", mesmo que recorrendo a métodos opostos à idealização da democracia liberal. Foi o caso das ditaduras que se espalharam pela América Latina durante os anos 1960 e 1970, sustentadas por alianças entre elites capitalistas e militares patrocinadas pelo governo estadunidense. Outro exemplo, mais recente, foi o de Collor (1990–1992), desalojado do poder devido à falta de cuidado com poderosos interesses na implementação de suas agendas "modernizantes" (MORAIS e SAAD-FILHO, 2003, p. 22) e por não estar à altura das pretensões da finança (GARAGORRY, 2007, p. 254). A cassação de Dilma em 2016 não foge ao padrão. Pela primeira vez desde 1998, em 2014 o governo central incorreu em resultado fiscal primário negativo, fato que se repetiu em 2015, véspera do golpe parlamentar que afastou o PT do governo federal.

Não seria exagero argumentar que nesse ponto marxistas e liberais, embora com perspectivas valorativas diferentes, tenderiam a concordar acerca da mútua implicação entre capitalismo e democracia liberal. Esta é um porto seguro para aquele, pois nenhum sistema partidário competitivo concebeu qualquer distribuição de poder capaz de alterar a lógica e o padrão de poder socioeconômico gerados pelo capital (OFFE, 1984b, p. 366). Mais que um porto seguro, a democracia liberal é requisito político fundamental ao capitalismo, o que, em termos marxianos, significa que a infraestrutura econômica não pode reproduzir-se sem a superestrutura política. Ambas nem mesmo representam duas ordens essencialmente distintas e descontínuas, pois as relações de produção tomam a forma de relações jurídicas e políticas que não são meros reflexos secundários, mas constituintes das próprias relações produtivas (WOOD, 1981, p. 78). Enfim, na contraditória coexistência entre economia capitalista e democracia liberal, o caráter privado da exploração de classe só pode se manter sob a forma democrático-burguesa de organização do poder político (OFFE, 1974, p. 53, 54).

Mas essa forma de organização política é em si antidemocrática, o que se deve a pelo menos dois motivos. O primeiro, curiosamente, se revela na contradição inscrita na própria ideia de liberdade presente no pensamento liberal ao apoiar-se no indivíduo como categoria analítica fundamental. Segundo Claus Offe (2001, p. 171-172), essa noção de liberdade segue uma lógica ambivalente, a ponto da distinção entre a *minha* liberdade e a *sua* liberdade ser capaz de fazer com que esta última a mim pareça como a liberdade de quem não a merece realmente. As soluções que ele aponta para esse tipo de tensão, que pode decorrer do exercício de direitos individuais, democráticos e de bem-estar social, passam por atitudes como tolerância, confiança e solidariedade. Veja-se que são fenômenos que indicam atitudes socialmente referenciadas. Por isso que na verdadeira prática democrática, não se distinguem o individual, o social e o político; "toda atividade individual é também uma atividade social com efeitos políticos" (POGREBINSCHI, 2007, p. 64).

Liberdade não existe para um indivíduo que é compelido a se submeter a outro, como é o caso dos donos apenas de sua força de trabalho em relação aos donos dos meios de produção. Rousseau (2005 [1757], p. 127) já dizia que para a existência da liberdade civil é preciso que "nenhum cidadão seja suficientemente opulento para poder comprar um outro e não haja nenhum tão pobre que se veja constrangido a vender-se". Da mesma forma, democracia é uma relação entre pessoas livres, e a dependência econômica, assim como a servidão, é antítese da liberdade (BOWLES e GINTIS, 1986, p. 177). Até mesmo na estreita concepção de política democrática presente na teoria weberiana essa questão era reconhecida. Ainda que incorreta a tese de que "somente a riqueza pode tornar o homem economicamente independente" (WEBER, 1982 [1919]b, p. 105) , é fato que a pobreza torna qualquer um ou uma dependente. Assim, pode-se dizer, quando muito, que numa sociedade de classes existe liberdade para alguns indivíduos que, porém, exercem-na a expensas da liberdade de outros.

Dentre os que têm sua autonomia tolhida estão justamente os "trabalhadores que se oferecem com liberdade, no aspecto formal, mas realmente estimuladas pelo látego da fome" (WEBER, 2006 [1923], p. 259). Por isso que o que a teoria liberal define como tal é uma falsa liberdade, que decorre exatamente da ausência da ação coletiva (BOWLES e GINTIS, 1986, p. 13). Como disse Marx "não é a consciência dos homens que determina o seu ser; é o seu ser *social* que, inversamente, determina a sua consciência" (MARX, 2003 [1859], p. 5; grifo adicionado). Assim, a liberdade de escolha, tida pela ideologia capitalista como sua principal virtude moral, tende a ser apenas parcial nesse modo de produção, pois suas desigualdades impõem limites à real liberdade (WRIGHT, 2006b, p. 100-101). Enfim, "os homens fazem a sua própria história, mas não a fazem segundo a sua livre vontade, em circunstâncias escolhidas por eles próprios, mas nas circunstâncias imediatamente encontradas, dadas e transmitidas" (MARX, 1982 [1852], p. 417). Daí decorre uma segunda razão para ser o capitalismo incompatível com a genuína democracia: a desigualdade.

Ocorre que é fundamento do capital a desigualdade econômica, que, por sua vez, implica restrições à capacidade política de indivíduos ou classes para influenciar os seus destinos. O capitalismo constrange a democracia, por exemplo, pelo fato da propriedade privada impedir o acesso coletivo a decisões sobre importantes domínios da atividade econômica (LEVINE, 1995, p. 163; WRIGHT, 2006b, p. 101). Assim, uma ordem verdadeiramente democrática não pode evoluir com liberdade e igualdade de condições sob o monopólio das decisões de alocação do excedente da produção social (COHEN e ROGERS, 1983, p. 101). A concentração de poder econômico subverte os princípios democráticos ao dotar as classes proprietárias com desproporcional capacidade de influenciar resultados políticos — financiamentos de políticos e suas organizações, controle sobre órgãos da grande imprensa, contratação de burocratas e políticos quando deixam o governo, persuasão de governantes — que, não obstante, terão efeitos sobre a coletividade (WRIGHT, 1994a, p. 94; 1994b, p. 540; 2005, p. 199).

A dívida pública, por exemplo, por envolver desigualdade econômica e contar com o suporte da intermediação estatal, soma-se às relações capitalistas *stricto sensu* em seu caráter antitético à democracia. Especialmente na periferia da economia mundial, ela permitiu, por exemplo, às organizações financeiras aumentar a pressão por maior liberalização financeira e para a obtenção de políticas monetárias favoráveis à finança (CHESNAIS, 1998, p. 17). Tudo isso sem que o tema passasse por discussões significativas em âmbitos ampliados da sociedade. No caso brasileiro, a concentração de capital financeiro sob controle de poucas organizações (ver figura 3.8, p. 164) gerou interesses específicos sobre as políticas macroeconômicas, resultando em poucos atores sociais capazes de influenciar o governo muito além do que puderam outras forças sociais (MINELLA, 2007, p. 103). Assim, se de um lado a concentração de poder econômico nas mãos capitalistas não invalida totalmente os benefícios democráticos da liberdade política — expressão, associação, voto —, de outro, é à minoria rica que essa forma de democracia favorece (GLASER, 1999, p. 254).

Uma lógica que tomou conta de parte significativa da prática estatal neoliberal foi a da ação pautada por aquilo que o seu aparato econômico disse ser o único caminho a seguir. Não bastasse esse dogmatismo, introduzido pela tecnocracia econômica e prontamente assumido pela representação política, o chamado mercado passou a ser considerado o único espaço capaz de imprimir racionalidade à atividade econômica. Pareciam esquecer que mercados são, antes de tudo, construções humanas, logo, não passíveis de operar sem a (visível) mão humana, o que, aliás, seria uma impossibilidade lógica. Tomar como verdadeiro o discurso que clama por um mercado que age por si leva a uma situação de obscurecimento do fato de que ele será operado por quem não o deixa funcionar com maiores graus de autonomia. Exatamente por que pessoas não são capazes de entrar nos mercados como iguais, é difícil ver como e porque tal espaço deveria ser considerada como seu guardião e salvador (CORBRIDGE, 1993, p. 209).

Políticas econômicas em geral e fiscais ou monetárias em particular demandam assim um aparato institucional orientado por uma lógica de ação como se efetivamente não houvesse alternativa. Lógica essa guiada por um suposto mercado em que os fenômenos que ali se desenvolvem são todos autojustificados. Com isso, à luz do que vimos até aqui, podemos supor que a condução das políticas será pautada pela exclusão de muitos pontos de vista e pelo reforço de alguns. Isso, assim como o aspecto da desigualdade, direciona nossa atenção para o questionamento sobre como a prática política num ambiente supostamente democrático pode ser profundamente antidemocrática. Esse aspecto é especialmente importante para a discussão seguinte, onde analiso como determinados assuntos — políticas econômicas — foram sistematicamente excluídos do debate democrático no período de que se seguiu a implementação do real, em 1994.

Despolitização da política econômica

A forma específica que assume uma democracia é contingente tanto em relação às condições socioeconômicas quanto às práticas e estruturas estatais de um país (SCHMITTER e KARL, 1991, p. 76). No primeiro capítulo deste trabalho argumentei que, no contexto de liberalização da economia, a finança se tornou a fração hegemônica do capital, primeiro no nível internacional e depois no Brasil. Isso se deu com o estado desempenhando papel central na consecução das medidas reformadoras. O fenômeno significou um aprofundamento do caráter antidemocrático do capitalismo ao apontar para a ampliação da desigualdade econômica via elevação das taxas de exploração do trabalho — aumentos de impostos e reduções salariais — e contenções de provisões públicas das quais dependiam as classes trabalhadoras e as frações sociais mais pobres. Contudo, também medidas com contornos antidemocráticos em termos procedimentais foram necessárias às reformas que colocaram a finança na posição hegemônica. Como sintetizou Adam Przeworski (1992, p. 56),

> desde que a "cura" neoliberal é dolorosa, com custos sociais significativos, reformas tendem a ser iniciadas de cima e lançadas de surpresa, independentemente da opinião pública e sem a participação das forças políticas organizadas ... Ao final, tem-se a ideia de que a sociedade pode votar mas não escolher; legislativos parecem não ter papel a desempenhar na elaboração de políticas; partidos políticos nascentes, sindicatos e outras organizações descobrem que suas vozes não contam.

Também argumentei que, embora capitalismo e democracia sejam construtos teóricos mutuamente excludentes, empiricamente as democracias capitalistas se organizam em gradações de capitalismo e de democracia. Nelas a (des)igualdade econômica não é absoluta, tampouco o poder político é totalmente (des)centralizado. Ainda assim, a desigualdade econômica é suficiente para incluir poucos e excluir a maioria dos processos decisórios que afetam a vida social. Decorre daí que também o poder, diferentemente da ideia que faz Michel Foucault sobre o seu caráter microfísico, não é uma manifestação totalmente impossível de ser localizada. São capitalistas — e não são muitos, em termos relativos — que comandam a produção e o investimento e, por isso, exercem influência sobre as políticas econômicas do estado, com amplas consequências para o conjunto da sociedade (BOWLES e GINTIS, 1986, p. 67).

Ainda assim, não há garantias de que a desigualdade econômica seja suficiente para manter a si e ao sistema político que possibilita a sua reprodução. Uma vez que o capitalismo depende da democracia liberal, movimentos no sentido de uma configuração democrática que exceda tais limites podem tornar a política menos segura para o capital. O maior envolvimento da sociedade nas decisões que lhe dizem respeito influencia decisões políticas de modo a impor-lhes uma dialética pela qual, ao ampliar-se o espaço a novos interessados em influenciá-las, impõem-se limites à realização de interesses presentes até então. Se esse processo for efetivo, poderemos então vislumbrar uma tendência de alocação mais igualitária de excedentes e da riqueza social, visto que mais atores partilham das decisões. Não custa lembrar que tal movimento encontrará resistências por parte dos que têm a perder com ele, pois, como lembra Przeworski (1992, p. 53), "democracia inevitavelmente ameaça 'direitos de propriedade'".

Chegamos ao ponto em que o outro requisito democrático — o primeiro é o da igualdade econômica — que destaco revela-se também incompatível com o capitalismo. Trata-se da participação — direta ou por meio de representantes — igualitária nas decisões que afetam a vida em sociedade, o que, numa realidade efetivamente democrática, seria amplamente incentivado. A incompatibilidade entre capitalismo e democracia econômica decorre do fato de modelos participativos de organização das atividades produtivas do estado, que visem a aumentar a capacidade administrativa de atendimento das demandas sociais, serem inadequados ao caráter capitalista do estado (OFFE, 1975, p. 143). Isso porque, prossegue Offe, eles "tendem a cristalizar conflitos e protestos e podem assim facilmente se tornar *subversivos* ao equilíbrio entre o estado e o processo de acumulação" (OFFE, 1975, p. 143; grifo no original). Da atividade produtiva, Offe distingue a atividade de alocação estatal, que se refere ao poder de, via políticas de governo, redistribuir recursos. Um exemplo é o sistema de tributação; outro pode ser a condução de políticas econômicas.

Ainda que Offe seja explícito em assinalar a incompatibilidade entre a atividade produtiva estatal com modelos participativos, isso não é menos verdade para as atividades de alocação. Além dos limites democráticos à participação das classes subalternas impostos pela estrutura socioeconômica, instituições são configuradas de modo a impor limites ao debate político por parte do conjunto da sociedade. Se a exploração de classe não se mantém sem uma determinada configuração política e se, mais especificamente, essa configuração tender à radicalização da prática democrática, a própria desigualdade — o que implica em vantagem de uma classe sobre outra — ver-se-á ameaçada. É por essa razão que instituições tendem a restringir o exercício da política democrática em atividades de alocação, assim como o fazem nas de produção. Vivemos sob aquilo que Swanson (2008, p. 56) chamou de despolitização da economia, que se manifesta por pelo menos dois meios relacionados entre si: a naturalização conceitual das práticas econômicas e o limitado controle político sobre elas.

Nesse contexto, tem-se o estabelecimento de verdades absolutas, afinal, "esterilizadas" *de* — não de todas — influências políticas e legitimadas por *um* — há outros — saber técnico, questões econômicas são apresentadas à sociedade como se estivessem no caminho que seria o único. Também aqui se vê que o estado não se enfraqueceu como o tomam o senso comum ou mesmo teorias políticas contemporâneas. Isso porque ele ainda detém legitimidade para emitir discursos sobre "verdades". Como bem delimitou Bourdieu (2011 [1996], p. 107-108), "o estado, que dispõe de meios de impor e de inculcar princípios duráveis de visão e de divisão de acordo com suas próprias estruturas, é o lugar por excelência da concentração e do exercício do poder simbólico". Com isso, se o nível de democratização de uma sociedade refere-se à amplitude das decisões sujeitas ao controle democrático, além da extensão da igualdade política (WRIGHT, 1994b, p. 536), despolitizar a economia rebaixa esse nível.

A exclusão de temas do debate político não é acidental. Faz parte do arsenal de arranjos institucionais desenvolvidos no âmbito do estado com vistas à sua função primordial de manutenção do modo de produção e de formas específicas de regulação da acumulação. De acordo com Offe (1974, p. 36), o estado capitalista é governado de tal forma que as políticas são geradas seletivamente, num processo de escolha configurado em "regras de exclusão institucionalizadas". Essas regras compõem a estrutura interna do aparato estatal e, de dois modos, definem o caráter de classe do estado. Primeiro, a seletividade opera via ação *positiva* do estado, que formula políticas coincidentes com os interesses coletivos do capital, ou seja, que evitem interesses de frações particulares capazes de comprometer a acumulação. Na outra forma de seletividade, o estado age *negativamente*, não permitindo que se desenvolvam conflitos e articulações de interesses anticapitalistas. Em síntese, nesse modo de seletividade "o estado não coloca em debate temas anticapitalistas".[1]

Uma vez que o compromisso do estado é com os interesses coletivos do capital; uma vez que, não obstante, o processo de acumulação se dá sob a hegemonia de uma das frações da classe dominante, as seletividades referidas por Offe também são pautadas por essa restrição. Ou seja, as seletividades — tanto a positiva como a negativa — de políticas podem referir-se momentaneamente aos interesses da fração hegemônica, o que, porém, não significa atender a interesses de capitalistas particulares. Nesse sentido, a maneira como as políticas fiscal e monetária em geral e a da dívida pública em particular foram geridas no Brasil a partir do real corrobora a tese de Offe, em especial na forma negativa de seletividade. Esses temas, cujos principais resultados tendiam a favorecer a fração financeira do capital, não foram submetidos

---

[1] Devo essa passagem a Erik Olin Wright (correspondência pessoal).

a debates potencialmente antifinança. Protegidos do escrutínio social amplo, era menor a probabilidade de serem eles objetos de conflitos.

Os mecanismos de seleção definidos por Offe compõem um sistema de filtros por meio do qual políticas de governo são definidas. Eles podem ser identificados nos níveis: I) da *estrutura*, onde todo o sistema de instituições políticas tem um raio de ação que delimita quais questões sociais estão abertas ao tratamento político, ou seja, que serão ou não objeto de políticas e ações estatais; II) da *ideologia*, que faz do sistema de normas ideológicas e culturais promotor da percepção e da articulação seletivas de problemas e conflitos sociais; III) do *processo*, onde regulamentos, por exemplo, de deliberação parlamentar ou de planejamento e administração burocráticos, não são meros formalismos procedimentais, mas determinantes dos possíveis conteúdos e resultados do processo, pois criam condições para que temas, grupos ou interesses sejam favorecidos ou excluídos; e IV) da *repressão*, que faz de órgãos policiais e judiciários o último estágio para a restrição do escopo de possíveis eventos políticos (OFFE, 1974, p. 39-40).

Esses mecanismos de seleção foram visíveis também na administração da macroeconomia. Viu-se isso nas diversas tentativas de distinguir economia e política, mais especificamente, que *políticas* fiscal e monetária seriam assuntos estritamente econômicos e que, por isso, deveriam ser conduzidos tecnicamente. Nesses assuntos, o discurso era o da teoria social liberal que se ramifica em uma teoria política liberal que não lida com a economia, e uma a teoria econômica liberal que ignora a política (BOWLES e GINTIS, 1986, p. 65). Uma amostra disso deu o ministro da Fazenda brasileiro no início de 2010 — ano de eleição presidencial — ao propor o que chamou de "pacto de sustentabilidade". Segundo ele, era preciso "*blindar* a economia brasileira das eleições". Do lado do governo, significava um "*compromisso* em manter solidez (fiscal e monetária) e a mesma conduta responsável do período não eleitoral"; do lado do empresariado, significava "manter desempenho normal, não aceitar provocações, não acreditar em distorções" e "exigir compromisso com a manutenção dos fundamentos sólidos e das políticas bem sucedidas de crescimento".[2]

A ideia de democracia como poder estatal subordinado ao poder social, e deste como limitador daquele (WRIGHT, 2005, p. 200), ao que Gramsci (2004 [1932], p. 50) se referiu como "governo com o consentimento dos governados", assim, não encontrou expressão empírica significativa na condução das políticas econômicas brasileiras desde o real. Confirmava-se a tese de David Harvey (2005, p. 66) sobre os teóricos do neoliberalismo suspeitarem da democracia, pois governar sob a regra da maioria é uma ameaça ao direito individual e às liberdades constitucionais. Por isso que as soluções neoliberais, prossegue Harvey, passam pela preferência por uma governança exercida por especialistas e elites, por decisões tomadas no âmbito dos poderes executivo e judiciário, em vez das produzidas pela via parlamentar. Passam ainda por insular instituições chave — o banco central é uma delas — da pressão democrática. Trata-se de um exemplo do que Bob Jessop (2010, p. 39) chamou de fetichismo da separação entre os momentos econômico e político do capital. E é justamente nessa separação e na ideia de uma cidadania apartada de seus interesses sociais e da luta em torno da acumulação de capital que se manifesta o fetichismo do próprio estado (COSTILLA, 2000, p. 94). Nesse ponto, o fetichismo do estado o eleva ao extremo de ser justamente uma instituição política a responsável por despolitizar a economia. Por isso, acerta Wood (1981, p. 67) quando afirma que talvez não exista obstáculo maior a um projeto socialista que o imposto pela separação entre a luta econômica e a luta política.

---

2   Ministério da Fazenda. Apresentação do ministro da Fazenda intitulada 'Brasil: preparado para crescer'. Seminário LIDE – Grupo de Líderes Empresariais, São Paulo, 2 fev. 2010; grifos no original.

Insulamento burocrático seletivo

Um dos fenômenos que faz das políticas macroeconômicas expressões relevantes de contração da democracia é o encolhimento dos seus espaços de debate e decisão. Afora as objeções quanto ao caráter efetivamente democrático do parlamento de um estado capitalista, importa que a democracia pode declinar ainda mais quando espaços de ação são deixados para a ocupação hegemônica pelo poder executivo, assim como o fazem os partidos vis-à-vis a burocracia estatal quando o aparelho econômico assume a centralidade no aparato estatal (POULANTZAS, 2000 [1978], p. 174). No caso brasileiro, tais movimentos ocorreram, por exemplo, durante a industrialização (IANNI, 2004 [1989], p. 234) e, mais recentemente, com as medidas de estabilizações fiscal e monetária (DINIZ, 2004, p. 26, 29). O fenômeno de preponderância do poder executivo não é particularidade da periferia do capitalismo mundial; EUA, França, Grã-Bretanha e a outrora Alemanha Ocidental são exemplos do centro (ARENDT, 2006 [1972], p. 154; MILLS, 1981 [1956], p. 272; POULANTZAS, 2000 [1978], p. 237).

Na maioria dos países, é o poder executivo que praticamente controla as políticas de investimento, câmbio, juros, empréstimos, gastos sociais, impostos, incentivos fiscais, comércio internacional e dívida pública (COSTILLA, 2000, p. 92). Essa preponderância faz com que se tenha, no caso do Brasil, aquilo que Décio Saes (2001, p. 13, 91) chamou de democracia limitada, que fez emergir um autoritarismo civil cuja evidência maior é o poder de legislar subtraído do parlamento por meio do instituto da medida provisória. Segundo Saes, o Brasil não chegou nem mesmo ao estágio de uma democracia burguesa uma vez que, nesta, o sistema partidário e, portanto, o parlamento, têm função real de governo, dividindo o trabalho com a burocracia. Essa contração de democracia tem ainda efeitos materiais importantes para o conjunto da sociedade. Isso porque "a incapacidade de órgãos democráticos de controlar o movimento do capital enfraquece a capacidade da democracia de definir prioridades coletivas para o uso dos recursos sociais" (WRIGHT, 2005, p. 199). Acontece que o investimento é decisão central para um amplo conjunto de objetivos sociais (WRIGHT, 1998, p. 283). Sendo ele a única garantia do futuro de uma sociedade, se não estiver disponível à deliberação social, a democracia será incompleta (COHEN e ROGERS, 1983, p. 161).

Uma amostra de restrição à participação da sociedade na questão fiscal deu-se quando a Câmara dos Deputados criou, em 2001, a Comissão de Legislação Participativa. Orginalmente, estabeleceu-se-lhe o objetivo de facilitar a participação popular em "sugestões de iniciativa legislativa apresentadas por associações e órgãos de classe, sindicatos e entidades organizadas da sociedade civil".[3] Contudo, ao disciplinar a tramitação de matérias na comissão mista de orçamento, o Congresso Nacional vedou que a referida Comissão de Legislação Participativa pudesse apresentar emendas ao projeto de lei orçamentária proposto pelo poder executivo.[4] Outra amostra está na chamada lei de reponsabilidade fiscal (LRF), que ordenou a criação de um "conselho de gestão fiscal, constituído por representantes de todos os poderes e esferas de governo, do ministério público e de entidades técnicas *representativas da sociedade*". Ele teria como atribuições "o acompanhamento e a avaliação ... da política e da operacionalidade da gestão fiscal".[5] No final de 2000, ano de edição da LRF, o presidente da República encaminhou projeto de criação do referido conselho.[6] Ao menos até a conclusão deste trabalho, a proposta ainda tramitava na Câmara dos Deputados sem que o conselho tivesse sido criado.[7]

Outra manifestação de insulamento de decisões econômicas pode ser observada na instituição reguladora máxima do sistema financeiro brasileiro, o Conselho Monetário Nacional (CMN). Criado em 1964, já sob a

---

3 Câmara dos Deputados. Resolução n. 21, 30 maio 2001.

4 Congresso Nacional. Resolução n. 1, 22 dez. 2006, artigo 43 e anexo à resolução.

5 Brasil. Lei complementar n. 101, 4 maio 2000, artigo 67; grifo adicionado.

6 Mensagem do poder executivo n. 1.658, de 7 nov. 2000. *Diário da Câmara dos Deputados*, 11 nov. 2000, p. 56381.

7 Projeto de lei n. 3.744/2000. *Diário da Câmara dos Deputados*, 13 mar. 2009, p. 07660-07662.

ditadura militar, um de seus objetivos é "coordenar as políticas monetária, creditícia, orçamentária, fiscal e da dívida pública".[8] Vemos que não é modesto o seu papel considerando-se o que as suas decisões podem representar para a economia e para as condições de vida da sociedade em geral. No sentido de uma democracia substantiva, seria razoável que o CMN fosse composto pela representação de diversos segmentos sociais. Além disso, seria também razoável que, finda a última ditadura brasileira (1964–1985), ele tendesse a uma similar maior abertura em relação à participação da sociedade. Movimento nesse sentido até foi iniciado no governo Sarney (1985–1990), mas interrompido no governo Collor (1990–1992) e, já nos preparativos para o Plano Real (1994), tomou sentido inverso.

Figura 4.1 – Composições do CMN em eventos selecionados, 1964–2015

Evento	Ano	Quantidade de membros	Composição
Criação do CMN	1964	9	Ministro da Fazenda, presidentes do BB, do BNDES e seis membros nomeados.
Fim da ditadura militar	1985	24	Ministros da Fazenda, do Planejamento, da Indústria e Comércio, da Agricultura, do Interior, presidentes do BB, do BNDES, do BCB, do BNH, da CEF, da CVM, do IRB, do Basa, do BNB, diretor da Carteira de Comércio Exterior do BB e nove membros nomeados.
Fim do governo Sarney	1990	27	Ministros da Fazenda, do Planejamento, da Indústria e Comércio, da Agricultura, do Interior, do Desenvolvimento Urbano e Meio Ambiente, do Trabalho, presidentes do BB, do BNDES, do BCB, da CEF, da CVM, do IRB, do Basa, do BNB, diretor da Carteira de Comércio Exterior do BB, dez membros nomeados e *um representante de trabalhadores*.
Fim do governo Collor	1992	17	Ministros da Fazenda, do Planejamento, da Agricultura, do Trabalho, presidentes do BB, do BNDES, do BCB, da CEF, da CVM, do BNB, seis membros nomeados e *um representante de trabalhadores*.
Plano Real	1994	3	Ministros da Fazenda, do Planejamento e presidente do BCB.

Fonte: elaboração própria a partir de BCB.

O CMN é exemplo importante de como uma instituição estatal pode tornar-se ainda menos representativa da diversidade das classes de uma sociedade. Sua evolução deu-se de tal forma que, criado e ampliado sob a di-

---

8   Brasil. Lei n. 4.595, 31 dez. 1964, artigo 3º.

tadura militar, iniciou um processo de maior insulamento justamente sob o primeiro governo eleito — Collor (1990–1992) — pelo voto direto desde sua criação. A figura anterior demonstra composições que teve o CMN em momentos selecionados desde o seu aparecimento até 2015. Dali destaco a radicalização que houve no lançamento do Plano Real, quando a composição do Conselho passou a ser de apenas três membros. Destaque-se que dentre esses três membros, entre dois deles havia inicialmente uma subordinação hierárquica das posições que ocupavam no governo, no caso, o presidente do Banco Central do Brasil em relação ao ministro da Fazenda.[9]

Com isso, não estou sugerindo que o CMN já tenha sido um fórum suficientemente representativo dos diversos interesses na sociedade. À exceção de seus primeiros cinco anos de existência, era majoritariamente formado por membros do poder executivo, destacadamente, ministros de estado e presidentes de bancos oficiais. Os que não eram detentores de posto no governo, eram nomeados pelo presidente da República. Como apontou Ary Minella (1988, p. 51), o CMN foi inicialmente composto de forma profundamente elitista, e compreendia importantes líderes empresariais ligados ao golpe militar de 1964, o que lhe dava uma linha política tendente aos interesses da fração de classe ali representada com maior intensidade. Os banqueiros, prossegue Minella, pressionaram pela exclusão de qualquer representação de trabalhadores no CMN como se chegara a aventar nas discussões da reforma bancária anteriores ao golpe militar. A inclusão de representação de trabalhadores só viria a ocorrer no ano de 1987, o que, no entanto, se manteve até 1994.

A importância do CMN para o meu argumento reside no fato de ser ele o fórum decisório responsável por fixar metas de inflação dentro do regime de política monetária, que desde 1999 se baseia no gerenciamento da taxa básica de juros da economia brasileira. O controle da inflação, conforme já vimos, passou a ser a prioridade das políticas econômicas já

---

9   Em 2004, o cargo de presidente do BCB foi transformado em cargo de ministro de estado, por meio da medida provisória n. 207, de 13 ago. 2004, convertida na lei n. 11.036, de 22 dez. 2004.

desde meados dos anos 1980, atingindo seu maior vigor a partir de meados dos anos 1990. No atual estágio do capitalismo, em que as atividades financeiras assumiram relevância central para o capital, as classes rentistas puderam beneficiar-se duplamente, em especial no caso brasileiro. Primeiro, pela proteção do valor capital-dinheiro proporcionado pelo controle da inflação, cuja elevação reduz o valor da moeda e, igualmente, dos capitais emprestados. Em segundo lugar, a finança foi beneficiada pelas taxas de juros suficientemente altas para atrair capitais e para justamente controlar a inflação a partir da adoção do sistema de metas.

Figura 4.2 – Formação bruta de capital fixo e taxa de juros, Brasil, 1970-2014

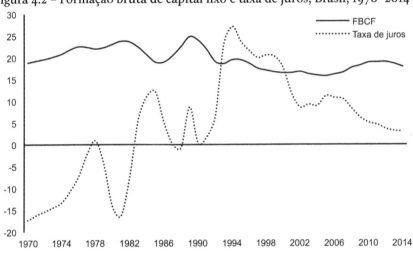

Fonte: elaboração própria a partir de IPEA.

Notas: I) escala percentual; II) médias móveis de três anos; III) FBCF em relação ao PIB; IV) FBCF corresponde a dados do sistema de contas nacionais (SCN) referência 2000; V) taxa real *ex-post* de juros *Overnight*/Selic.

Ocorre que taxas de juros têm reflexos imediatos sobre toda a atividade econômica, porém com efeitos diversos entre setores econômicos e classes. E é justamente a taxa de juros um dos principais critérios de decisão de investimento, fazendo com que uma determinada atividade possa ser privilegiada em detrimento de outra conforme as respectivas taxas esperadas de retorno. Por exemplo, se títulos do governo remuneram a taxas mais altas do que as taxas de lucro na economia real, a tendência é que investimentos produtivos sejam sacrificados em favor de emprestar ao governo. Conforme demonstra a figura anterior, foi isso que aconteceu no Brasil a partir dos primeiros movimentos neoliberais, invertendo-se a tendência observada até fins dos anos 1980. A formação bruta de capital fixo (FBCF) — investimento em meios de produção — mostrou comportamentos opostos aos da taxa real de juros. Enquanto a média anual desta elevou-se de 0,1% para 10% entre os períodos 1970–1994 e 1995–2015, a média da FBCF caiu de 21% para 17%.

Retomando o ponto da importância do CMN para o estágio da economia brasileira aqui analisado, destaco a articulação entre a sua atribuição de fixar metas para a inflação e a política de juros. Destaco ainda os reflexos dessa política para a atividade econômica e, principalmente, para a redistribuição dos excedentes produzidos. Todos são aspectos que sofreram influência das decisões tomadas no âmbito do aparato estatal e que tiveram reflexos importantes para o conjunto da sociedade. Contudo, a despeito dessa amplitude e da relevância para as condições de vida nessa mesma sociedade, decisões foram tomadas em círculos significativamente reduzidos. Com isso, o estado capitalista brasileiro passou ao largo de um dos requisitos de uma sociedade efetivamente democrática. Trata-se da garantia de que todos os interessados nas consequências de uma decisão pudessem dela participar em condições de influenciá-la (COHEN e ROGERS, 1983, p. 168-169).

Nesse ponto, discordo de análises sobre o estado brasileiro padecer de um acentuado grau de insulamento burocrático. No caso da política econômica, entendo que o caso foi de insulamento seletivo. Essa adjetivação significa que o aparato estatal não se isolou *da* sociedade e de seus anseios, mas sim isolou-se de uma *parte* dela, que, no entanto, era maioria. Em relação a certas classes e suas frações, o aparato econômico estatal manteve importantes conexões, sofreu influências e atendeu a anseios e reivindicações. Nelas estavam os capitalistas em geral e, dentre eles e com especial ascendência, a finança. Em relação a estes não há que se falar em insulamento burocrático, visto que houve um compartilhamento de ideologias entre finança e membros dos órgãos estatais formuladores ou executores de políticas econômicas. Esse também foi o caso de outro fórum deliberativo que assumiu papel dos mais relevantes para a economia brasileira, em especial a partir de 1999. Trata-se do Comitê de Política Monetária (Copom), formado pelo presidente e pelos diretores do Banco Central do Brasil (BCB).

Criado em 1996, o Copom passou a ser o responsável por estabelecer e implementar diretrizes da política monetária. Desde 1999, seu principal instrumento era o estabelecimento da meta para a taxa de juros básica da economia, a chamada taxa Selic. Esta, por sua vez, passou a servir de referência às demais taxas de juros de curto e médio prazos praticadas no país. Dessa forma, as decisões do Copom interferiram no nível de atividade econômica, que, aliás, era uma das variáveis a ser influenciada para conter a inflação. Isso porque, diante da expectativa de alta de preços, a medida corretiva era elevar as taxas de juros para, com isso, conter a propensão ao consumo, o que ocorre por razões como o aumento da propensão a poupar ou o encarecimento do crédito. Além disso, a alta da taxa de juros atrai capitais externos, levando à valorização do câmbio, o que, por sua vez, torna a importação uma alternativa a produtos domésticos eventualmente mais caros. Além desses impactos nos níveis da atividade econômica e dos preços, houve efeito nos custos da dívida pública provocados pelas variações das taxas de juros.

Dizer o quanto do nível de atividade econômica decorreu das decisões de política monetária tomadas pelo BCB é algo impraticável. Não obstante, a constatação de que isso ocorreu é suficiente para notar que essa formatação institucional foi de encontro àquilo que aqui caracterizo como democracia econômica. Não tão difícil é dimensionar reflexos imediatos dessas mesmas decisões para as finanças públicas e, consequentemente, para a sociedade em suas diversas frações. Ainda que de modo aproximado, é possível estimar o quanto de gastos do orçamento estatal se concentrou em tão poucas mãos, as quais não precisaram submeter-se aos inconvenientes — para o capital — dos controles parlamentar e social. A figura seguinte traz uma amostra da representatividade de decisões do Copom para o orçamento federal nos últimos cerca de vinte anos. Os juros ali demonstrados são aqueles que o governo federal apropriou para remunerar os detentores de títulos vinculados à taxa Selic, esta definida pelo Comitê de Política Monetária do Banco Central.

Figura 4.3 - Juros, DRU e investimentos, Brasil, 1995-2015

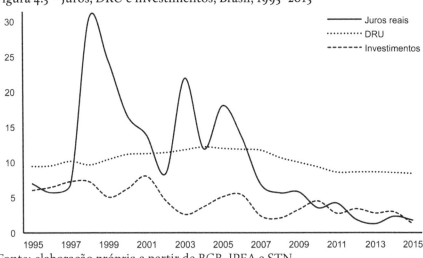

Fonte: elaboração própria a partir de BCB, IPEA e STN.

Notas: I) percentuais em relação ao total da arrecadação de impostos e contribuições federais, exceto previdenciárias; II) juros reais estimados por meio da aplicação da taxa Selic, deflacionada pelo IPCA, sobre a média aritmética dos saldos mensais atual e anterior dos TPF remunerados com base nessa taxa; III) sobre estimativa da DRU, ver nota II à figura 2.2, p. 104.

Após o lançamento do Plano Real, houve uma ampliação do poder discricionário da autoridade monetária sobre parcela significativa do gasto estatal. Na figura anterior constam, junto dos gastos com juros, dois elementos fiscais sobre os quais o governo dispunha de discricionariedade de decisão. Um deles é o investimento, que de 1998 a 2009 foi sistemática e significativamente superado pelos juros reais apropriados em decorrência da política monetária ancorada na meta para a taxa Selic. Outro, ainda mais relevante para o meu argumento, é o montante das desvinculações constitucionais de receitas da União iniciadas já nos preparativos do Plano Real. O deslocamento de poder não se resumiu a uma delegação do parlamento, representando um movimento em que este se submeteu ao aparato econômico do poder executivo, concedendo-lhe a prerrogativa de decidir sobre o destino da parcela do orçamento em questão.

Os números que formam a figura anterior indicam que entre 1998 — esse foi o ano da crise russa e o seguinte, da flutuação do câmbio e da adoção do regime de metas para a inflação no Brasil — e 2006, os juros reais apropriados apenas sobre a parcela da dívida vinculada à taxa Selic equivaleram a uma média anual de 17% das receitas tributárias federais. Ao mesmo tempo, os gastos com investimentos do tesouro representaram 5,3% e os recursos desvinculados da saúde, assistência social e educação, 11% da arrecadação tributária. A partir de 2007, com os primeiros sinais da crise financeira mundial que estourou no ano seguinte, o nível dos juros em questão caiu a níveis inferiores ao das receitas desvinculadas, permanecendo, porém, numa média superior à dos investimentos do tesouro. Ao longo de 2007–2015, a média desses juros representou 3,7%, a dos investimentos representou 2,8% e a das desvinculações, 9,4% da arrecadação tributária.

Lembremos do que vimos anteriormente sobre a parcela de receitas federais que foram liberadas da obrigatoriedade constitucional de aplicação em educação e seguridade social. Parte daquilo que em 1988 foi definido constitucionalmente como direito social, alguns anos depois foi retirado para dar ao poder executivo maior liberdade de gasto. Como também mostra a figura anterior, o montante correspondente a essa liberdade de gasto não chegou ao montante de remuneração concedida — em boa parte por decisões do BCB — às classes proprietárias durante a maior parte do período analisado. Ou seja, aquilo que fora desvinculado, mas que nem por isso deixou de seguir uma lógica orçamentária, logo, com algum debate parlamentar, não foi tão representativo quanto os juros direcionados pelo BCB, que o fez à margem de qualquer debate democrático substantivo. A cada reunião do Copom, menos de uma dezena de dirigentes do Banco Central decidiu com considerável autonomia em relação ao conjunto da sociedade sobre parcelas relevantes de juros a serem pagos às classes financeiras.

Esse quadro mostra que as ações do BCB na questão dos juros não ocorreram num vazio político. Foram escolhas de governo, logo, políticas, ainda que tomadas dentro de um contexto que pressionava no mesmo sentido. Esse contexto, no entanto, também era fruto de decisões tomadas em escala mundial. Conforme já vimos neste mesmo trabalho, não foi mero *acontecimento* a substituição da ideologia econômica que via no aumento da renda dos que consomem pela que passaria a ver no aumento da renda dos que poupam a fonte de estímulo para o crescimento (PRZEWORSKI, 1998, p. 146). Da mesma forma, o golpe da elevação das taxas de juros nos EUA em 1979 foi uma decisão daquele governo (DUMÉNIL e LÉVY, 2001, p. 587; 2004a, p. 69). Também os diversos governos brasileiros desde meados dos anos 1990 decidiram manter taxas de juros nos patamares dentre os mais altos do mundo, ainda que com menor autonomia do que aquela disponível aos países do centro.

Outro aspecto que sublinho no papel político que desempenhou o BCB é o seu caráter de classe, que, aliás, é relativamente mais claro que o do próprio estado capitalista. Se o estado é uma arena onde todas as classes se apresentam para a luta, o BCB, mais que um espaço *onde* ela ocorre, apareceu como um dos *meios* de que dispôs o capital financeiro para essa luta. Com uma lógica econômica que o fez a instituição estatal mais próxima das classes rentistas, muitas vezes atuou como porta-voz dos anseios dessa fração, com a vantagem de contar com instrumentos concretos de ação que efetivamente serviram à pressão política. Isso ocorreu, por exemplo, na crise desencadeada pela moratória da dívida externa russa declarada em agosto de 1998, que atingiu o Brasil logo em seguida e que vinha sendo atacada pelo BCB com elevações da taxa básica de juros. Numa dessas ocasiões, às vésperas do parlamento brasileiro apreciar medidas de ajuste fiscal propostas pelo poder executivo, o Copom, ao mesmo tempo que justificava a sua decisão de elevar a taxa básica de juros — na época a TBC — de 19% para 29% ao ano, dava o seguinte recado:

> A decisão anterior de proceder a redução gradual da taxa Selic considerou o cenário em que o Congresso Nacional referendaria as medidas de ajuste fiscal, o que, juntamente com o suporte financeiro

internacional, permitiria que nesta reunião a TBC fosse restaurada a nível inferior ao da taxa Selic.

Ao analisar os indicadores de conjuntura econômica, percebia-se que o acordo de suporte financeiro internacional, isoladamente, ainda não havia propiciado a melhora desejada do cenário que se esperava quando da realização da última reunião do Copom. Em certos aspectos, notava-se, inclusive, piora expressa pela elevação dos *spreads* nas negociações com os *bradies* brasileiros e incertezas quanto à efetividade do ajuste fiscal repercutindo desfavoravelmente sobre as expectativas dos investidores.

Nesse sentido, a distensão da política monetária, ainda que considerando a baixa elasticidade dos capitais de longo prazo ao diferencial de taxas de juros interna e externa, poderia deteriorar ainda mais as expectativas dos investidores remanescentes. Esse impacto sobre as expectativas poderia afetar o estoque de reservas e a avaliação dos agentes sobre a evolução futura da economia.

Portanto, o Copom não poderia abster-se de manter o viés conservador e acompanhar, convenientemente, as expectativas vigentes do mercado. *Na próxima reunião, com a convocação extraordinária e a possibilidade do poder legislativo aprovar o ajuste fiscal, poder-se-ia configurar um cenário mais favorável.*[10]

Por "medidas de ajuste fiscal", o Copom referia-se ao programa de estabilidade lançado pelo governo federal em novembro de 1998, que estipulava metas superavitárias de resultado fiscal primário para o triênio 1999–2001. Quanto ao "suporte financeiro internacional", a referência era à negociação de um acordo com o FMI que daria ao Brasil acesso a créditos para reforço das reservas cambiais. Em dezembro de 1998, a elevação da contribuição previdenciária dos servidores públicos federais, que era uma das medidas de ajuste fiscal, foi rejeitada pelo poder legislativo. Note-se nas palavras do Copom, além da declarada preocupação com as expectativas da finança, uma mensagem clara ao parlamento indicativa de que os juros cairiam se este agisse no sentido de atender a essas mesmas

---

10 Banco Central do Brasil. Comitê de Política Monetária. Ata da 31ª reunião, 16 dez. 1998; grifo adicionado.

expectativas. Em janeiro de 1999, o legislativo cedeu a tais apelos instituindo a contribuição previdenciária para os servidores civis inativos e criando contribuições adicionais temporárias para ativos e inativos.[11] Naquele mesmo mês, o Copom reduziu a TBC de 29% para 25% ao ano.[12]

Essas ações do BCB não estavam dissociadas das orientações gerais do estado, que, enfim, concedeu poder significativo a agências cujas ações se alinhavam aos interesses da finança. Ao retirar-se de certos espaços na luta política, a representação eleita se omitiu e, assim, franqueou parcela importante do poder que lhe fora concedido pela democracia representativa. Esse espaço foi então ocupado por setores da burocracia que, diferente do que se costuma dizer em análises da política brasileira, não são simplesmente insulados, mas seletivamente insulados, ou seja, mais próximos de umas e menos de outras classes ou frações de classe. A contradição é que, sob a aura da decisão técnica, legitimada por uma ciência que se diz distante das ideologias, institucionalizou-se no Brasil uma espécie de clientelismo financeiro. Aqueles que tinham possibilidades de influenciar as políticas econômicas foram seus beneficiários, o que, no caso brasileiro recente, é sintetizado na figura dos juros da dívida pública.

Isso tudo não se processou simplesmente pela ação monolítica de um estado influenciado pela finança. Mesmo numa democracia limitada era preciso que as massas dessem um mínimo de consentimento às políticas, sob pena destas não poderem ser executadas. Era preciso que se formassem certos consensos, ou se não tanto, que os dissensos fossem suficientemente marginais a ponto de poderem ser desqualificados no debate político. A formação de consensos, já vimos, demanda que aqueles sobre os quais se exerce a hegemonia estejam convencidos de que o modelo pode trazer-lhes

---

11 Brasil. Lei n. 9.783, 28 jan. 1999. Em setembro de 1999, a contribuição de inativos e as contribuições adicionais temporárias foram julgadas inconstitucionais pelo Supremo Tribunal Federal. A lei n. 9.783 veio a ser expressamente revogada pela lei n. 10.887, de 18 jun. 2004, que, no entanto, estabeleceu a contribuição de servidores inativos preconizada na reforma previdenciária aprovada por meio da emenda constitucional n. 41, de 19 dez. 2003.

12 Banco Central do Brasil. Comitê de Política Monetária. Ata da 32ª reunião, 18 jan. 1999.

alguma vantagem. No caso da economia, a hegemonia só se sustenta quando os interesses das frações subordinadas são atendidos em alguma medida (PRZEWORSKI, 1985, p. 137). Aqueles sobre quem se exerceu a hegemonia econômica formavam a grande massa da população brasileira, que não foi chamada a opinar sobre política monetária, mas que, nem por isso, deixou de ver-se, em alguma medida, atendida pelas decisões das quais não tomou parte. Ela acabou sendo convencida em boa parte pela legitimidade do aparato econômico para emitir discursos sobre verdades. Foi o que fez em 2009 o então secretário do Tesouro Nacional ao defender que

> a taxa de juros é a que é porque o Brasil optou por um sistema de controle de inflação no qual a taxa de juros tem uma importância grande. ... O custo da política monetária é uma opção *do país*. Se *o país* entende que tem que ter inflação baixa e que esse é o melhor sistema de controle de inflação, ele vai ter as taxas Selic que são definidas. É uma opção. Mas é uma opção *do país*.[13]

Convencida por discursos que apresentaram políticas como universais — como o que vimos acima —, a maioria da sociedade também conferiu legitimidade às medidas. No conceito de estado capitalista delineado por Offe (1975, p. 125), um dos elementos é justamente a legitimação. Ela ocorre, em parte, quando o estado consegue passar uma imagem de organização de poder que visa aos interesses comuns da sociedade, ou "do país", conforme sugeriram as palavras do referido então secretário do Tesouro. Isso denota ainda o componente ideológico — percepção e articulação seletivas de problemas sociais — que o mesmo Claus Offe (1974, p. 39-40) definiu como um dos mecanismos de seleção institucionalizados no sistema político por meio dos quais são definidas as políticas públicas.

Expectativas e induções monetárias

Ideologia bem cultivada nas últimas décadas defende que para as sociedades do presente não mais haveria alternativa ao paradigma político-

---

13   Câmara dos Deputados. CPI – Dívida Pública. Notas taquigráficas da reunião ordinária n. 1940/09, 28 out. 2009, p. 31-32; grifos adicionados.

econômico neoliberal. Ao menos até a mais recente crise financeira, revelada em 2008, parecia que caminhava-se unanimemente sob o dogma que o mercado era o soberano, que a economia era "assim mesmo", e que a política era uma esfera estranha, ou até mesmo danosa, ao "bom" funcionamento das outras duas. A referência que Octavio Ianni (2004 [1989], p. 263-264) fez ao período da industrialização brasileira poderia bem servir ao atual momento, quando também

> o discurso do poder é principalmente o da economia, das razões do capital; e não o da política, no sentido de dirigência, hegemonia. Isto é, o discurso político apenas recobre o jogo das forças produtivas, o privilégio do capital, dos interesses de setores ou classes dominantes. As razões do estado e as do capital conjugam-se, confundem-se. ... Os valores e a tessitura do sermão, ou ordem do dia, são os da economia, e não propriamente os da política.

A pretensão de retirar qualquer tema da arena política — o que é, não obstante, uma ação política — dialeticamente sinaliza a possibilidade, quando não a intenção, de deixá-lo sujeito à influência exclusiva por parte das classes que permanecem agindo, politicamente, sobre ele. Resultado imediato é a redução de espaço na disputa pelos excedentes para aqueles que não são chamados ao debate. Por isso, a separação conceitual entre as esferas econômica e política disfarça formas de poder e de dominação criadas pelo capitalismo e serve como eficiente mecanismo de defesa do capital (WOOD, 2003, p. 21, 28). No entanto, essa distinção engendra uma contradição, que consiste no declarado objetivo de manter a economia livre da influência alegadamente danosa da política ao mesmo tempo que busca o não declarado objetivo de estabelecer uma nova hegemonia. Em temas como política econômica, monetária, fiscal, o que ocorre não é a retirada de algum deles do debate, mas sim a retirada, ou mesmo o veto à entrada, de certos atores nos espaços de discussão. Mas como não são todos excluídos, àqueles que permanecem cabe então exercer a hegemonia.

Se economia é tema tão importante que supostamente não deveria ser tratado politicamente, e sim tecnicamente como defendem os ideólogos do neoliberalismo, estamos autorizados a perguntar: quais são as técnicas? quem são os técnicos? a quais interesses servem os técnicos e suas técnicas? Aqui é preciso sublinhar que na sociedade de classes não existe categoria social que seja representativa de interesses universais. Todos estamos ligados a uma ou outra classe ou suas frações em algum momento, e isso orienta a ação. Retomando o que já vimos acerca do que chamei de insulamento burocrático seletivo, houve manifestações concretas do tipo de influência no estado brasileiro. Uma delas é um mecanismo de consulta de projeções de agentes do capital que passou a ser utilizado no âmbito do sistema de metas para a inflação. Em termos políticos, sua operacionalização joga luz sobre aparato econômico-financeiro do estado de modo a revelar o seu caráter antidemocrático.

Diariamente o Banco Central do Brasil (BCB) realiza junto a agentes econômicos o que chama de pesquisa de expectativas de mercado. O instrumento visa a "monitorar a evolução das expectativas de mercado para as principais variáveis macroeconômicas, de forma a gerar subsídios para o processo decisório da política monetária".[14] Dentre elas constam expectativas de juros básicos da economia, variação do PIB, inflação, taxa de câmbio e componentes fiscais. Todas são elaboradas majoritariamente por organizações financeiras, que, a despeito das dimensões da economia e sociedade brasileiras, formam um grupo bastante diminuto e, assim, restritivo de interesses e visões sobre os temas em questão. No final de 2004, eram 104 informantes, dentre os quais 52 bancos, 23 administradores de recursos, nove corretoras e distribuidoras, catorze consultorias e seis empresas não financeiras ou entidades de classe.[15] Em 2016, o total de informantes era de aproximadamente 120 organizações.[16]

É importante notar que em 2010 o BCB dizia que a pesquisa de expectativas visava a "monitorar a evolução do *consenso* de mercado para as principais variáveis macroeconômicas, de forma a gerar subsídios para o

---

14 Banco Central do Brasil. *BCB – Sobre o Gerin*. Disponível em: <http://www4.bcb.gov.br/pec/gci/port/sobregerin.asp>. Acesso em 4 maio 2016.

15 Banco Central do Brasil. *Relatório de inflação*, v. 6, n. 4, 2004, p. 1-166.

16 Banco Central do Brasil. *BCB – Sobre o Gerin*. Disponível em: <http://www4.bcb.gov.br/pec/gci/port/sobregerin.asp>. Acesso em 28 set. 2016.

processo decisório da política monetária".[17] Se tomarmos o nível de concentração ao que o BCB se referia como mercado, aquela sua noção de consenso não era totalmente incorreta. Tratava-se de um consenso de poucos que, nem por isso, deixou de ser importante. No restrito círculo formado por aqueles cujas expectativas foram ouvidas e consideradas, os dissensos dificilmente foram mais do que marginais. Todos os atores consultados eram organicamente ligados às classes proprietárias e, dentro dela, quase todos, à sua fração financeira. Além de dispor da oportunidade de emitir suas opiniões — e possivelmente alguns desejos — acerca dos rumos da economia, foram também destinatários privilegiados do discurso estatal. Por exemplo, em março de 2007 foi revelada prática de diretores do BCB que se reuniam "sigilosamente com executivos de instituições financeiras para discutir economia".[18] O mesmo relato acrescentou:

> Oficialmente, as reuniões nem existem. Não constam da agenda do BC. Tampouco os resultados são revelados à imprensa. ... Segundo o assessor de imprensa do BC ... a não divulgação das agendas é um procedimento que visa coibir a especulação do mercado financeiro. Um comunicado prévio, argumenta, daria margem a ruídos nos negócios. "No caso, não é preciso transparência. Ela se dá por meio dos (breves) comunicados após a reunião do Copom, da ata do encontro e dos relatórios trimestrais de inflação. É o arcabouço legal do regime de metas de inflação", afirma.[19]

Em outubro de 2009, comissão de inquérito da Câmara dos Deputados, fazendo alusão àquela revelação, requereu ao BCB a "relação completa das reuniões realizadas entre a Diretoria do Banco Central com analistas de mercado".[20] De posse da resposta, o deputado que subscrevera a proposta de requerimento revelou:

---

17 Banco Central do Brasil. *Sobre a Gerência-Executiva de Relacionamento com Investidores*. Disponível em: <http://www4.BC.gov.br/?FOCUSINTRO>. Acesso em 17 jan. 2010; grifo adicionado.

18 PINHEIRO, Márcia; LIRIO, Sergio. "A república distante". *Carta Capital*, 28 mar. 2007, n. 437, p. 22.

19 PINHEIRO e LIRIO, *op. cit.*, p. 23.

20 Câmara dos Deputados. CPI – Dívida Pública. Requerimento de CPI n. 49, 28 out. 2009.

> Nós obtivemos os nomes e nós fomos atrás um a um. ... Todos os grandes bancos internacionais e nacionais. Posso citar aqui os nomes: Santander, Morgan Stanley, Votorantim, Bradesco. O que você quiser tem aqui, o Paribas, etc. e tal. Mas o mais importante é a percentagem dos que definem a taxa de juros: 51% estão associados aos bancos e os gestores de ativos, os fundos, mais 35%. ... O setor produtivo 4%. O setor produtivo é 4%, aquele que devia ser consultado. O setor público 1%. E o próprio FMI também é consultado, 1%. Está aqui. Quem é o beneficiário disso? ... Quem define também se beneficia?[21]

Isso demonstra restrições à participação no debate econômico. No entanto, ao contrário do que dizem críticos que se queixam da falta de discussão sobre os rumos da economia, o debate existiu. Ocorre que nem todas os interessados nos resultados ou capazes de opinar foram chamados a tomar parte das discussões.

O fato de tão diminutas frações da sociedade poderem impor suas vontades a outras frações tão amplas, por intermédio do estado, fez do modelo financeiro de regulação da acumulação uma estrutura ainda mais antidemocrática. Restritas frações do capital passaram a contar com um poder consideravelmente maior do que o disponível às classes subalternas e por vezes até mesmo a outras frações da própria classe capitalista. Nas palavras do presidente do BCB durante quase todo o segundo governo FHC, "a questão de soberania com relação ao mercado é uma questão de difícil implementação prática. Existe aí o mercado. O que o governo pode fazer?"[22] Consequência disso foi o deslocamento do debate de um âmbito mais claro, que poderia ser o do orçamento público, para uma zona sobre a qual as possibilidades de controle social praticamente inexistiam. A contradição que se evidenciou é que, ao lado dessa restrição à participação democrática ampla, conferiu-se um pretenso caráter de universalidade às políticas econômicas neoliberais.

---

21 Câmara dos Deputados. CPI – Dívida Pública. Notas taquigráficas da reunião ordinária n. 2320/09, 9 dez. 2009, p. 5-7.

22 Câmara dos Deputados. CPI – Dívida Pública. Notas taquigráficas da reunião ordinária n. 2129/09, 18 nov. 2009, p. 54.

A tentativa de universalizar certas orientações emanadas das classes dominantes era também uma questão de legitimidade. Ela pode ser conferida, por exemplo, pela ciência, que "é, com frequência, um instrumento de poder político-econômico" (IANNI, 2011, p. 182) que, aliás, "sempre esteve intimamente ligada ao capital" (GORZ, 2005, p. 13). Desde os clássicos da sociologia, essa ligação foi notada como fundamental ao desenvolvimento capitalista. Tanto Marx como Weber perceberam que tal desenvolvimento não teria acontecido com a intensidade observada sem a associação entre a produção e a ciência moderna. Também no nível que Marx chamou de superestrutural a ciência tem papel fundamental. Assim, o que se vê não é apenas a ciência que contribui com a tecnologia (WEBER, 1982 [1919]a, p. 177) e ambas concorrendo para a expansão do capital (MARX, 1990 [1890], p. 754). Ciência e técnica podem estabelecer verdades com nítidos contornos ideológicos. Por isso que economistas, sociólogos e cientistas políticos tornam-se servos intelectuais do poder e técnicos de controle social quando conferem legitimidade científica a políticas (ARONOWITZ, 2000, p. 4). Podem fazê-lo porque teorias servem de várias formas à justificação ideológica da autoridade; pesquisas com fins burocráticos tornam a autoridade mais efetiva e mais eficiente ao provê-la com informação (MILLS, 2000 [1959], p. 117, 177).

Na ciência econômica há teorias que não passam de racionalizações de interesses políticos de classes (PRZEWORSKI, 1985, p. 206). Aliás, isso ocorre em qualquer área disciplinar das ciências sociais. Evidência recente desse quadro foi a descrença que se abateu sobre a hipótese dos mercados eficientes autorregulados e as prescrições políticas dela derivadas que contribuíram para a crise financeira mundial que eclodiu em 2008 (WADE, 2008, p. 8). Durkheim (2001 [1895], p. 23) já apontava que as chamadas leis econômicas "não constitu[íam] mais do que máximas de ação, preceitos práticos disfarçados". E ele tomou como exemplo nada menos do que a chamada lei da oferta e procura. Para Durkheim, nunca se estabeleceu que efetivamente era segundo essa a lei que se processavam as relações econômicas. O que se fez, prossegue, foi não mais do que demonstrar que os indivíduos deveriam assim proceder se bem compreendessem quais eram os seus interesses e que qualquer alternativa ser-lhes-ia prejudicial. É o que também diz nos dias de hoje Michel Callon, para quem a

> ciência econômica — e é daí que deriva a sua força — é um discurso lógico construído com base em um número de hipóteses irrefutáveis. Como discurso, ela pode converter-se num sistema de crenças que se infiltra nas ideias dos agentes e as coloniza. Por exemplo, a teoria neoclássica é baseada na ideia de que agentes são egoístas. Se eu acredito nesse enunciado e se essa crença é compartilhada pelos outros agentes, e eu acredito em tal compartilhamento, então o que era simplesmente uma suposição torna-se realidade. Cada um acaba alinhando-se ao modelo e suas expectativas são atendidas pelos comportamentos dos demais. Para prever o comportamento econômico dos agentes, uma teoria econômica não tem de ser verdadeira; ela simplesmente precisa ser acreditada por todos (CALLON, 2007, p. 321-322).

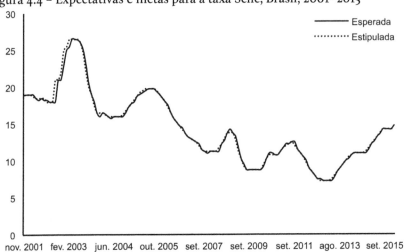

Figura 4.4 – Expectativas e metas para a taxa Selic, Brasil, 2001–2015

Fonte: elaboração própria a partir de BCB.

Notas: I) escala percentual; II) taxas nominais anuais; III) esperada: mediana das expectativas de meta para a taxa Selic ao longo do período compreendido entre a data de sua estipulação e a data da reunião imediatamente anterior do Copom que fixou a meta vigente até então; IV) a série abrange nov. 2001 a dez. 2015.

Tem-se aí a noção de *performativity* da ciência econômica. Resumidamente, a ideia chama a atenção para o fato de que modelos econômicos não somente representam fenômenos, mas também os criam (PREDA, 2007, p. 522). Por exemplo, o uso de aspectos baseados em teorias econômicas pode tornar eventos mais prováveis do que a própria representação proposta na descrição científica (MACKENZIE, 2007, p. 67). Callon esclarece que uma vez que ciência e prática econômicas não são mundos totalmente distintos, a primeira não detém o monopólio da *performativity*. Ou seja, esta pode ser exercida também pelos práticos, aí incluídos os agentes econômicos e os profissionais do mercado. Trazendo essa noção para o objeto deste estudo, meu argumento é que, se o banco central brasileiro ouviu economistas do mercado financeiro para auxiliar na formação de suas convicções, é razoável deduzir que suas decisões foram influenciadas por um tipo peculiar de pressão, no caso, as opiniões desses economistas. Isso, aliás, é manifesto no processo decisório descrito pelo próprio Copom, cujas atas citam a consideração das expectativas captadas pelas pesquisas de expectativas de mercado nas decisões de fixação das taxas de juros.

Tomando o período de novembro de 2001, que é desde quando o BCB divulga as expectativas de meta para a taxa Selic das organizações pesquisadas, até dezembro de 2015, há uma correlação significativa entre o que se projetava e o que veio a ser efetivamente estabelecido. A figura anterior apresenta a evolução comparativa entre metas esperadas pela parcela da finança ouvida pelo BCB e as efetivamente estipuladas pelo Copom. A correlação entre elas é de mais de 0,99, ou seja, quase perfeita. Ao longo de toda a série, apenas entre fins de 2002 e início de 2003 as duas linhas se distanciaram de modo relativamente significativo. Esse é o período compreendido entre a eleição de Lula e a inauguração de seu governo — aqui devemos lembrar da antiga retórica anti-credores de Lula e seu partido. Num primeiro momento, a economia fora marcada pela instabilidade do período eleitoral, que, no entanto, se reverteu na medida em que o novo governo deu sinais concretos da preservação dos fundamentos da política monetária do governo anterior. Um desses sinais foi a continuidade da elevação da taxa de juros básica iniciada em outubro de 2002 e mantida por cerca de um ano em patamares superiores ao da taxa de setembro de 2002, véspera da eleição de Lula.

Nesse ponto, devo esclarecer que não me refiro à possibilidade de que as expectativas colhidas pelo BCB junto à finança e outros capitalistas se revelaram profecias autorrealizáveis. Ainda assim, sublinho a convergência das decisões do Copom sobre taxas de juros na direção do que apontavam as previsões. Previsões estas que, saliento, foram efetuadas por quem, visando à proteção dos preços dos seus ativos financeiro, sutilmente pressionou para que o antídoto inflacionário — elevação da taxa de juros — fosse suficientemente eficaz para manter a inflação e, por decorrência, a rentabilidade do capital-dinheiro, em níveis que lhes fossem favoráveis. Isso por si indica o compartilhamento de ideias entre membros do aparato estatal, neste caso representado pelo Copom, e a finança, esta representada pela categoria de intelectuais — no sentido dado por Gramsci (2004 [1932], p. 15, 20, 21) aos que nomeou "intelectuais da indústria" — formada pelos economistas das instituições financeiras ouvidos pelo BCB.

Não surpreende que esses intelectuais tenham efetuado suas estimativas tendo em conta o contexto em que se inseriam e os interesses de classe que representavam. Antes de tudo, é isso que faz quem age sob a lógica do capital. Contudo, a todas as desigualdades já existentes sob o capitalismo, somou-se o dar voz a um segmento social — a finança — ao mesmo tempo que se negava voz às classes subalternas para defender o que pensavam ou desejavam, ainda que todos viessem a experimentar os impactos das decisões daí decorrentes. Se estatísticas e ferramentas usadas para descrever uma realidade têm efeitos sobre a própria realidade que elas supostamente descrevem (DIDIER, 2007, p. 293), qual a razão para que fossem produzidas de forma restrita a frações de classe com claros interesses sobre o objeto descrito?

A aferição empírica da hipótese sobre economistas emitirem opiniões pautados por certos interesses é extremamente difícil. Dependeria, por exemplo, do testemunho de quem tomou parte de eventuais processos dessa natureza. Mas a hipótese é verossímil se estiver correto supor que atores tomam suas decisões de acordo com as convicções forjadas no contexto em que constroem suas carreiras profissionais e compartilham ideias com seus semelhantes. Se isso ocorre com burocratas do aparato econômico estatal, que, segundo Stiglitz (2002, p. 19), veem o mundo através dos olhos da comunidade financeira, é razoável deduzir que ocorra algo similar entre agentes diretamente ligados à finança. O contrário seria supor que há segmentos cujos membros são dotados de capacidade exclusiva para analisar uma determinada realidade com conhecimento, objetividade e imparcialidade suficientes para fazê-los merecedores da confiança geral para dizer o que é universal e o que é correto ou não.

Devo esclarecer também que o meu argumento não é o de que a finança deliberadamente elevou suas expectativas de inflação visando a elevações automáticas de taxas de juros. Lembremos da citação acima em que Callon (2007, p. 322) afirma que "para prever o comportamento econômico dos agentes uma teoria econômica não tem de ser verdadeira; ela simplesmente precisa ser acreditada por todos". O advérbio "simplesmente" ofusca a relevância da legitimidade que deve ter uma teoria — ou uma previsão — para ser considerada válida e aceita como guia da ação. Ela não pode ser totalmente estranha à realidade, ainda que esta tenha sido criada com a contribuição da teoria. Uma teoria será tão mais dificilmente acreditada quanto mais distante for daquilo que se supõe ser o real. Previsões são construídas a partir de uma dialética em que atores sociais compartilham crenças sobre um futuro que eles, afinal, contribuem para tornar mais provável. Por isso, é razoável acreditar que, mesmo distante da simples indução, um discurso seja temperado com o desejo de quem o emite. Como ensinou Foucault (2004 [1971], p. 10),

> por mais que o discurso seja aparentemente bem pouca coisa, as interdições que o atingem revelam logo, rapidamente, sua ligação com o desejo e com o poder. Nisto não há nada de espantoso, visto que o discurso ... não é simplesmente aquilo que manifesta (ou oculta) o desejo; é, também, aquilo que é o objeto de desejo; e visto que — isto a história não cessa de nos ensinar — o discurso não é simplesmente aquilo que traduz as lutas ou os sistemas de dominação, mas aquilo por que, pelo que se luta, o poder do qual nos queremos apoderar.

Ainda que possa parecer um tanto inapropriado recorrer a quem pensou na microfísica do poder (FOUCAULT, 1979, p. 183) e que, dessa forma, não o definia como uma questão de classes sociais, interessa que a condução da economia pode envolver favorecimentos de classes. Estes podem ser tanto maiores (menores) quanto menores (maiores) forem as oportunidades de debate sobre as decisões. Como observou o mesmo Foucault (2004 [1971], p. 9), não é qualquer um que pode falar de qualquer coisa em nossas sociedades. A economia talvez seja hoje o maior exemplo de um tema que atinge a todas e todos ao mesmo tempo que é debatido por tão poucas pessoas ou classes com efetiva capacidade de influenciá-lo.

O *talking shop* da política macroeconômica

Vimos anteriormente que a Constituição de 1988 previu uma série de direitos sociais para aos quais também vinculou fontes orçamentárias de financiamento. São dessa época a universalização da saúde pública, a criação do orçamento da seguridade social e a definição do salário mínimo como piso para todas as aposentadorias. Algumas daquelas previsões fizeram o poder executivo protestar contra a rigidez que supunha instalar-se no manejo do gasto público, tanto que, pouco mais tarde, a Constituição foi emendada para desvincular recursos da obrigatoriedade de gasto em políticas de bem-estar. Essas desvinculações, vimos, tinham o objetivo inicial de dar ao governo maior capacidade discricionária de enfrentar o aumento das dificuldades de servir à dívida pública a advir da queda da inflação, esta uma fonte de financiamento estatal pela via do chamado imposto inflacionário.

A desvinculação somou-se a mecanismos que a própria Constituição já deixara suficientemente frouxos para que decisões sobre o endividamento público ficassem concentradas nas mãos do poder executivo. Por exemplo, ela prescreve que "compete privativamente ao presidente da República ... enviar ao Congresso Nacional o plano plurianual, o projeto de lei de diretrizes orçamentárias e as propostas de orçamento" da União.[23] Prescreve também que

> as emendas ao projeto de lei do orçamento anual ou aos projetos que o modifiquem somente podem ser aprovadas caso ... indiquem os recursos necessários, admitidos apenas os provenientes de anulação de despesa, excluídas as que incidam sobre: a) dotações para pessoal e seus encargos; b) *serviço da dívida*; c) transferências tributárias constitucionais para estados, municípios e Distrito Federal.[24]

Juntando os dois pontos acima, a estrutura constitucional delimitou que a proposta de orçamento de juros e amortizações da dívida pública que viesse a constar do respectivo projeto de lei orçamentária enviado pelo poder executivo ao legislativo não poderia ser modificada pelo parlamento com vistas à outra despesa que este julgasse necessária. Essa questão foi abordada, por exemplo, na CPI da dívida pública iniciada em 2009, onde os deputados que se manifestaram sobre a questão foram unânimes em reconhecer que a dívida não era uma questão com a qual o parlamento se ocupava nas deliberações do orçamento estatal. Na sequência, reproduzo algumas descrições do lugar da dívida no debate orçamentário, sendo a primeira do relator da CPI já no final dos trabalhos da comissão:

> Estou inclinado a sugerir que se exija prévia autorização orçamentária para uso dos recursos derivados da emissão de títulos, qualquer que seja a forma de emissão. ... À margem do orçamento, no primeiro momento, a emissão da dívida para fazer face a essas despesas engorda a dívida bruta e, no futuro, sem que o Congresso tenha escolha, serão consignadas no orçamento as correspondentes despesas obrigatórias, com os juros e as amortizações desses títulos.[25]

> Nos 3 anos em que participei da CMO [Comissão Mista de Planos, Orçamentos Públicos e Fiscalização], como coordenador de bancada, como membro, todas as vezes em que se ia discutir a dívida, ninguém

---

23 Brasil. Constituição, 5 out. 1988, artigo 84, inciso XXIII.

24 Brasil, *op. cit.*, artigo 166, parágrafo 3, inciso II; grifo adicionado.

25 Câmara dos Deputados. CPI – Dívida Pública. Notas taquigráficas da reunião ordinária n. 0360/10, 14 abr. 2010, p. 17. Por "essas despesas", o relator se referia a uma emissão de títulos do tesouro que disponibilizou recursos ao BNDES no início de 2010.

discutia: "Ah!, aqui não é o espaço para isso". Mas como?! Se a gente não pode discutir na CMO, na hora em que vota o orçamento, em que hora é que vamos discutir? ... Quantas vezes, sou testemunha, vi o deputado ... querer manifestar isso ao ministro [do Planejamento] ... e ao próprio presidente do Banco Central, e: "Não é aqui; não, não podemos discutir; não é esse o assunto". Mas qual é o assunto?! Estamos discutindo o orçamento e não podemos discutir a dívida?[26]

Quando a Constituição afirma, no art. $1°$, parágrafo único, que "todo o poder emana do povo, que o exerce por meio de representantes eleitos ou diretamente, nos termos desta Constituição", nós somos os destinatários desse poder que emana do povo. ... Só que, se formos traduzir o exercício do poder que emana do povo e a nós é conferido em números, em números do orçamento, esse poder só representa 53% de poder real, porque 47% do orçamento é juro e amortização da dívida, nos quais nós não podemos mexer. ... O deputado ... pode estuporar de voto na Bahia, ter 1 milhão de voto[s] para deputado federal, que vai chegar aqui miudinho, pequenininho, sem poder. Como o maior senador da República, que possa ter tido 20 milhões de votos, não pode, constitucionalmente. ... Nós representamos o poder que emana do povo, e está dito que é todo o poder, mas, na prática, do ponto de vista contábil, o tal do todo poder não é o poder todo, é apenas uma parte.[27]

A Constituição brasileira de 1988 foi bastante tímida em suas prescrições acerca de eventuais limites ao endividamento público. Ela não mais que definiu que caberia ao Senado "fixar, por proposta do presidente da República, limites globais para o montante da dívida consolidada da União, dos estados, do Distrito Federal e dos municípios" e "ao Congresso Nacional, com a sanção do presidente da República, dispor sobre ... montante da dívida mobiliária federal".[28] Em maio de 2000, a chamada lei de responsabilidade fiscal (LRF) determinou que o presidente da República submetesse ao Senado proposta com os limites conforme estabelecera a

---

26 Câmara dos Deputados. CPI – Dívida Pública. Notas taquigráficas da reunião ordinária n. 1233/09, 19 ago. 2009, p. 25-26.

27 Câmara dos Deputados. CPI – Dívida Pública. Notas taquigráficas da reunião ordinária n. 1304/09, 26 ago. 2009, p. 15-16.

28 Brasil. Constituição, 5 out. 1988, artigo 52, inciso VI; artigo 48, inciso XIV.

Constituição.[29] Feito isso, aquela casa legislativa aprovou limites apenas para estados, municípios e Distrito Federal.[30] Sublinhe-se que o Senado foi relativamente rápido — demorou pouco mais de um ano — em aprovar limites para os governos subnacionais, deixando a União sem limitação de endividamento consolidado.

Citei anteriormente que a ascendência do poder executivo nas decisões mais importantes faz do Brasil aquilo que Décio Saes (2001, p. 13, 91) chamou de democracia limitada, da qual emerge o autoritarismo civil. A principal evidência é o limitado poder de legislar do parlamento devido à capacidade do presidente da República emitir medidas provisórias com imediata força de lei. Alguns comentadores viram nesse instrumento a preservação do poder de editar decretos-lei que tinham os presidentes durante a ditadura militar de 1964–1985 (FIGUEIREDO e LIMONGI, 2000, p. 75). Foi justamente ela o instrumento utilizado para a decretação da legislação que autorizou o poder executivo a emitir títulos da dívida pública. Em novembro de 1994, o presidente da República editou medida provisória que seria reeditada mais de oitenta vezes ao longo de seis anos até ser convertida na lei que passou a dispor sobre os títulos da dívida federal.[31] Enfim, a legislação que autorizou o poder executivo a emitir esses papéis não se originou do debate parlamentar e, muito menos, popular.

A referida lei não fez qualquer menção à questão dos juros, limitando-se a aspectos como finalidades, denominações, formas de emissão, de registro e outras características secundárias dos títulos. Definiu vagamente que caberia ao "poder executivo [fixar] as características gerais e específicas dos títulos da dívida pública".[32] Ao longo dos últimos anos, por meio de decretos, o executivo definiu características como prazo, rendimento, taxa de juros e forma de atualização monetária, dentre ou-

---

29 Brasil. Lei complementar n. 101, 4 maio 2000, artigo 30, incisos I e II.

30 Brasil. Resolução do Senado Federal n. 40, 20 dez. 2001.

31 Brasil. Medida provisória n. 470, 11 abr. 1994, convertida na lei n. 10.179, 6 fev. 2001.

32 Brasil. Lei n. 10.179, 6 fev. 2001, artigo 7º.

tras.[33] Ainda assim, para alguns tipos de títulos estipulou-se que estaria a cargo do ministro da Fazenda definir suas características, inclusive juros. Com isso, concentrou parcela relevante de poder para decidir sobre a destinação de excedentes à finança que se processa por esse meio, do que figura seguinte é uma amostra.

Figura 4.5 – Concentração decisória sobre juros da dívida mobiliária, Brasil, 2000–2015

Remuneração	2000	2001	2002	2003	2004	2005	2006	2007
Selic (definida pelo Copom)	21,5	24,5	25,0	25,8	23,4	23,2	17,1	15,0
Prefixada (presume-se definida pelo ministro da Fazenda)	6,2	3,7	0,9	5,3	8,3	12,6	16,4	16,8
Índices de inflação mais taxa de juros (definida pelo ministro da Fazenda)	0,6	1,8	3,8	4,5	5,2	6,3	9,7	11,3
Várias (definidas em decreto ou pelo ministro da Fazenda)	4,7	6,3	6,1	3,9	2,3	1,6	1,3	0,9
Totais	*33,0*	*36,3*	*35,8*	*39,5*	*39,3*	*43,8*	*44,4*	*44,1*

... continuação   continua ...

Remuneração	2008	2009	2010	2011	2012	2013	2014	2015
Selic (definida pelo Copom)	14,6	15,0	13,4	12,5	8,8	7,4	7,4	10,6
Prefixada (presume-se definida pelo ministro da Fazenda)	13,1	14,1	15,7	15,6	16,4	16,5	16,5	18,4
Índices de inflação mais taxa de juros (definida pelo ministro da Fazenda)	11,5	11,6	11,3	11,8	13,9	13,5	13,8	15,1
Várias (definidas em decreto ou pelo ministro da Fazenda)	0,9	0,7	0,6	0,5	0,5	0,5	0,5	0,6
Totais	*40,0*	*41,5*	*40,9*	*40,5*	*39,6*	*37,9*	*38,2*	*44,7*

Fonte: elaboração própria a partir de BCB e IPEA.

Notas: i) percentuais em relação ao PIB; ii) títulos com remuneração prefixada têm suas taxas efetivas projetadas no momento da venda, que é executada a preços distintos dos valores de face. O decreto que estabeleceu as características dos títulos não explicitou a quem cabe definir tais preços de venda, mas como as emissões se dão sob a forma direta ou em oferta pública, presume-se que as decisões sobre preços de colocação cabiam ao Ministério da Fazenda.

---

33 Atualmente a matéria é regulada pelo decreto do executivo federal n. 3.859, de 4 jul. 2001.

A figura anterior evidencia a representatividade em relação à economia brasileira dos títulos cuja emissão é regida pela legislação citada. Traz evidências da concentração de poder decisório que se refletiram nas execuções do orçamento estatal. Em 2000, os títulos cujas taxas eram definidas pelo Copom equivaliam a 21% do PIB; em 2015, essa relação foi a 10%. Ao longo desse mesmo período, a parcela cujas taxas eram definidas pelo ministro da Fazenda foi de 11% a 34% do PIB. Fundamentalmente, as decisões sobre juros foram tomadas por dois órgãos do aparato econômico do estado brasileiro. Banco Central e Ministério da Fazenda conjuntamente foram responsáveis por definir taxas de juros para uma dívida equivalente a 33% do PIB em 2000, 44% em 2015 e 40% em média durante o período 2000–2015.

Essa configuração mostra que nos anos de expansão financeira a dívida pública não fez parte das preocupações do parlamento brasileiro de forma substantiva. As poucas iniciativas de discutir a questão contraditoriamente revelaram que o estado — aí incluído o parlamento — caminhava em direção oposta ao controle social sobre a economia. Por exemplo, a Constituição de 1988 mandou que "no prazo de um ano a contar da [sua] promulgação ..., o Congresso Nacional promove[sse] ... exame analítico e pericial dos atos e fatos geradores do endividamento externo brasileiro".[34] Em abril de 1989, foi então instalada comissão parlamentar com esse objetivo, que, no entanto, não foi atingido, ficando as conclusões restritas a "aspectos legais da contratação da dívida".[35] Referindo-se a esse e a outros desdobramentos daquela comissão e, assim, alegando que "o Congresso Nacional jamais chegou a concluir ... qualquer uma das comissões mistas que instalou para dar plena eficácia ao referido comando da lei fundamental", a Ordem dos Advogados do Brasil ajuizou em 2004 ação no Supremo Tribunal Federal para que este

---

34 Brasil. Constituição, 5 out. 1988, ato das disposições constitucionais transitórias, artigo 26.

35 Congresso Nacional. Relatório parcial da Comissão Mista Destinada ao Exame Analítico e Pericial dos Atos e Fatos Geradores do Endividamento Externo Brasileiro, 4 out. 1989.

determinasse o seu integral cumprimento.[36] Até a conclusão deste trabalho, a ação não tinha sido julgada.

Nos primeiros anos do real, o parlamento brasileiro ensaiou voltar a discutir o endividamento público, desta vez focalizando a dívida interna. O resultado, contudo, foi ainda menos significativo do que o da pretensa investigação encerrada em 1989. Em junho de 1996, o Senado instalou comissão especial com o objetivo declarado de "examinar o problema [da] dívida interna pública e ... propor alternativas para sua solução".[37] Após duas reuniões, nenhum depoimento de membros do poder executivo, de pessoas da sociedade ou de qualquer outra, e quatro prorrogações em cujos períodos não houve qualquer outra atividade, a comissão foi extinta, em agosto de 1998.

A última tentativa de debate do endividamento brasileiro foi uma comissão parlamentar de inquérito (CPI) da Câmara dos Deputados com funções aparentemente mais amplas do que as das anteriores. Instalada em agosto de 2009, essa CPI tinha como objetivo declarado "investigar a dívida pública da União, dos estados e municípios, o pagamento de juros da mesma, os beneficiários desses pagamentos e o seu impacto nas políticas sociais de desenvolvimento sustentável do país".[38] Originalmente programada para concluir os trabalhos em dezembro de 2009, ela se estendeu até maio de 2010. O desenvolvimento daquela CPI reproduziu e sintetizou parte significativa dos argumentos desenvolvidos até aqui no tocante à questão democrática: i) a quase inexistência de espaços de participação e controle populares; ii) a omissão do parlamento, a despeito de ser responsável pela investigação; iii) a hegemonia do aparato econômico estatal instalado no poder executivo e o seu desprezo pelo controle democrático; e iv) o com-

---

36 Ordem dos Advogados do Brasil. Arguição de descumprimento de preceito fundamental n. 59, ajuizada no Supremo Tribunal Federal pelo Conselho Federal da Ordem dos Advogados do Brasil, 6 dez. 2004.

37 Senado Federal. Comissão especial temporária criada por meio do requerimento n. 353, de 1996. Notas taquigráficas da 1ª reunião, 19 jun. 1996.

38 Câmara dos Deputados. CPI – Dívida Pública. Notas taquigráficas da reunião ordinária n. 1304/09, 26 ago. 2009, p. 1.

partilhamento entre burocracia, parlamento e finança de preocupações e ideologias típicas da atual fase de expansão financeira da economia.

A CPI surgiu, em parte, de reivindicações de organizações da sociedade que, havia anos, acompanhavam o tema e que se reuniram em torno da campanha Auditoria Cidadã da Dívida. A campanha foi iniciada em 2001, na sequência de um plebiscito realizado no ano anterior, quando cerca de seis milhões de pessoas se manifestaram contra a continuidade do pagamento da dívida externa.[39] A CPI respondia parcialmente a uma das reivindicações de movimentos sociais pela realização da auditoria prevista na Constituição de 1988. Parecia abrir-se ali um fórum de debate amplo sobre o endividamento público brasileiro. Em uma das vezes em que agradecia à presença de representantes de movimentos sociais, o presidente da CPI assim apontou para essa possibilidade: "ainda vamos programar uma mesa de debate ... com as entidades que têm sempre acompanhado e feito um movimento importante para mobilização da sociedade civil em torno desta CPI".[40] No entanto, isso só viria a acontecer às vésperas do encerramento da Comissão, ainda assim, fora do seu âmbito oficial e já passados alguns dias desde que o relator apresentara o seu relatório final.

Outra sugestão formalmente apresentada à CPI foi que se realizassem audiências públicas em assembleias legislativas de estados com dívidas junto à União. Sugeriu-se ainda que para essas audiências fossem convidados secretários estaduais de fazenda e representantes de entidades associativas.[41] Segundo o parlamentar que propusera os requerimentos, as audiências poderiam auxiliar na divulgação e criação de interesse pelo assunto. Durante um dos debates sobre a questão, após ouvir opiniões majoritariamente desfavoráveis, dentre elas a do relator da CPI, o depu-

---

39 Auditoria Cidadã da Dívida; Rede Jubileu Sul Brasil. *ABC da dívida: sabe quanto você está pagando?* 3ª ed. 2008 (panfleto).

40 Câmara dos Deputados. CPI – Dívida Pública. Notas taquigráficas da reunião ordinária n. 2060/09, 11 nov. 2009, p. 32.

41 Câmara dos Deputados. CPI – Dívida Pública. Requerimentos de CPI n. 34 a n. 37, 28 out. 2009.

tado autor dos requerimentos perguntou se havia algum "receio de ouvir a sociedade civil".[42] Cerca de um mês depois, os requerimentos foram formalmente rejeitados pela CPI. Para a omissão e falta de controle parlamentares contribuíram ainda as dificuldades para obtenção de quórum para votações de requerimentos e as reduzidas presenças de membros em plenário durante audiências públicas.

Esse quadro é coerente com o próprio espírito da CPI, que poderia ser sintetizado nas palavras de um deputado da então base governista, indicado pelo relator para elaborar relatório parcial da dívida interna. Segundo ele, "o país hoje está aí num outro contexto macroeconômico onde a dívida pública não é tão agonizante para o estado brasileiro", e "esta CPI é um pouco diferente das habituais, até porque o resultado final dela é meramente indicativo. É diferente de uma CPI tradicional, em que existe um resultado: o encaminhamento do relatório para o ministério público, para as devidas sanções. Aqui é muito mais de ordem política".[43] Se um parlamentar entendia que o resultado de um trabalho "de ordem política" seria "meramente indicativo", e se nessa CPI a posição era compartilhada pela maioria dos seus pares, nota-se que a despolitização da política econômica não se revelava apenas por aqueles que antes denominei intelectuais orgânicos da finança. Ela entranhou-se também em fóruns de luta partidária e parlamentar.

Ainda nessa linha, merece destaque a resistência por parte da Comissão em chamar para depoimento membros do poder executivo, fossem os de então ou do governo precedente. Convocação, que é uma das prerrogativas de qualquer CPI e que obriga o depoente a comparecer, não houve nenhuma durante o período original da CPI; houve apenas uma durante o período de prorrogação. Quase todos os requerimentos apresentados sob esse formato foram aprovados como convite, ou seja, caberia ao eventual

---

42 Câmara dos Deputados. CPI – Dívida Pública. Notas taquigráficas da reunião ordinária n. 1725/09, 7 out. 2009, p. 57.

43 Câmara dos Deputados. CPI – Dívida Pública. Notas taquigráficas das reuniões ordinárias n. 1655/09, 30 set. 2009, p. 26; e n. 1725/09, 7 out. 2009, p. 6.

depoente decidir se compareceria. Na avaliação do parlamentar autor do requerimento que criou a CPI da dívida,

> comissão parlamentar de inquérito, [sic] tem poderes de investigação e de convocação. Eu não sei se pegou, assim, um espírito aqui na Casa, e as prerrogativas da Casa foram para o espaço há muito tempo. Não se consegue votar uma convocação de qualquer pessoa, de um ministro, de um componente de estado, em qualquer comissão permanente desta Casa. Isso é um erro grave. Isso rebaixa o parlamento brasileiro. Na CPI é mais grave ainda, porque a CPI tem poder muito maior.[44]

Inicialmente esse foi o caso do requerimento de convocação do ministro da Fazenda e do presidente do BCB de então para que depusessem sobre "as consequências das políticas monetária e cambial na formação da dívida pública da União, o pagamento de juros e amortizações da mesma, os beneficiários destes pagamentos e o seu impacto no financiamento das políticas sociais, de infraestrutura e desenvolvimento".[45] O requerimento foi aprovado como convite e a CPI encerrou seu período original sem que nenhum dos dois fosse ouvido. Durante a fase de prorrogação, diante da falta de sinalização por parte de ambos os convidados em comparecer, a CPI acabou aprovando — isso só foi possível por conta de um descuido regimental da base parlamentar do governo — a convocação do presidente do BCB. Este e o ministro da Fazenda compareceram à CPI faltando cerca de um mês para o seu encerramento, mas pouco acrescentaram ao que se ouvira até então. De um modo geral, limitaram-se a exaltar pontos que, em suas opiniões, indicavam os sucessos da política macroeconômica.

Outros requerimentos de convocação, por acordo entre parlamentares de partidos que sustentaram os governos de então e o antecedente nem chegaram a ser votados. Um deles requeria que fosse convidado o ex-presidente da República Fernando Henrique Cardoso para tratar de in-

---

44 Câmara dos Deputados. CPI – Dívida Pública. Notas taquigráficas da reunião ordinária n. 1725/09, 7 out. 2009, p. 4.

45 Câmara dos Deputados. CPI – Dívida Pública. Requerimento de CPI n. 16, 23 out. 2009.

vestigação sobre a dívida externa que ele, como senador, relatara em 1987; outro requeria a convocação do ministro da Fazenda durante o governo FHC; um terceiro, a convocação do ministro da Fazenda durante os dois primeiros anos do governo Lula. Este ponto conecta-se à terceira marca revelada pela CPI e que sintetiza a hegemonia da burocracia econômico-financeira e o seu desprezo pelo controle democrático. Já vimos antes que a burocracia sempre foi a instituição estatal mais rebelde à democracia representativa (POULANTZAS, 2000 [1978], p. 232) e que lhe era bem vindo um parlamento mal informado e, por isso, sem poder (WEBER, 1964 [1922], p. 745). Em audiência pública da CPI, ao secretário do Tesouro Nacional, que se disse surpreso por achar que todas as informações solicitadas haviam sido enviadas, foram colocadas as seguintes questões:

> O Ministério da Fazenda possui atribuição legal de administração financeira e contabilidade pública, bem como administração das dívidas públicas interna e externa. Diante disso, como explicar o fato de não ter sido respondido um requerimento da nossa autoria, em que pedimos os dados básicos sobre o estoque da dívida externa toda: saldo, multilateral e bancos privados e sobre o fluxo, empréstimos, amortizações e juros? Nós constatamos que ele nos enviou dados incompletos[,] apenas no período de 1999 a 2008, afirmando que o Banco Central informaria desde 1970, exatamente porque tivemos um grande deslocamento da dívida nesse período, no começo da década de 70. ... nós não recebemos essa informação. Segunda questão: em relação à dívida interna, ao ministro da Fazenda, nós pedimos, em requerimento que não foi respondido, mostrando os fatores que implicaram em crescimento da dívida interna — os fatores —, tipo assunção de outras dívidas, variação cambial, juros acumulados. O ministro da Fazenda limitou-se a informar à CPI que ["]a Secretaria do Tesouro somente passou a elaborar e a publicar os fatores de variação da dívida a partir de 1999, ... razão pela qual não estão sendo encaminhados dados referentes aos anos anteriores["]. Mais uma vez, o Ministério afirmou que o Banco Central, aí, sim, prestaria as informações até 1998. Nós não recebemos essa informação também.[46]

---

46 Câmara dos Deputados. CPI – Dívida Pública. Notas taquigráficas da reunião ordinária n. 1940/09, 28 out. 2009, p. 15.

Enfim, o caso brasileiro foi mais um a confirmar a tese weberiana de que "o governo burocrático é, por sua própria tendência, um governo que exclui a publicidade. A burocracia oculta na medida do possível o seu conhecimento e a sua atividade frente à crítica" (WEBER, 1964 [1922], p. 744).

Ampliando-se esta análise para além da questão específica da CPI da dívida, a condução econômica como um todo, para a qual a dívida é um dos pontos de especial atenção da tecnocracia econômica, padeceu de similar falta de controle democrático. Por exemplo, a lei de responsabilidade fiscal determinou que,

> após o encerramento de cada semestre, o Banco Central do Brasil apresent[e], em reunião conjunta das comissões temáticas pertinentes do Congresso Nacional, avaliação do cumprimento dos objetivos e metas das politicas monetária, creditícia e cambial, evidenciando o impacto e o custo fiscal de suas operações e os resultados demonstrados nos balanços.[47]

Segundo um ex-deputado que depôs à CPI, e que, disse ele, participava dessas audiências,

> nunca isso foi demonstrado. As audiências públicas do Banco Central aqui se resumem a uma grande exposição no *powerpoint* dos sucessos econômicos, mas uma avaliação precisa dos custos da política econômica nunca foi feita.

> Nós observamos que todo esse debate sobre a questão financeira do estado brasileiro é encoberto. Esse debate deveria ser um debate central na comissão de orçamento. Não é feito, porque a comissão de orçamento dedica-se meramente a discutir emendas. O resultado primário é tanto, e nós temos de arrecadação ... A receita não financeira é tanta, a despesa não financeira é tanta, e se limita a esse debate.[48]

Tal opinião foi compartilhada pelo relator da CPI, que, aliás, fora também relator do projeto da lei de responsabilidade fiscal durante sua tramitação parlamentar.

---

47 Brasil. Lei complementar n. 101, 4 maio 2000, artigo 9º, parágrafo 5º.

48 Câmara dos Deputados. CPI – Dívida Pública. Notas taquigráficas da reunião ordinária n. 2320/09, 9 dez. 2009, p. 9.

A liberdade de que dispôs a tecnocracia econômica para, via endividamento, direcionar excedentes apropriados pelo estado a que me referi anteriormente pareceu ser uma constatação também da CPI. Isso apareceu em algumas palavras ditas ao longo dos trabalhos da Comissão, como: I) "o Congresso não assume a sua competência, que é discutir economia à luz da democracia"; II) "muita coisa está acontecendo por determinação de ... poucos"; e III) "o Tesouro da União, que praticamente tem uma liberdade absoluta em contrair dívidas, em fazer rolagem, aumentar e emitir títulos públicos".[49]

O último ponto que destaco da realização da CPI foi a sua preocupação em reafirmar o compromisso do estado brasileiro com os interesses da finança. O primeiro deles refere-se ao respeito aos contratos, um dos clamores feitos pelo então vice-diretor gerente do FMI, que fora secretário do Tesouro Nacional nos governos Itamar e FHC e secretário-executivo do Ministério da Fazenda no início do primeiro governo Lula. Para ele, a CPI

> seria uma oportunidade importante para consolidar a confiança no crédito [público] no Brasil, reafirmando o respeito aos contratos e reafirmando o pagamento das dívidas públicas pelos vários níveis de governo, nas condições em que elas foram contratadas; seria importante para apoiar a política do governo de elevar o superávit [sic] primário para 3,3% do PIB, no próximo ano, e manter esse superávit [sic] em níveis semelhantes para os anos seguintes.[50]

Fizeram coro deputados das bases do então governo Lula e do antecessor FHC. Para alguns, dever-se-ia agir "com isenção, para não transformarmos esta CPI numa possibilidade de ... calote", como quando, "no governo Sarney, não tivemos mais recursos, tivemos de dar o calote à dívida e levamos 10 anos para nos reposicionar no mercado mundial".[51]

---

49 Câmara dos Deputados. CPI – Dívida Pública. Notas taquigráficas das reuniões ordinárias n. 1725/09, 7 out. 2009, p. 54; n. 2204/09, 25 nov. 2009, p. 38; e n. 2320/09, 9 dez. 2009, p. 29.

50 Câmara dos Deputados. CPI – Dívida Pública. Notas taquigráficas da reunião ordinária n. 2007/09, 5 nov. 2009, p. 12.

51 Câmara dos Deputados. CPI – Dívida Pública. Notas taquigráficas das reuniões ordi-

Outro interesse da finança, ao qual já se referiram outros pesquisadores brasileiros (CATTANI, 2007, p. 77; MEDEIROS, 2003, p. 148; POCHMANN *et al.*, 2004, p. 13, 43) como forma de proteção dos ricos, é a questão do sigilo sobre suas fortunas. Essa também foi uma preocupação da CPI, que mesmo tendo poderes constitucionais de investigação optou por não conhecer quem eram os destinatários dos excedentes transferidos pelo estado por meio do pagamento de juros. Frente à proposta de requerer ao BCB os nomes dos credores da dívida pública federal interna, prevaleceu a interpretação que isso era "quebra de sigilo [fiscal], o que seria flagrantemente inconstitucional, além de um problema enorme que isso causaria até mesmo de credibilidade ... para o país ... captar investimentos quando necessário".[52]

Enfim, ao longo de toda a CPI ficou suficientemente claro que sua maioria se propunha a, no máximo, estudar suas origens e a situação de então. Não era seu objetivo discutir a questão no sentido de saber quem se beneficiara ou não do processo de endividamento brasileiro. Nas palavras do presidente do partido líder do consórcio que governava o país naquele momento, numa de suas raras aparições — mesmo sendo membro titular —, a CPI

> pode historiar o processo que vem desde o Império de endividamento do nosso país, ou ela pode se prender num debate, que na minha opinião é estéril, sobre a dívida frente aos gastos públicos, que é um debate que está mais do que feito, refeito e consolidado. ... Nós não estamos discutindo aqui necessariamente, nesta CPI, política econômica ou sequer sobre auditoria de algo que, na minha opinião, já há literatura suficiente para nós estudarmos as origens, os erros e os acertos da gestão macroeconômica que incidiram sobre a dívida pública.
>
> A questão fundamental nossa é fazer, até para as próximas gerações, um criterioso levantamento dos processos políticos e socioeconômicos que levaram a essa situação e como nós fazemos para projetar

---

nárias n. 1304/09, 26 ago. 2009, p. 23; e n. 1655/09, 30 set. 2009, p. 43.

52 Câmara dos Deputados. CPI – Dívida Pública. Requerimento de CPI n. 67, 16 dez. 2009; e notas taquigráficas da reunião ordinária n. 2400/09, 16 dez. 2009, p. 16.

para o futuro um estado que possa ter a capacidade de se endividar sim — porque o estado se endividar não tem problema nenhum quando há mecanismos sustentáveis de financiamento da dívida.[53]

Discussão em sentido inverso ao que desejava o governo poderia conduzir a questão para uma abordagem da dívida pública como mecanismo de transferência de excedentes entre classes. Ao fazer isso, talvez alguma luz pudesse ter sido lançada sobre essa parcela do orçamento estatal formada pelos juros da dívida e, assim, essa mesma luz talvez apontasse quem se apropriou e quem cedeu tal parcela de excedentes. Nesse sentido, a preferência recaiu sobre uma avaliação superficial sobre a dívida ser sustentável ou não. Aqui, conforme já analisei anteriormente, o conceito de sustentabilidade da dívida se refere claramente a uma opção de classe, visto que se ocupa da capacidade de pagá-la, algo que, definitivamente, é do interesse primeiro dos seus credores, ou seja, da finança.

Democracia econômica *e* socialismo democrático

O que discuti até aqui visou a apontar contradições substantivas e procedimentais que fazem do capitalismo um sistema econômico que inviabiliza a genuína democracia. Essa situação assumiu contornos ainda mais nítidos nesta última fase de expansão financeira da economia. Por outro lado, o capitalismo e a democracia realmente existentes são sistemas históricos que não cabem em categorias conceituais discretas. Estas não podem ser empregadas de modo a caracterizar a sociedade como puramente (não) capitalista ou puramente (não) democrática. Nem mesmo a expressão neoliberal do capitalismo é um sistema monolítico, e os diferentes modelos sociais e regimes de regulação resultaram em diferentes neoliberalismos, logo, em diferentes possibilidades de ações progressistas (HADJIMICHALIS e HUDSON, 2007, p. 100). Essa estratégia permite então vislumbrar caminhos que levem para além do

---

53 Câmara dos Deputados. CPI – Dívida Pública. Notas taquigráficas da audiência pública n. 1588/09, 23 set. 2009, p. 40-41.

capitalismo, sem, no entanto, perder de vista que é dele que se deve partir para abandoná-lo.

Necessário para a realização dessa possibilidade, ainda que não suficiente, é abrir caminhos para a democratização da economia. Isso envolve uma dialética que ataque os fenômenos apontados anteriormente como características antidemocráticas estruturais do capitalismo: a desigualdade econômica e a falta de participação e controle sociais sobre as decisões econômicas. Ambas se reproduzem mutuamente, logo, modificações em uma influenciarão a outra. Diminuição (aumento) da desigualdade econômica acarreta menor (maior) concentração de poder político e, consequentemente, mais (menos) democracia econômica e política. Essas possibilidades deixam entreaberta a porta para uma ordem político-econômica diferente, qual seja, o socialismo democrático. Democracia é princípio socialista e, se o termo democracia significa subordinação do poder estatal ao poder social, o termo socialismo significa subordinação do poder econômico a esse mesmo poder social (WRIGHT, 2006b, p. 106). Assim, por socialismo democrático me refiro a um sistema em que os meios de produção são coletivamente controlados, os investimentos coletivamente definidos e as decisões sobre a destinação dos frutos da produção coletivamente compartilhadas.

Proposta controversa que delineia um sistema de partilha de excedentes é a ideia de socialismo de mercado desenvolvida por John Roemer (1994, p. 456). Ele o define como um arranjo econômico em que a maioria dos bens, dentre eles a força de trabalho, são distribuídos por meio do sistema de preços e os lucros das empresas — talvez geridas por trabalhadores — são distribuídos de modo igualitário entre a população. Essa proposta, segundo o próprio autor, não trata de democracia e se ocupa do tema igualdade. Ele sublinha ainda a necessidade de eficiência econômica como condição para que o arranjo seja viável. Com isso, sua proposta ataca um ponto central do capital, que é a propriedade privada e, por conseguinte, o que ele chama de exploração. No entanto, Roemer cala quanto às condições políticas sem as quais tanto propriedade quanto exploração não seriam possíveis. E é justamente nessa separação e na dispensa da democracia política que residem algumas das maiores ameaças para um projeto que vise à igualdade econômica. Como vimos em outros momentos, uma não pode existir sem a outra.

É seguindo essas linha que Joshua Cohen e Joel Rogers duvidam da viabilidade dessa proposta de Roemer. Por um lado, ela pode ser útil na reconstrução de uma democracia radical, por outro, demanda para o seu próprio projeto igualitário o controle popular da economia. Até mesmo para a performance econômica — da qual Roemer não abre mão em seu modelo dito socialista —, a eficiência governamental e o desenvolvimento, os envolvimentos de cidadãos mobilizados, de grupos de interesses e da sociedade civil como um todo com agências estatais tendem a contribuir positivamente (BLOCK e EVANS, 2005, p. 520; COHEN e ROGERS, 1995, p. 9, 21; EVANS, 1996, p. 1130). Esse envolvimento pode, por exemplo, levar à redução de custos de monitoramento na relação de agência (COHEN e ROGERS, 1995, p. 9, 21), ou ainda ao aumento de eficiência na medida em que os participantes busquem capacitar-se para tomar boas decisões se tiverem de conviver com as consequências de suas escolhas (FUNG e WRIGHT, 2003, p. 28). Assim, para além da ideia da democracia como valor em si, podemos recorrer à própria necessidade de eficiência do sistema produtivo como justificativa para envolver o conjunto da sociedade no processo.

Ainda que tenha me referido à desigualdade econômica como restritiva à participação popular sobre as decisões econômicas, não é razoável vislumbrar alterações substanciais na primeira sem que ocorram mudanças significativas na prática da segunda. Diminuição (aumento) da desigualdade econômica é um movimento que se sustenta politicamente e, assim, decorre também do maior (menor) envolvimento político das classes e demais grupos sociais. Nesse sentido, a transformação em direção a uma ordem socialista democrática será determinada pela intensidade do envolvimento político dessas classes e grupos. Numa palavra, a ação transformadora da atual realidade — democracia capitalista — não pode partir da ilusão de que o início do caminho está na redução da desigualdade. Ela não virá de algum processo "natural", que, como acreditam os liberais, seria a lógica geradora da própria desigualdade. Da mesma forma que esta é reproduzida por uma relação social — exploração de classe —, é a ação política que pode impor-lhe limites para, então, leva-la à extinção.

Se as práticas e relações econômicas são contingentes, históricas e constituídas socialmente, cidadãos não estão condenados a conformar-se a relações econômicas opressivas ou a ver-se como vítimas passivas de um sistema econômico imutável (SWANSON, 2008, p. 56, 59). Para isso, além do controle democrático dos direitos de propriedade e do poder estatal, além das formas de ação política representativa e participativa, além da garantia das liberdades individuais em comunidade, concorre o controle democrático dos investimentos como condição para o controle democrático do estado (BOWLES e GINTIS, 1986, p. 177, 183). Mais que isso, da democratização da economia depende o próprio bem estar do conjunto da humanidade. Como lembram Cohen e Rogers (1994, p. 515), foi justamente a falta de controle democrático sobre essa esfera que levou às falhas do presente, como desigualdade, desemprego, degradação ambiental e pressão contínua sobre trabalhadoras e trabalhadores. E ainda que desafios revolucionários ao capitalismo tenham ocorrido, os exemplos históricos não se mostraram capazes de sustentar processos institucionais democráticos duradouros (WRIGHT, 2006b, p. 103-104).

Ocorre que uma "teoria voluntarista de construção de instituições alternativas, emancipatórias depende da participação ativa, criativa e com poderes de pessoas comuns em um processo de deliberação e de tomada de decisão" (WRIGHT, 2006b, p. 103-104). Nesse ponto, no pensamento de Marx sobre os homens fazerem história dentro de certos limites, não devemos focalizar apenas os limites, mas a possibilidade de homens e mulheres agirem coletivamente para mudar suas histórias. Isso em nada atenta contra a noção de liberdade; e não apenas por conta da estreiteza de sua versão liberal. Como bem observou Wright Mills (2000 [1959], p. 174), liberdade não se reduz meramente à oportunidade de cada um fazer o que lhe apraz tampouco à oportunidade de escolher entre alternativas. "Liberdade", continua Mills, "é, antes de tudo, a possibilidade de formular as escolhas disponíveis e argumentar sobre elas — e aí sim, a oportunidade de escolher".

Se um dos principais limites para uma mudança democratizante está na propriedade privada — seus detentores resistirão ante qualquer ameaça a essa instituição —, um ponto de partida frutífero pode ser democratizar as decisões de investimento e outros gastos do estado. Da prática democrática nessa esfera podem surgir alternativas que conduzam a sociedade a evoluir para alguma espécie de socialismo democrático. Mas para isso se faz necessário o fortalecimento de condições para que a participação da sociedade vá além do que lhe é facultado a cada punhado de anos por meio das urnas. Nesse sentido, o aprofundamento de experiências de democracia participativa em relação àquelas já existentes poderiam servir a esse propósito. Mas para isso, deveriam possibilitar deliberações também sobre os assuntos com alcance social mais amplo do que aqueles vistos até agora nas diversas experiências históricas.

Se, de um lado, trabalhadores, via geração de mais-valia, ou a sociedade em geral, via restrições ao acesso a serviços públicos, são chamados a abastecer um sistema de realocação de excedentes, de outro, uma democracia plena exige que a todas e todos se dê a possibilidade de influenciar substantivamente os gastos estatais. Numa ordem econômica efetivamente democrática a ser organizada *por meio da atividade delegada* do estado — e não simplesmente *pelo* estado em si —, tais gastos estariam subordinados ao controle social. Nesse sentido, decisões relacionadas à política econômica não são diferentes de qualquer outro tema da administração estatal, contudo, como demonstrei nos capítulos anteriores, sua relevância, tanto em termos econômicos como políticos, a faz merecedora de atenção especial. As suas consequências materiais para o conjunto da sociedade são suficientemente significativas para que o controle ou a influência de tais decisões não fiquem concentradas em poucas mãos, sejam elas de proprietários ou de seus prepostos instalados no aparelho estatal.

Nesse ponto, a dúvida é sobre em que medida qualquer assunto pode ser objeto de controle democrático, em especial aqueles tão complexos como políticas econômicas. Para Fung e Wright (2003, p. 39), nem sempre a participação direta será útil, sendo que, em muitas áreas da vida pública, sistemas convencionais de delegação e representação são suficientes, ainda que possam ser aprimorados. Por outro lado, delegar e eleger não significa abrir mão do poder. Isso demanda controle ainda maior sobre temas e sobre quem decide. Para isso, é importante evitar os extremos que essa questão costuma evocar: de um lado, a necessidade de uma pequena elite tecnocrática concentrar o poder decisório sobre as políticas fiscal e monetária; de outro, a decisão aberta ao debate amplo e irrestrito dos temas. A aparente inviabilidade física dessa última por vezes é uma das razões alegadas para o insulamento, outra costuma ser que nem todos os membros interessados em dado tema detêm suficiente capacidade técnica. Mas como todo extremismo, tais concepções inviabilizam alternativas.

Se concordarmos que nem todos os temas podem ser objeto de deliberação por parte, por exemplo, de uma nação inteira, por outro lado não há porque concordar que tenham de ser decididos por elites aparentemente insuladas. O outro ponto indicaria certa pretensão — não fosse ele movido por interesses específicos — ao indicar que, dentre a ampla maioria dos interessados, não há coletividades capacitadas para tratar de certos temas. Outra possível alegação de quem duvida da viabilidade deles serem decididos democraticamente pode ser a de que a condução política concorre com uma das palavra de ordem do momento, a "responsabilidade fiscal". Considerado um valor em si, o controle seria virtude exclusiva da técnica, a qual, por sua vez, estaria sob constante ameaça da política. Contrariando esse senso comum, estudo empírico sobre correlação entre endividamento público e procedimentos democráticos diretos em governos subnacionais suíços de Feld e Kirchgässner (2001, p. 364) mostrou dívidas *per capita* menores justamente nos municípios onde resultados fiscais eram objeto de referendo popular.

Uma instituição fundamental ao controle democrático da economia é o orçamento público, para o que os chamados orçamentos participativos podem servir de inspiração. No entanto, isso poderia ter alguma chance de efetividade se ocorresse em escopo ampliado relativamente ao que se viu nas suas manifestações mais conhecidas. Refiro-me não só à amplitude geográfica, mas também aos seus objetos. Primeiramente, a ampliação dos níveis locais para o nacional se faz necessária para uma efetiva democratização da economia, pois é nesse nível que se definem as grandes questões que impactam a vida em sociedade, inclusive nos aspectos locais. Por exemplo, pouca efetividade haverá se um bairro deliberar pela construção de uma escola na vizinhança quando os recursos para tal estiverem comprometidos por decisões tomadas alhures, como quando o governo central impõe restrições fiscais à execução de políticas. Na atual configuração federativa brasileira, de autonomia política das esferas subnacionais, mas de significativa concentração de recursos no governo central, são importantes as restrições a ações locais.

Sobre a ampliação de objetivos, o potencial transformador de um orçamento sob controle popular está na possibilidade de não se restringir ao papel de simples peça de acomodação de conflitos. Como outras instituições aparentemente democráticas que têm servido ao capitalismo atenuando conflitos de classes, experiências participativas não estão livres de ser usadas em estratégias reformistas ou de cooptação. Em estudo sobre práticas políticas participativas na Europa, dentre elas o orçamento participativo, Hadjimichalis e Hudson (2007, p. 107, 108) não deixaram de reconhecer esses riscos. Contudo, também apontaram que as mesmas experiências demonstram, sobretudo, lutas por hegemonia sobre questões do desenvolvimento local e regional. De um modo geral, concluíram Hadjimichalis e Hudson, tais experiências poderiam contribuir para um processo educacional de longo prazo em direção a tais princípios e para forjar um senso de colaboração, por meio do conflito em vez da competição e do sucesso individuais.

Essa configuração vai ao encontro do que seria uma economia democrática, que para Bowles, Gordon e Weisskopf (1990, p. 187), significa: I) uma economia que garante a todos os cidadãos os direitos básicos de sobrevivência; II) que oferece a todos, diretamente ou por meio de representantes eleitos, a oportunidade de participação nas decisões econômicas que afetam suas vidas; III) que acaba com a dependência dos trabalhadores das arbitrariedades de seus empregadores; e IV) que elimina a dependência econômica de homens e mulheres e todas as formas de discriminação no acesso ao trabalho, moradia e à economia como um todo; em resumo "uma economia na qual cidadãos e trabalhadores podem mais facilmente tornar-se os autores de suas próprias histórias". Para eles, a necessidade dessa alternativa se baseia nas ideias de que democracia e igualdade são valores em si, e que uma economia mais democrática e mais igualitária seria menos desperdiçadora do que a atual.

São ainda imperativos para uma configuração como a idealizada por Bowles e Gintis (1986, p. 205, 209) o planejamento econômico democrático, a democracia no local de trabalho e o acesso comunitário aos meios de produção. O planejamento, prosseguem eles, refere-se à determinação socialmente controlada das linhas gerais da estrutura e evolução econômicas por meio da deliberação e controle coletivos sobre as decisões de investimento. Trata-se de, nas palavras de Swanson (2008, p. 59), politizar a economia, o que significa ampliar o controle político democrático sobre as relações econômicas, colocando sob deliberação e revisão públicas — em oposição ao controle privado e elitista — os discursos e práticas que, não obstante, têm consequências para a coletividade.

Resistências nessa esfera ocorreriam, afinal, capitalistas não assistem passivamente ao estado respondendo de modo democrático a eventuais tentativas de controle popular. Por outro lado, no terreno das instituições potencialmente mais próximas da sociedade civil encontram-se também possibilidades de algum controle social. É razoável acreditar que o parlamento, por exemplo, proporcione maiores chances de ser transformado do que outras instituições capitalistas, como a propriedade privada ou o aparato econômico do poder executivo. Isso demandaria um parlamento ativo e, principalmente, exposto a todas e todos, e não apenas a poucos grupos de pressão como ocorre na democracia capitalista. É imprescindível que ele seja palco de debates e deliberações que expressem a influência de classes e grupos sociais organizados. Para isso é útil manter em perspectiva a ideia de Bowles e Gintis (1986, p. 183) sobre soberania popular ser um conceito que "não pressupõe que o ímpeto para a ação política emana 'do povo'; liderança política efetiva e inovação por parte de indivíduos ou grupos que não 'o todo' são completamente consistentes como o ideal de soberania popular na medida em que ambas, liderança e inovação, estejam sujeitas à efetiva deliberação e responsabilização *ex-post facto*".

Um desses mecanismos de responsabilização, claro, é o voto, mas este mostrou sua insuficiência para o estabelecimento de uma ordem genuinamente democrática. Se é verdade que ele exerce a "antecipação do controle retrospectivo" — o representante político sabe que não atender aos anseios de seus constituintes diminui suas chances de reeleição —, trata-se no entanto de um controle bastante diluído, visto que o histórico de votos proferidos por um parlamentar é apenas um dentre muitos fatores que determinam suas chances de reeleição (ELSTER, 1998, p. 2). Além disso, devemos lembrar que eleições, embora centrais à democracia, ocorrem de modo intermitente e permitem à cidadania apenas optar dentre alternativas altamente agregadas (SCHMITTER e KARL, 1991, p. 78). Assim, para dizer o mínimo, qualquer análise que permita afirmar que os que votam têm poder sobre os eleitos demanda também que se ressalve que quem detém ou controla o capital tem poder sobre quem governa (BARRY, 2002, p. 15).

Considerando os limites do possível, como o potencial de dominação ideológica da democracia deliberativa (PRZEWORSKI, 1998, p. 140), as limitações físicas desta e a potencial resistência dos capitalistas; considerando as insuficiências democráticas da democracia liberal, como o pouco espaço oferecido à participação, a insuficiência do voto como mecanismo de controle popular e a desigualdade econômica, uma combinação entre representação e participação, mas com o fortalecimento desta última em sua capacidade de influência sobre os representantes, seria um caminho no sentido de uma maior democratização. Para Glaser (1999, p. 240, 256), uma teoria democrática marxista distinta deve considerar essa combinação, que, aliás, fora constatada por Marx e Engels na Comuna de Paris, ainda que sem uma teoria sistemática que tivesse a democracia como categoria central. Com isso, reafirmo a importância da democracia representativa, pois não se pode abrir mão da eficiência e de um mínimo de estabilidade que ela pode proporcionar, desde que, porém, submetida ao efetivo e contínuo controle popular.

Esses princípios seguem válidos por conta do que vimos sobre o papel do estado capitalista, cujo aparato econômico tem sua ação política significativamente pautada pela lógica financeira. Talvez amanhã a lógica seja outra, e isso dependerá do grupo hegemônico no processo de acumulação, restando que o estado será sempre capitalista enquanto o modo de produção for capitalista. Contudo, isso não leva a concluir que uma alternativa democratizante passe por negar a importância do estado nesse processo, advogando-se, por exemplo, a solução marxista-leninista sintetizada na necessidade de desmantelamento do estado (LENIN, 2007 [1917], p. 39). Socialismo democrático envolve a preservação das instituições da democracia representativa, porém combinada com democracia direta, não elitista e sim autogerida, sob pena de simples reformas no aparato estatal deixadas por conta deste converterem-no em estatismo autoritário. Em suma, ou o "socialismo será democrático ou não será socialismo" (POULANTZAS, 1978b, p. 87).

O pensamento marxista tardio já se movia nesse sentido ao reconhecer o estado moderno como um contrato entre governante e governados (ENGELS, 1982 [1895], p. 206). Coerente como isso seria então substituir a ideia marxista-leninista da necessidade de desmantelamento *do* estado pela necessidade de desmantelamento *deste* estado, reconhecendo, enfim, que uma democracia econômica demanda que se construa outro no lugar do estado capitalista. Assim como este último é requerido pela economia capitalista, uma economia socialista demanda um estado socialista, este com a função de prover a sociedade civil com as instituições — regras, mecanismos de coordenação — sem as quais seria impossível o controle social sobre a economia e sobre o próprio estado (WRIGHT, 2006b, p. 120). Ocorre que igualdade e democracia implicam-se mutuamente. Assim, se o controle das decisões econômicas concentra-se nas mãos das classes capitalistas é porque, além do controle da produção e dos seu meios, elas podem contar com a falta de ocupação de espaços na arena política por parte das classes subalternas.

A argumentação que desenvolvi até aqui aponta para a necessidade de ocupação desses espaços por todas as classes e grupos para que economia e política possam ser conjuntamente consideradas como democráticas. Contribuição nesse sentido pode ser o conceito normativo de democracia associativa delineado por Cohen e Rogers (1995, p. 35). Resumidamente, sua proposta advoga que a democratização do estado ocorre com o fortalecimento do que chamam de associações secundárias — sindicatos, conselhos de trabalhadores, associações de bairro, associações de pais e professores, grupos ambientalistas, associações de mulheres etc. A democratização se concretiza quando elas são capazes de efetivamente representar especialmente os interesses de seus membros num processo de mediação entre estado e sociedade. A ideia central é que os grupos políticos mantenham-se sob controle mútuo por meio de uma política associativa e, ao mesmo tempo, que contribuam coletivamente com o processo de governo democrático-igualitário. Não significa a abolição do estado afirmativo, nem o insulamento deste em relação à sociedade, tampouco abrir uma espécie de bazar para a barganha entre grupos em relativa igualdade de condições. Significa sim a aproximação dos grupos visando a que eles gradativamente reduzam os seus caracteres de facção.

A ideia de Cohen e Rogers aborda o ponto que desenvolvi acima como sendo um dos que faz da democracia do tipo capitalista um sistema antitético à plena democracia, que é o da falta de participação popular nas decisões do estado. Contudo, dentre os vários critérios que estabelecem para uma ordem que consideram democrática, Cohen e Rogers calam a respeito do outro aspecto fundamental. Junto de soberania popular, consciência cívica, bom desempenho econômico, competência estatal e igualdade política, eles colocam equidade distributiva como condição para o ideal democrático em que baseiam sua ideia (COHEN e ROGERS, 1995, p. 35). Ainda que tratem a questão econômica como das mais importantes, não avançam na necessidade de igualdade econômica — essa seria uma provável consequência do controle democrático sobre a economia (COHEN e ROGERS, 1994, p. 508) — e a propriedade privada dos meios de produção não é uma ameaça ao seu modelo. Com isso, o modelo de Cohen e Rogers padece do mesmo erro — porém com o sinal inverso — que em outro momento eles mesmos acusaram ser o de

Roemer por descuidar da democracia como condição para a realização de sua proposta econômica igualitária.

Acerta Levine (1995, p. 158) quando, ao criticar a proposta de Cohen e Rogers, suspeita fortemente que ela seja factível sem a socialização dos meios de produção. Ele duvida que sem isso as instituições associativas delineadas por Cohen e Rogers (1995, p. 35) possam, por exemplo, obter os recursos necessários ao seu funcionamento. Nesse ponto, a visão que tinham os mesmos Cohen e Rogers (1983, p. 168, 169) anos antes era mais próxima de um conceito genuinamente democrático. Mesmo afirmando que sua concepção de democracia não era hostil aos movimentos que trabalhavam por reformas da democracia capitalista, deixavam claro o seu ceticismo acerca dessa possibilidade em dois aspectos. O primeiro referia-se ao inter-relacionamento dos requisitos institucionais que enumeravam como parte de um sistema em que a falha de qualquer um deles comprometeria seriamente o alcance dos demais.[54] Por exemplo, uma ordem social com garantia de liberdades civis mas sem o controle público dos investimentos não pode ser considerada uma democracia.

A segunda fonte de ceticismo de Cohen e Rogers quanto à capaci-

---

54 Para Cohen e Rogers, seriam requisitos institucionais de uma ordem efetivamente democrática: I) a garantia formal dos direitos e liberdades individuais — pensamento, expressão, associação e decisão coletiva — necessários à autonomia para deliberação pública pautada pela razão; II) o reconhecimento que esse primeiro ponto é necessário mas não suficiente, o que coloca como igualmente necessária a expressão organizada do debate político, onde a figura de partidos políticos competitivos e com acesso a financiamento público é crucial para promover o debate entre posições discordantes, por exemplo, sobre os objetivos econômicos e meios a empregar para tal; III) um nível básico de satisfação material — a ser definido por um processo de deliberação pública —, pois a inexistência de privações do tipo é precondição para um processo deliberativo livre de constrangimentos; IV) a manutenção das condições de igualdade política, o que demanda que os investimentos sejam publicamente decididos e controlados, podendo isso dar-se sob a supervisão legislativa ou por via diretamente democrática; V) a democracia no local de trabalho, onde cada indivíduo tem a oportunidade de exercer autonomamente suas capacidades; VI) igualdade de oportunidades, no sentido de um compromisso social nas arenas política e econômica com a remoção das incapacidades prévias resultantes de desigualdades materiais; e VII) a extensão dos requisitos até aqui enumerados à política internacional no sentido do reconhecimento e da promoção para que a ordem democrática seja respeitada também naquilo que diz respeito aos povos estrangeiros.

dade democratizante dos movimentos reformistas era a inexistência de qualquer motivo particular para vislumbrar passos contínuos em direção à completa realização de uma ordem genuinamente democrática. Considerando que as lutas por reforma sob a égide da democracia capitalista envolvem também consentir com o capitalismo, elas podem ser enfraquecidas por aspectos que fogem ao seu controle. Por exemplo, se a luta pelo controle da arena política se transformar tão só em tentar eleger determinado candidato, o objetivo original se enfraquecerá se tal candidato representar pouca diferença na distribuição final de poder dentro do sistema. Ainda que reconhecessem a possibilidade de reformas conduzirem a ganhos materiais e a mais poder político, duvidavam que elas pudessem ser vistas como um caminho para uma futura ordem radicalmente democrática. Para eles, "democracia requer[ia] a abolição do capitalismo", "não por conta do padrão de vida materialmente insatisfatório sob capitalismo, mas por conta do seu estrutural sacrifício da liberdade. Escolher democracia é recusar tal sacrifício" (COHEN e ROGERS, 1983, p. 169).

Conclusão

> É pouco? Sim, muito pouco, mas a direção
> da caminhada é mais importante do que o
> tamanho do passo.
>
> *Augusto Boal*

Tentei neste trabalho desenvolver uma análise sociológica de temas econômicos que, em tempos de expansão financeira, parecem interditados ao debate. Para isso, a política econômica em geral, e a dívida pública em particular, para além dos seus aspectos técnicos, pareceram fenômenos capazes de auxiliar na compreensão dessa esfera de relações na sociedade contemporânea brasileira. A dívida foi um objeto de investigação abordado em vista de outros fenômenos sociais mais amplos, que, não obstante, estavam em sua órbita. Alguns deles foram então estudados de modo relacionado ao desenvolvimento — não apenas quantitativo, mas, principalmente, político — da dívida pública brasileira nos cerca de dois decênios que se seguiram ao lançamento do real, em 1994. São eles crise, expansão financeira da economia, papel do estado capitalista vis-à-vis à lógica financeira de acumulação, exploração de classe, apropriação de excedentes econômicos, e finalmente, a incompatibilidade entre capitalismo e democracia econômica materializada na falta de controle democrático sobre as principais decisões econômicas.

Sem a pretensão de explicar *as* razões de determinadas decisões políticas, procurei estabelecer conexões entre certas escolhas e a estrutura social que as condicionou, mas que, ao mesmo tempo, foram influenciadas por essas decisões. Esse é um primeiro ponto que leva a concluir que o estado não é — aliás, nunca foi — estranho à economia capitalista. Mais importante, o estado tampouco dela se afastou, como dizem querer os neoliberais, ou como pensam muitos críticos do neoliberalismo. Se um dia a industrialização brasileira demandou um estado desenvolvimentista, mais tarde, a financeirização da economia mundial veio a impor a sua lógica sobre um novo modo de regulação. Assim, não há que se falar em redução da participação do estado na economia, mas da participação, talvez ainda maior — vide a arrecadação tributária —, de um estado adaptado à realidade histórica em que se insere.

***

A ampliação da chamada economia fictícia é um dos momentos de articulação entre capital e estado que desmente a suposição de retração deste de intervir no mercado em nome daquele, o que, alias, sempre foi um dos seus papéis. Mesmo as políticas de bem-estar, a despeito dos avanços que significaram principalmente nas sociedades do Norte global, visaram a restaurar um capitalismo em crise. Mas outra crise, depois dos chamados anos gloriosos do capitalismo, chegou. A resposta foi a substituição de ideologias, das quais a nova colocou no centro das preocupações econômicas a poupança como condição para o investimento e o crescimento. Também ao centro dessas preocupações foi a moeda, que após a crise de fins dos anos 1970 teve de ser resgatada novamente pela ação estatal. Um dos efeitos mais significativos dessa troca de ideologias foi deslocar a velha polarização capitalismo *versus* socialismo para dentro do primeiro, o que já ocorrera ao longo do período do consenso keynesiano. Enfraqueceu-se o debate sobre alternativas ao capitalismo, e a discussão ficou ainda mais forte sobre como, dentro dele mesmo, enfrentar suas contradições. Ao discutir métodos dentro do capitalismo, a disputa seria não mais contra ele. O neoliberalismo era mesmo mais uma revolução conservadora.

Poucos anos depois do colapso do sistema de *Bretton Woods*, o que possibilitou aos EUA inundar os mercados mundiais com dólares, foram novamente os EUA a alterar as condições dos mercados financeiros mundiais. Em 1979, o *Federal Reserve* elevou as taxas de juros a níveis muito superiores ao que praticara ao longo de algumas décadas anteriores, com igual reflexo para as taxas de juros nas demais economias centrais. Ao primeiro movimento — aumento da liquidez mundial —, o Brasil, assim como outros países da periferia em seus esforços de industrialização, respondeu endividando-se junto ao sistema bancário internacional. Ao segundo movimento — elevação das taxas de juros —, "respondeu" com a estagnação econômica, que coincidiu com o fim da ditadura militar (1964–1985). Depois de passar os anos 1970 em ritmo de crescimento similar ao da China dos dias de hoje, o Brasil atravessou a década e meia seguinte em meio aquilo que vários comentadores chamam de crise de hegemonia.

Os anos 1990 já eram de um cenário de capital financeiro girando globalmente, sem tantas amarras e em montantes bastante maiores do que o equivalente às bases materiais de valor. Foi nesse cenário que a crise de hegemonia teve fim no Brasil, com a assunção do posto hegemônico por parte da finança. A lógica monetarista, que tomara de assalto o Norte global em meados dos anos 1970, chegou ao Brasil cerca de duas décadas mais tarde. O Plano Real foi a resposta brasileira à crise de hegemonia e, ao mesmo tempo, o credenciamento do país como recebedor dos capitais financeiros que percorriam o planeta sem alternativas suficientes de aplicações lucrativas. Para isso, além de uma série de medidas que visavam a dar-lhe o *status* de uma economia de mercado, o Brasil passou a atrair maciçamente capital de curto prazo, pagando as taxas reais de juros mais altas do mundo. Ao fazê-lo, absorveu em sua prática a ideologia que via a poupança como motor do crescimento econômico.

Enfim, a economia brasileira expandiu sua fração financeira em velocidade superior à valorização material e, assim, a finança fez-se hegemônica. Coerente com o seu passado de economia sustentada pela ação estatal, também a expansão financeira deu-se por essa via. A dívida pública, que Marx colocava como um dos tipos mais relevantes de capital fictício, foi o grande motor dessa expansão. Se por um lado a dívida pública brasileira era uma ilustre ausente do debate político brasileiro, por outro, a sua relevância para o orçamento estatal era é das mais significativas. Ao longo dos últimos cerca de vinte anos, seus juros formaram o segundo item mais representativo do gasto estatal federal, superado apenas pela previdência social. Nesse ponto, além dos momentos de crise, que é quando os efeitos podem assumir contornos catastróficos para os mais pobres, a economia fictícia revelou sua face concreta. Se a dívida pública, assim como outros tipos de capital portador de juros, não é concreta em sentido econômico estrito — de geração de valor —, o foi em capacidade de impor restrições e comportamentos a amplos segmentos sociais.

***

A ampliação da lógica financeira para diversas esferas da vida em sociedade aparentemente confirmou a realização do desejo liberal e da prescrição neoliberal de que ao estado não caberia intervir na atividade econômica. No entanto, os estados-nacionais se mantiveram ativos nessa esfera, e a crise do liberalismo keynesiano, quando muito, fez esse modo de regulação ser substituído por um novo tipo de liberalismo. No caso brasileiro talvez isso tenha sido até mais claro do que nas economias do centro. Com maior ímpeto a partir de meados dos anos 1990, o estado brasileiro iniciou um recuo por meio de privatizações de empresas estatais e de quebras de monopólios que detinha. Não obstante, o processo foi acompanhado da inserção estatal em outra esfera do capital via criação de condições para a expansão financeira da economia. Além de elevar as taxas reais de juros, o país abriu-se para que capitais financeiros pudessem ser enviados ou retirados a qualquer momento.

Altas taxas de juros, liberalização de fluxos de capitais e crescentes resultados fiscais deficitários — mais um indício da não retirada do estado na economia — levaram à ampliação da dívida pública brasileira, especialmente a mobiliária interna. Nesse ponto, o neoliberalismo brasileiro confirmou o que se dizia acerca da contradição entre reivindicar a demissão do estado ao mesmo tempo que se lhe demandava condições para o desenvolvimento ou mesmo a criação de mercados. Por exemplo, até meados dos anos 1990, praticamente inexistia a figura do fundo de investimento, que, demandando um mercado secundário de títulos públicos, só pôde se desenvolver a partir do endividamento mobiliário interno do governo federal. Se até fins dos anos 1970 a hegemonia da indústria se replicava no aparato estatal, a partir dos anos 1990 é a finança que passa a ocupar esse espaço. Com isso, muitas das ações do estado passaram a pautar-se pela lógica de garantir a rentabilidade dos capitais a ele emprestados pela finança.

Nesse contexto, o caráter de classe do estado assumiu feições de um caráter de fração de classe, no caso a financeira. Isso pôde ser observado nas configurações dadas às políticas monetária e fiscal. No primeiro caso, o controle da inflação como o mais importante objetivo macroeconômico, para o que o único mecanismo vislumbrado foi a política de juros, fez as taxas destes últimos suficientemente altas para atrair montantes significativos de capital-dinheiro. Este encontrou terreno fértil no Brasil para apropriar-se de excedentes econômicos, que, lembremos, são sempre oriundos da exploração capitalista, ou seja, do trabalho alheio. No lado fiscal, a tônica foi a da remoção de embaraços ao pagamento de juros e outros serviços da dívida. Isso se deu, por exemplo, pela desvinculação constitucional de receitas outrora hipotecadas com políticas de bem-estar. Também com a limitação de gastos públicos não financeiros. Enfim, o estado brasileiro, já desde as vésperas do Plano Real, alçou a finança ao primeiro posto da fila de apropriação dos recursos por ele redistribuídos.

***

Efeito importante dessa configuração macroeconômica foi a estruturação de um sistema de expropriação de excedentes que liberou certos capitalistas de inconvenientes típicos da exploração direta do trabalho alheio, a qual se dá na esfera da produção material. Mais do que redistribuir excedentes, a superestrutura fiscal montada no Brasil possivelmente — utilizo-me de cautela em sinalizar alguma quantificação nesse sentido — elevou a taxa de exploração do trabalho. O sistema fiscal formado por dívida pública e tributação, aliado às contenções do salário social inscrito em políticas de bem-estar, colocou ainda mais a pressão sobre as classes trabalhadoras. Acionistas de empresas, estas cada vez mais submetidas à lógica que faz seus administradores olharem antes para a cotação das ações do que para o que efetivamente produzem, passaram a exercer um tipo novo de pressão sobre o trabalho. Em cenários de altas taxas de juros, ainda mais altas podem ter ficado as expectativas de lucros em atividades produtivas.

O estado brasileiro tornou-se um competidor importante pelo capital-dinheiro acumulado, mas com a facilidade de poder arbitrar regras e, assim, atraí-lo com mais facilidade do que outras instituições. Empresas, por exemplo, não contam com as mesmas prerrogativas de um estado-nacional para endividar-se; este não desaparece com tanta facilidade e frequência quanto aquelas. Contudo, assim como no caso da pressão sobre o trabalho colocada pela expectativa de lucros maiores, a dívida pública levou o estado a tributar mais. Ao fazê-lo, sinalizou elevações das taxas de exploração de ciclos produtivos ulteriores. Para tanto, contou com a legitimidade de que dispõem os estados para elevar impostos com vistas aos pagamentos dos encargos do endividamento que, enfim, são suportados pelas classes trabalhadoras. Estas, nos velhos termos marxianos, além de trabalhar uma parte do dia para si e outra de graça para os capitalistas "produtivos" e para o estado, podem ter tido de trabalhar de graça uma segunda parte adicional para capitalistas financeiros.

Outra decorrência do endividamento público brasileiro, além dos impactos na distribuição de excedentes entre trabalho e capital, foi impor restrições materiais a segmentos sociais não diretamente envolvidos como o processo de produção. Conforme já assinalei, nos últimos cerca de vinte anos os montantes de despesas de juros sobre a dívida pública foram superados apenas pelos gastos com a previdência social. Um ponto importante é que desta dependem algumas dezenas de milhões de pessoas, ao passo que os juros foram apropriados por uma classe bem menos populosa. Outros gastos estatais igualmente essências à grande massa da população foram substancialmente superados pelas remunerações pagas aos rentistas. Por exemplo, gastos com educação, cultura, saúde e saneamento, somados, foram sistematicamente inferiores aos gastos com juros da dívida pública federal.

Enfim, o complexo dívida pública e tributação, cercado por garantias institucionais como desvinculação constitucional de receitas, metas legais de resultados primários positivos, e metas para a inflação armaram um mecanismo importante de redistribuição de excedentes. Esse formato específico fez com que alguns fenômenos históricos se reencontrassem no Brasil contemporâneo: uma economia periférica onde operou um mecanismo dos mais importantes do capitalismo moderno e que proporcionou magnitudes relevantes daquilo que Marx chamara de acumulação primitiva. Foi a dívida pública, um meio de despossessão ao qual as mais avançadas economias capitalistas recorreram e ainda recorrem, e que no Brasil consolidou-se antes mesmo de um desenvolvimento capitalista similar ao dos países do centro. Claro que a dívida pública existe no Brasil desde os seus primeiros dias como estado-nacional, mas um mercado de dívida tão desenvolvido a ponto de dar uma face financeira importante ao capitalismo brasileiro é construção recente.

✻✻✻

Quanto às implicações para a política democrática, mesmo sendo a dívida pública um meio não capitalista de exploração, a sua magnitude para a reprodução da desigualdade econômica fez dela um elemento amplificador da antítese capitalismo *ou* democracia. Concentrada em poucas mãos, senão em termos de propriedade, ao menos de controle decisório — esse é o caso dos fundos de investimento, detidos por milhares de pessoas, mas administrados por comparativamente poucas —, a dívida pública brasileira deu a essas mãos capacidade de interferir em políticas econômicas de forma desproporcional dentro da sociedade brasileira. Com isso, uma conjugação de ideologias e interesses entre finança e seus intelectuais orgânicos instalados no aparato econômico do estado brasileiro moldou as decisões mais importantes sobre a alocação dos excedentes apropriados pelo estado. Nenhuma outra composição social ou pensamento foi capaz de tamanha influência.

Um dos mecanismos utilizados para isso foi o que eu chamo de insulamento ideológico. Ele não se confunde com aquilo que na seção anterior denominei insulamento burocrático seletivo. O insulamento ideológico sintetiza os vários mecanismos que vimos naquela seção, por meio dos quais o estado e a sua tecnocracia econômica não isolaram a si da sociedade, mas sim, certos temas do debate, da influência e do controle sociais. Se o caráter de classe do estado capitalista se revelou como tal ao, por exemplo, não colocar em discussão temas anticapitalistas, seu caráter de fração de classe — fenômeno ainda mais antidemocrático — se revelava quando ele interditava o debate sobre temas potencialmente antifinança. Na linha de "despolitizar" o debate sobre economia, temas como política fiscal ou monetária eram considerados assuntos "técnicos", aos quais a política só serviria com a instabilidade.

No Brasil, a despeito de alguns ensaios, a representação parlamentar não demonstrou preocupações concretas com questões de política macroeconômica. Ao menos não a ponto de reclamar um compartilhamento de poder com o executivo. Nas mãos deste e, dentro dele, nas de um punhado de burocratas não eleitos e não submetidos ao controle social, ficou praticamente todo o controle da agenda macroeconômica brasileira. Em primeiro lugar, isso se deu por meio de um processo de deliberação sobre o orçamento estatal em que, proposto privativamente pelo executivo, contém até hoje uma série de restrições para que o parlamento faça alterações sobre as propostas originais. A política monetária foi decidida e implementada por uma agência com poderes não alcançáveis por qualquer tipo substantivo de controle social. Como se não bastasse, eram frequentes as defesas, por parte dos intelectuais da finança, da independência da autoridade monetária.

Mas se há problemas, e se esses são tão significativos como indica o fato de democracia e capitalismo serem sistemas antitéticos, não podemos concluir que essa é uma situação imutável. Nos últimos cerca de quarenta anos, acumularam-se crises e conflitos sociais em dimensões que superaram o que se dera nos cerca de trinta anos seguintes à Segunda Guerra Mundial. Com isso, acentuou-se a percepção que o sistema capitalista entrara em um processo de crise estrutural. O aumento da importância dos processos de *expropriação* — do que a dívida é um dos exemplos mais claros — vis-à-vis à *produção* de excedentes é um indício dos limites do capital. O sistema não pode sustentar-se pela mera redistribuição, como aquela que ocorre na esfera das finanças. Isso pode ser suficiente para capitais individuais, mas o sistema-mundo demanda expansão.

Claro que não podemos antecipar o quanto esses limites podem ser ampliados no tempo ou no espaço. Mas a percepção desses movimentos sinaliza que o capital, assim como o sistema democrático formal que o sustenta, não estão a salvo das suas próprias contradições. Assim como há limites econômicos para a expansão do capital, o seu próprio avanço faz ampliar os conflitos de classe. Se no passado, o local primeiro de luta dos movimentos progressistas era a produção capitalista, some-se a esta o desafio da luta contra a expropriação. Esta é hoje tão bem sintetizada na figura da redução ou mesmo eliminação de políticas de bem-estar com vistas à remuneração do capital-dinheiro que a finança empresta ao estado. Lutar contra a exploração sempre significou lutar contra o capital; nestes nossos tempos de crise estrutural, lutar contra a expropriação financeira também é. No sentido democrático, lutar por pela ampliação da participação social nas questões econômicas não é um fim em si mesmo, mas uma luta contra o próprio capital, sem o que não é possível pensar em uma sociedade mais igualitária.

Posfácio
O golpe de 2016

Quando a casa de um grande desmorona,/ Muitos pequeninos são esmagados./ Os que não haviam participado da boa fortuna de um poderoso/ Participam muitas vezes da desgraça dele. O carro que tomba/ Arrasta consigo ao abismo/ A parelha suada.

Bertolt Brecht

No final da década passada, enquanto o centro da economia mundial experimentava os efeitos de mais uma crise capitalista, no Brasil vislumbrava-se uma potencial, ainda que improvável, imunidade a tais efeitos. De 2003 a 2010, o PIB cresceu em média 4,1% ao ano; a taxa de desemprego nas principais regiões metropolitanas, que iniciara 2003 a 11%, caiu a 5,3% no final de 2010; no mesmo período, o salário mínimo cresceu 66% em termos reais. Nesse contexto, Lula chegou ao final de seu mandato com índices de aprovação popular suficientemente altos — média de 77% no último ano de governo — para indicar como sucessora uma tecnocrata que nunca fora uma estrela petista e que disputava a sua primeira eleição. Eleita Dilma, a economia e a política brasileiras pareciam seguir sem indicações significativas de crise, o que durou até meados de 2013, quando as Jornadas de Junho abalaram a cena política. Seu governo chegara até aquele momento com um índice médio de aprovação popular de 57%. Em julho de 2013, o índice dos que o consideravam "ótimo" ou "bom" caiu para 31%. Depois de alguma estabilidade, que se estendeu até a reeleição de Dilma, o índice despencou de 40% em dezembro de 2014 para 12% em março de 2015, mantendo-se nesse patamar até o governo ser derrubado, em maio de 2016.[1]

São muitas as razões para o golpe que desalojou o Partido dos Trabalhadoras da liderança da coalizão que administrava o estado capitalista brasileiro desde 2003. Para muitos, isso deveu-se a um suposto esgotamento do petismo, já incapaz de atenuar os antagonismos de classe. Essa tese ganhou evidência com revoltas de 2013. Ainda no campo político, mas em âmbito partidário, outros comentadores avaliaram que as forças de oposição à direita do PT viram a oportunidade de ascender ao poder por uma via alternativa às suas malsucedidas tentativas eleitorais. Ambas as hipóteses são plausíveis, mas penso que um outro fator deve ser agregado ao rol das possíveis explicações. Tanto a hipótese do esgotamento do petismo como a da disputa partidária carecem de algum maior cuidado com a racionalidade instrumental capitalista também subjacente aos movimentos que culminaram com a derrubada do governo Dilma. Nesse sentido, quem viesse a ocupar o posto teria antes de comprometer-se com o capital naquilo que este não mais vislumbrava alcançar caso persistissem as condições políticas que

---

1 Confederação Nacional da Indústria. *Pesquisa CNI-IBOPE: avaliação do governo*. Disponível em: <http://www.portaldaindustria.com.br/estatisticas/>. Acesso em 26 out. 2016.

se revelaram em 2013 e atingiram seus pontos mais dramáticos a partir de reeleição de Dilma, estendendo-se até o seu afastamento.

Em outubro de 2015, o partido do então vice-presidente da República, que viria a assumir — provisoriamente em maio e definitivamente em agosto de 2016 — o cargo de presidente, lançou um documento intitulado *Uma ponte para o futuro*.[2] Naquela espécie de programa de governo pós-golpe, em que Temer lançava-se ao posto para o qual Dilma fora eleita pelo voto popular, seu partido sinalizava a "necessidade" de "um ajuste [fiscal] de caráter permanente", o que demandaria "mudar leis e até mesmo normas constitucionais". Dizia também ser "necessário ... acabar com as vinculações constitucionais estabelecidas, como no caso dos gastos com saúde e com educação". Propunha o "fim de todas as indexações, seja para salários, benefícios previdenciários e tudo o mais" e "que o equilíbrio fiscal de longo prazo [fosse] um dos princípios constitucionais". Defendia ser "preciso introduzir ... uma idade mínima [para aposentadoria] que não [fosse] inferior a 65 anos para os homens e 60 anos para as mulheres". Ainda em relação aos custos da força de trabalho, pregava ser fundamental "permitir que as convenções coletivas prevale[cessem] sobre as normas legais, salvo quanto aos direitos básicos". O que seriam essas senão propostas de resgate e, em muitos aspectos, recrudescimento do modelo macroeconômico que estudamos nos capítulos anteriores?

O que Temer prometia entregar era justamente um aprofundamento de políticas econômicas que todos os governos vinham implementando a partir dos anos 1990, mas que começavam a apresentar sinais de dificuldade de seguimento. Pela primeira vez desde 1998, no último ano do primeiro governo Dilma o governo central apresentara resultado fiscal primário — aquele que exclui as despesas e as receitas financeiras — negativo, o que se repetiu no ano seguinte (ver figura 2.4, p. 117). Ou seja, diferentemente dos dezesseis anos anteriores, em 2014 e 2015 não houve saldo fiscal

---

2 Partido do Movimento Democrático do Brasil. Fundação Ulysses Guimarães. *Uma ponte para o futuro*. Brasília, 29 out. 2015. Disponível em <http://pmdb.org.br/noticias/uma-ponte-para-o-futuro/>. Acesso em 26 out. 2016.

para pagamento algum de juros da dívida pública. E foi isso que as forças políticas que se uniram em torno do golpe de 2016 se comprometeram a reverter, de modo que a política macroeconômica retomasse o curso original e demandado pela finança. O já citado documento do partido de Temer dizia que "o primeiro objetivo de uma política de equilíbrio fiscal é interromper o crescimento da dívida pública, num primeiro momento, para, em seguida, iniciar o processo de sua redução como porcentagem do PIB. O instrumento normal para isso é a obtenção de um superávit [sic] primário capaz de cobrir as despesas de juros".

Nada disso quer dizer que o governo Dilma não estivesse se esforçando em sentido similar. Meu argumento é outro: a coalizão deposta chegara a um ponto de quase total incapacidade política de seguir com a agenda pró-finança que marcara o seu primeiro período e os dos seus três antecessores — Itamar, FHC e Lula —, ainda que para aqueles o compromisso pró-finança tivesse sido mais claro e firme. Exemplos de esforços do governo Dilma na tentativa de se reconciliar com a finança puderam ser vistos, por exemplo, logo após a sua reeleição. Aqui é bom lembrar que esta deu-se por pequena margem — 51% ante 48% de Aécio — depois de ter apelado para um discurso que resgatava algumas bandeiras caras à esquerda, por exemplo, o compromisso em não mexer em direitos trabalhistas. Reeleita Dilma, seu governo tratou de abandonar aquela retórica e acenou favoravelmente ao capital em geral e à finança em particular. Primeiro, escolheu como ministro da Fazenda um executivo de um grande banco privado que, aliás, já fora da equipe econômica nos dois primeiros anos do governo Lula, período de aprofundamento do modelo inaugurado no segundo governo FHC.

Outra medida na linha pró-finança foi a minirreforma previdenciária decretada no final de 2014. Por meio das medidas provisórias números 664 e 665, de 30 de dezembro daquele ano, o governo modificou regras visando a restringir concessões de benefícios trabalhistas e previdenciários.[3] Aqui é

---

3   A medida provisória n. 664 foi convertida na lei n. 13.135, de 17 jun. 2015, e a medida provisória n. 665, na lei n. 13.134, de 16 jun. 2015.

bom lembrar que FHC e Lula fizeram as suas reformas e Temer, ao assumir o cargo de presidente, prometeu mais uma, e todas elas em dimensões superiores à de Dilma em termos de redução de custos da força de trabalho.

Penso que esse padrão pode ser extrapolado para as opções fiscais gerais de cada um dos governos encerrados nestes últimos vinte anos bem como para o que sinaliza aquele a quem foi entregue o poder político em 2016. FHC governou o Brasil durante um período em que coincidiram a adesão brasileira ao modelo neoliberal de regulação, uma sucessão de crises financeiras internacionais e baixo crescimento da economia. Durante os seus dois governos (1995–2002), a média anual de crescimento do PIB foi de 2,3% (0,9% *per capita*) ante os 4,9% (2,8% *per capita*) observados em 1970–1994.[4] Isso não impediu que nesse período o governo optasse por formar resultados primários positivos em todos os anos exceto o de 1997 (ver figura 2.4, p. 117). Além dessa opção de classe favorável à finança, os seus ataques sobre o trabalho sintetizaram-se na redução dos salários sobre o total da renda nacional e no aumento das parcelas apropriadas pelo capital, como vimos na análise da distribuição funcional da renda (ver figura 3.6, p. 158).

Durante os governos Lula, a situação foi diferente em alguns aspectos importantes, mas todos eles possibilitaram a continuidade do modelo inaugurado no segundo governo FHC e mantiveram os enfrentamentos de classe represados. O crescimento econômico, em boa parte sustentado por uma situação externa mais favorável, foi significativamente superior ao que o Brasil experimentara no período FHC. Durante os dois mandatos de Lula (2003–2010), a média anual de crescimento do PIB foi de 4% (2,9% *per capita*). Isso possibilitou que o governo central formasse significativos resultados fiscais primários, que alcançaram uma média anual positiva de 2,2% do PIB ante 1,1% observado nos dois governos FHC (ver figura 2.4, p. 117). Não foi necessário aos governos Lula ampliar a tributação como fizeram os governos FHC. A arrecadação

---

4   Conforme sistema de contas nacionais (SCN) referência 2000.

de impostos e contribuições — exceto previdenciárias — ao longo de 2003-2010 manteve a sua média no mesmo patamar atingido no início dos anos 2000, depois de crescer continuamente desde meados dos anos 1990 (ver figura 2.5, p. 121). Esse contexto possibilitou ainda o aumento dos salários como proporção da renda nacional, como vimos na análise da distribuição funcional da renda (ver figura 3.6, p. 158).

A proporção dos salários sobre a renda nacional seguiu aumentado até 2014. Os gastos federais com políticas de bem-estar seguiram até 2015 a tendência de elevação iniciada em 2009, ano em começaram a ser sentidos os primeiros efeitos da crise financeira mundial de 2008 (ver figura 3.9, p. 167). A média anual do total de despesas com habitação, urbanismo, trabalho, educação, cultura, saúde e saneamento, que fora de 3,7% do PIB nos governos FHC e caiu a 3,1% do PIB nos governos Lula, voltou a 3,7% nos cinco anos completos de governos Dilma. Os gastos com previdência, que foram impactados em grande medida por aumentos reais do salário mínimo, representaram respectivamente 8%, 9,4% e 9,6% do PIB, sendo que em 2015 atingiram 9,9%. Naquele momento o quadro já era de redução drástica do crescimento econômico e da arrecadação tributária, que, aliás, já vinha caindo desde o começo do primeiro governo Dilma. Uma das consequências, já vimos, foi que pela primeira vez desde 1998 o governo central registrou resultado fiscal primário negativo em 2014, o que se repetiu em 2015, tendência essa inaceitável para a finança. Aliás, as próprias metas de resultado primário sinalizavam algo que a finança não toleraria por muito tempo. Depois de uma média de 2,9% do PIB em 2002-2010, elas despencaram para 1,9% em 2011-2015.

E foi justamente com a reversão dessas tendências que se comprometeu a coalizão política que assumiu o governo com o golpe de 2016. Tal compromisso, já vimos, estava no documento *Uma ponte para o futuro*, emitido pelo partido de Temer e que, de certa forma, reeditava de forma mais drástica a *Carta ao povo brasileiro* que Lula lançara em 2002. Fato é que, junto da menor intensidade dos esforços fiscais sinalizados por Dilma, seu governo já não dispunha de condições políticas para implementar uma agenda dita austera imposta pela finança. Ao tratar do alegado desequilíbrio fiscal, o documento *Uma ponte para o futuro* dizia que "só um choque institucional pode[ria] revertê-lo, bem como uma visão integrada da questão e muita lucidez e autoridade política". O "choque institucional" veio, executado pelas maiores forças partidárias — elas estavam no parlamento e também dentro do próprio governo deposto —, econômicas, jornalísticas e judiciárias. E a nova "autoridade política" passou a ser usada justamente para tentar levar adiante o compromisso assumido pela nova coalizão governante junto à finança. Enquanto este posfácio era escrito, tramitava no parlamento brasileiro, já tendo sido aprovada na câmara baixa, uma proposta de emenda constitucional com vistas a congelar, por vinte anos em termos reais, os gastos primários do governo central. No âmbito da previdência, discute-se estabelecer idades mínimas para aposentadoria. Há outras medidas, mas essas duas bem sintetizam a tentativa de devolver ao curso original a política macroeconômica pró-finança dos últimos cerca de vinte anos.

Enfim, não poderia deixar de arriscar uma hipótese sobre a queda do governo que, contraditoriamente, não foi capaz de romper com aquela política tampouco foi capaz de seguir levando-a adiante. E é nessa segunda parte que reside a minha hipótese de que o golpe de 2016 serviu para tirar do governo as forças políticas que não eram mais capazes, como foram outrora, de continuar gerindo um modelo econômico que prossegue até os dias de hoje sob hegemonia da finança. Por alguma ironia, este livro apresentou em seu primeiro capítulo o que Gérard Duménil e Dominique Lévy denominaram "golpe de 1979" para identificar a guinada monetarista marcada pela elevação das taxas reais de juros que, iniciada nos EUA, impactou o restante da economia mundial. Depois, o estudo se concentrou em analisar a política macroeconômica brasileira a partir do que, guardadas algumas proporções, chamei de "golpe de 1994", este o ano de lançamento do Plano Real, quando inaugurou-se no Brasil o cenário de taxas reais de juros sustentadamente altas. Agora encerro a discussão tratando do "golpe de 2016", este mais explícito que os outros dois em termos institucionais mas todos com o mesmo objetivo: restaurar o poder de classe do capital em geral e da sua fração financeira em especial.

Referências

ABU-EL-HAJ, Jawdat. "From interdependence to neo-mercantilism: Brazilian capitalism in the age of globalization". *Latin American Perspectives*, v. 34, n. 5, 2007, p. 92-114.

ALBO, Greg; EVANS, Bryan. "From rescue strategies to exit strategies: the struggle over public sector austerity". In: PANITCH, Leo; ALBO, Greg; CHIBBER, Vivek (orgs.). *Socialist register 2011: the crisis this time*. Londres: Merlin, 2010, p. 283-308.

AMIN, Samir. "Economia de mercado ou capitalismo financeiro oligopólico". *Margem Esquerda*, n. 12, 2008, p. 62-73.

APPELBAUM, Eileen; BATT, Rose; CLARK, Ian. "Implications of financial capitalism for employment relations research: evidence from breach of trust and implicit contracts in private equity buyouts". *British Journal of Industrial Relations*, v. 51, n. 3, 2013, p. 498-518.

ARENDT, Hannah. *Crises da república*. 2a ed. São Paulo: Perspectiva, 2006 [1972].

ARESTIS, Philip; DE PAULA, Luiz Fernando; FERRARI-FILHO, Fernando. "A nova política monetária: uma análise do regime de metas de inflação no Brasil". *Economia e Sociedade*, v. 18, n. 1, 2009, p. 1-30.

ARONOWITZ, Stanley. *The knowledge factory: dismantling the corporate university and creating true higher learning*. Boston: Beacon, 2000.

ARRIGHI, Giovanni. *The long twentieth century: money, power, and the origins of our times*. Londres: Verso, 1994.

ASIMAKOPOULUS, John. "Globally segmented labor markets: the coming of the greatest boom and bust, without the boom". *Critical Sociology*, v. 35, n. 2, 2009, p. 175-198.

BABB, Sarah. "Embeddedness, inflation, and international regimes: the IMF in the early postwar period". *The American Journal of Sociology*, v. 113, n. 1, 2007, p. 128-164.

BARRY, Brian. "Capitalists rule ok? Some puzzles about power". *Politics, Philosophy & Economics*, v. 1, n. 2, 2002, p. 155-184.

BIERSTEKER, Thomas J. "Reducing the role of the state in the economy: a conceptual exploration of IMF and World Bank prescriptions". *International Studies Quarterly*, v. 34, n. 4, 1990, p. 477-492.

BLOCK, Fred; EVANS, Peter. "The state and the economy". In: SMELSER, Neil J.; SWEDBERG, Richard (orgs.). *The handbook of economic sociology*. 2a ed. Princeton: Princeton University Press, 2005, p. 505-526.

BOITO, Armando. "Class relations in Brazil's new neoliberal phase". *Latin American Perspectives*, v. 34, n. 5, 2007, p. 115-131.

BONEFELD, Werner. "Free economy and the strong state: some notes on the state". *Capital & Class*, v. 34, n. 1, 2010, p. 15-24.

BOURDIEU, Jérôme; HEILBRON, Johan; REYNAUD, Bénédicte. "Les structures sociales de la finance". *Actes de la Recherche en Sciences Sociales*, v. 146, n. 1, 2003, p. 3-7.

BOURDIEU, Pierre. "Stratégies de reproduction et modes de domination". *Actes de la Recherche en Science Sociales*, v. 105, 1994, p. 3-12.

BOURDIEU, Pierre. "Le champ économique". *Actes de la Recherche en Sciences Sociales*, v. 119, n. 1, 1997, p. 48-66.

BOURDIEU, Pierre. "Le mystère du ministère: des volontés particulières à la 'volonté générale'". *Actes de la Recherche en Science Sociales*, v. 140, n. 1, 2001, p. 7-11.

BOURDIEU, Pierre. *Razões práticas: sobre a teoria da ação*. 11a ed. São Paulo: Papirus, 2011 [1996].

BOWLES, Samuel; GINTIS, Herbert. *Democracy and capitalism: property, community, and the contradictions of modern social thought*. Nova York: Basic Books, 1986.

BOWLES, Samuel; GINTIS, Herbert. "Contested exchange: new microfoundations for the political economy of capitalism". *Politics & Society*, v. 18, n. 2, 1990, p. 165-222.

BOWLES, Samuel; GORDON, David M.; WEISSKOPF, Thomas E. *After the waste land: a democratic economics for the year 2000*. Armonk: M. E. Sharpe, 1990.

BOYER, Robert. "Estado, mercado e desenvolvimento: uma nova síntese para o século XXI?". *Economia e Sociedade*, v. 8, n. 1, 1999, p. 1-20.

BRAGA, Ruy. *A pulsão plebeia: trabalho, precariedade e rebeliões sociais*. São Paulo: Alameda Casa Editorial, 2015.

BRESSER-PEREIRA, Luiz Carlos. "Burocracia pública e classes dirigentes no Brasil". *Revista de Sociologia e Política*, n. 28, p. 9-30.

CALLON, Michel. "What does it mean to say that economics is performative?". In: MACKENZIE, Donald; MUNIESA, Fabian; SIU, Lucia (orgs.). *Do economists make markets? on the performativity of economics*. Princeton: Princeton University Press, 2007, p. 311-357.

CAMARA, Mamadou; SALAMA, Pierre. "A inserção diferenciada — com efeitos paradoxais — dos países em desenvolvimento na mundialização financeira". In: CHESNAIS, François (org.). *A finança mundializada: raízes sociais e políticas, configuração, conseqüências*. São Paulo: Boitempo, 2005, p. 199-221.

CARCANHOLO, Reinaldo A.; NAKATANI, Paulo. "Capital especulativo parasitario versus capital financiero". *Problemas del Desarrollo*, v. 32, n. 124, 2001, p. 9-31.

CARNEIRO, Ricardo. "Liberalização financeira e crescimento econômico". *Economia e Sociedade*, v. 5, n. 1, 1996, p. 193-196.

CARRUTHERS, Bruce G. *City of capital: politics and markets in the English financial revolution*. Princeton: Princeton University Press, 1996.

CARRUTHERS, Bruce G. "The sociology of money and credit". In: SMELSER, Neil J.; SWEDBERG, Richard (orgs.). *The handbook of economic sociology*. 2a ed. Princeton: Princeton University Press, 2005, p. 355-378.

CARRUTHERS, Bruce G.; HALLIDAY, Terence C. "Globalization and institutional convergence: are legal and financial institutions becoming homogeneous?". *Working paper n. 2027*, American Bar Foundation, 2000.

CATTANI, Antonio David. "Desigualdades socioeconômicas: conceitos e problemas de pesquisa". *Sociologias*, n. 18, 2007, p. 74-99.

CHESNAIS, François (org.). *A mundialização financeira: gênese, custos e riscos*. São Paulo: Xamã, 1998.

CHESNAIS, François. "A teoria do regime de acumulação financeirizado: conteúdo, alcance e interrogações". *Economia e Sociedade*, v. 11, n. 1, 2002, p. 1-44.

CHESNAIS, François (org.). *A finança mundializada: raízes sociais e políticas, configuração, conseqüências*. Edited by François Chesnais. São Paulo: Boitempo, 2005a.

CHESNAIS, François. "Doze teses sobre a mundialização do capital". In: FERREIRA, Carla; SCHERER, André Forti (orgs.). *O Brasil frente à ditadura do capital financeiro: reflexões e alternativas*. Lajeado: Univates, 2005b, p. 17-31.

COHEN, Gerald Allan. "The labor theory of value and the concept of exploitation". *Philosophy and Public Affairs*, v. 8, n. 4, 1979, p. 338-360.

COHEN, Joshua; ROGERS, Joel. *On democracy: toward a transformation of American society*. Nova York: Penguin, 1983.

COHEN, Joshua; ROGERS, Joel. "My utopia or yours?". *Politics & Society*, v. 22, n. 4, 1994, p. 507-521.

COHEN, Joshua; ROGERS, Joel. (orgs.). *Associations and democracy*. Londres: Verso, 1995.

CORBRIDGE, Stuart. *Debt and development*. Oxford, Reino Unido: Blackwell, 1993.

COSTILLA, Lucio Fernando Oliver. "The reconstitution of power and democracy in the age of capital globalization". *Latin American Perspectives*, v. 27, n. 1, 2000, p. 82-104.

CROUCH, Colin. *The strange non-death if neoliberalism*. Cambridge, Reino Unido: Polity, 2011.

DE LA BARRA, Ximena. "Who owes and who pays? The accumulated debt of neoliberalism". *Critical Sociology*, v. 32, n. 1, 2006, p. 125-161.

DEFLEM, Mathieu. "The sociology of the sociology of money: Simmel and the contemporary battle of the classics". *Journal of Classical Sociology*, v. 3, n. 1, 2003, p. 67-96.

DESAI, Radhika. *Geopolitical economy*: after US hegemony, globalization and empire. Londres: Pluto, 2013.

DEUTSCHMANN, Christoph. "Money as a social construction: on the actuality of Marx and Simmel". *Thesis Eleven*, v. 47, n. 1, 1996, p. 1-19.

DIDIER, Emmanuel. "Do statistics 'perform' the economy?" In: MACKENZIE, Donald; MUNIESA, Fabian; SIU, Lucia (orgs.). *Do economists make markets? on the performativity of economics*. Princeton: Princeton University Press, 2007, p. 276-310.

DINIZ, Eli. *Globalização, reformas econômicas e elites empresariais*: Brasil anos 1990. 2a ed. Rio de Janeiro: Editora da FGV, 2004.

DUFOUR, Mathieu; ORHANGAZI, Özgür. "International financial crises: scourge or blessings in disguise?". *Review of Radical Political Economics*, v. 39, n. 3, 2007, p. 342-350.

DUMÉNIL, Gérard; LÉVY, Dominique. "Costs and benefits of neoliberalism. A class analysis". *Review of International Political Economy*, v. 8, n. 4, 2001, p. 578-607.

DUMÉNIL, Gérard; LÉVY, Dominique. *Capital resurgent*: roots of the neoliberal revolution. Cambridge, MA: Harvard University Press, 2004a.

DUMÉNIL, Gérard; LÉVY, Dominique. "The economics of US imperialism at the turn of the 21st century". *Review of International Political Economy*, v. 11, n. 4, 2004b, p. 657-676.

DUMÉNIL, Gérard; LÉVY, Dominique. *The crisis of neoliberalism*. Cambridge, MA: Harvard University Press, 2011.

DURKHEIM, Émile. *As regras do método sociológico*. 16a ed. São Paulo: Companhia Editora Nacional, 2001 [1895].

DYMSKI, Gary Arthur. "Towards a new model of exploitation: the case of racial domination". *International Journal of Social Economics*, v. 19, n. 7/8/9, 1992, p. 292-313.

ELIAS, Norbert. *O processo civilizador*. Rio de Janeiro: Zahar, 1993 [1939], v. 2.

ELSON, Diane. "Market socialism or socialization of the market?" *New Left Review*, n. I/172, 1988, p. 3-44.

ELSTER, Jon. "The case for methodological individualism". *Theory and Society*, v. 11, n. 4, 1982, p. 453-482.

ELSTER, Jon. (org.). *Deliberative democracy*. Cambridge, Reino Unido: Cambridge University Press, 1998.

ENGELS, Friedrich. "Introdução a Karl Marx, 'As lutas de classes em França de 1848 a 1850'". In: MARX, Karl; ENGELS, Friedrich. *Obras escolhidas*. Lisboa: "Avante!", 1982 [1895], v. I, p. 189-208.

EVANS, Peter. "Government action, social capital and development: reviewing the evidence on synergy". *World Development*, v. 24, n. 6, 1996, p. 1119-1132.

EVANS, Peter. "The eclipse of the state? Reflections on stateness in an era of globalization". *World Politics*, v. 50, n. 1, 1997, p. 62-87.

EVANS, Peter. "Is an alternative globalization possible?". *Politics & Society*, v. 36, n. 2, 2008, p. 271-305.

EYAL, Gil. "Anti-politics and the spirit of capitalism: dissidents, monetarists, and the Czech transition to capitalism". *Theory and Society*, v. 29, n. I, 2000, p. 49-92.

FELD, Lars P.; KIRCHGÄSSNER, Gebhard. "Does direct democracy reduce public debt? Evidence from Swiss municipalities". *Public Choice*, v. 109, n. 3-4, 2001, p. 347-370.

FIGUEIREDO, Argelina Cheibub; LIMONGI, Fernando. "Constitutional change, legislative performance and institutional consolidation". *Revista Brasileira de Ciências Sociais*, n. esp. 1, 2000, p. 73-94.

FILGUEIRAS, Luiz; GONÇALVES, Reinaldo. *A economia política do governo Lula*. Rio de Janeiro: Contraponto, 2007.

FINE, Ben. "The continuing imperative of value theory". *Capital & Class*, v. 25, n. 3, 2001, p. 41-52.

FLIGSTEIN, Neil. "Markets as politics: a political-cultural approach to market institutions". *American Sociological Review*, v. 61, n. 4, 1996, p. 656-673.

FLIGSTEIN, Neil. "Le mythe du marché". *Actes de la Recherche en Sciences Sociales*, v. 139, n. 1, 2001a, p. 3-12.

FLIGSTEIN, Neil. *The architecture of markets*: an economic sociology of *twenty-first-century capitalist societies*. Princeton: Princeton University Press, 2001b.

FOSTER, John Bellamy; MAGDOFF, Fred. *The great financial crisis*: causes and consequences. Nova York: Monthly Review, 2009.

FOUCAULT, Michel. *Microfísica do poder*. 19a ed. Rio de Janeiro: Graal, 1979.

FOUCAULT, Michel. *A ordem do discurso*: aula inaugural no Collège de France pronunciada em 2 de dezembro de 1970. 10a ed. São Paulo: Loyola, 2004 [1971].

FRIEDEN, Jeffry A. "Invested interests: the politics of national economic policies in a world of global finance". *International Organization*, v. 45, n. 4, 1991, p. 425-451.

FRIEDEN, Jeffry A. *Global capitalism*: its fall and rise in the twentieth century. Nova York: W. W. Norton, 2006.

FUNG, Archon; WRIGHT, Erik Olin (orgs.). *Deepening democracy*: institutional innovations in empowered participatory governance. Londres: Verso, 2003.

FURTADO, Celso. *Formação econômica do Brasil*. 34a ed. São Paulo: Companhia das Letras, 2007 [1959].

GARAGORRY, Jorge Alano Silveira. *Economia e política no processo de financeirização do Brasil (1980–2006)*. Tese (doutorado em Ciências

Sociais), Programa de Estudos Pós-Graduados em Ciências Sociais, Pontifícia Universidade Católica de São Paulo, São Paulo, 2007.

GLASER, Daryl. "Marxism and democracy". In: GAMBLE, Andrew; MARSH, David; TANT, Tony (orgs.). *Marxism and social science*. Urbana: University of Illinois Press, 1999, p. 239-258.

GOBETTI, Sérgio Wulff; ORAIR, Rodrigo Octávio. "Estimativa da carga tributária de 2002 a 2009". *Nota Técnica IPEA n. 16*, Instituto de Pesquisa Econômica Aplicada, 2010.

GORZ, André. *O imaterial*: conhecimento, valor e capital. São Paulo: Annablume, 2005.

GRAMSCI, Antonio. *Cadernos do cárcere*. 3a ed. Rio de Janeiro: Civilização Brasileira, 2004 [1932], v. 2.

GREIDER, William. *Secrets of the temple*: how the Federal Reserve runs the country. Nova York: Simon & Schuster, 1989.

GRÜN, Roberto. "Decifra-me ou te devoro! As finanças e a sociedade brasileira". *Mana*, v. 13, n. 2, 2007a, p. 381-410.

GRÜN, Roberto. "Entre a plutocracia e a legitimação da dominação financeira". *Revista Brasileira de Ciências Sociais*, v. 22, n. 65, 2007b, p. 86-107.

HADJIMICHALIS, Costis; HUDSON, Ray. "Rethinking local and regional development: implications for radical political practice in Europe". *European Urban and Regional Studies*, v. 14, n. 2, 2007, p. 99-113.

HARROD, Jeffrey. *Labour and third world debt*. Nova Delhi: Friedrich-Ebert-Foundation, 1992.

HARVEY, David. *The condition of postmodernity*: an inquiry into the origins of cultural change. Malden: Blackwell, 1990.

HARVEY, David. *A brief history of neoliberalism*. Nova York: Oxford University Press, 2005.

HARVEY, David. *A produção capitalista do espaço*. 2a ed. São Paulo: Annablume, 2006a.

HARVEY, David. *Spaces of global capitalism*: towards a theory of uneven geographical development. Londres: Verso, 2006b.

HARVEY, David. *The enigma of capital*: *and the crises of capitalism*. Nova York: Oxford University Press, 2010.

HAY, Colin. "Marxism and the state". In: GAMBLE, Andrew; MARSH, David; TANT, Tony (orgs.). *Marxism and social science*. Urbana: University of Illinois Press, 1999, p. 152-174.

HERMANN, Jennifer. "A macroeconomia da dívida pública: notas sobre o debate teórico e a experiência brasileira recente". *Cadernos Adenauer*, v. 3, n. 4, 2002, p. 41-70.

HILFERDING, Rudolf. *Finance capital*: *a study of the latest phase of capitalist development*. Londres: Routledge, 2006 [1910].

HOBSBAWM, Eric. *The age of extremes*: *a history of the world, 1914–1991*. Nova York: Vintage, 1995.

IANNI, Octavio. *Estado e capitalismo*. 2a ed. São Paulo: Brasiliense, 2004 [1989].

IANNI, Octavio. *A sociologia e o mundo moderno*. Rio de Janeiro: Civilização Brasileira, 2011.

INGHAM, Geoffrey. "On the underdevelopment of the 'sociology of money'". *Acta Sociologica*, v. 41, n. 1, 1998, p. 3-18.

JESSOP, Bob. *State theory*: *putting the capitalist state in its place*. University Park: Pennsylvania State University Press, 1990.

JESSOP, Bob. *State power*: *a strategic-relational approach*. Cambridge, Reino Unido: Polity, 2007.

JESSOP, Bob. "The 'return' of the national state in the current crisis of the world market". *Capital & Class*, v. 34, n. 1, 2010, p. 38-43.

JESSOP, Bob. "Revisiting the regulation approach: critical reflections on the contradictions, dilemmas, fixes and crisis dynamics of growth regimes". *Capital & Class*, v. 37, n. 1, 2013, p. 5-24.

JOHNSTON, Jim; DOLOWITZ David P. "Marxism and social class". In: GAMBLE, Andrew; MARSH, David; TANT, Tony (orgs.). *Marxism and social science*. Urbana: University of Illinois Press, 1999, p. 129-151.

KAUFMAN, George G. "Too big to fail in banking: What remains?". *The Quarterly Review of Economics and Finance*, v. 42, n. 3, 2002, p. 423-436.

KEISTER, Lisa A. "Financial markets, money, and banking". *Annual Review of Sociology*, v. 28, 2002, p. 39-61.

KELLNER, Douglas. "Theorizing globalization". *Sociological Theory*, v. 20, n. 3, 2002, p. 285-305.

KRIPPNER, Greta R. "The financialization of the American economy". *Socio-Economic Review*, v. 3, n. 2, 2005, p. 173-208.

KRIPPNER, Greta R. *Capitalizing on crisis*: the political origins of the rise of finance. Cambridge, MA: Harvard University Press, 2011.

LAPAVITSAS, Costas. "Theorizing financialization". *Work, Employment and Society*, v. 25, n. 4, 2011, p. 611-626.

LAPAVITSAS, Costas. "Financialised capitalism: crisis and financial expropriation". In: LAPAVITSAS, Costas (org.). *Financialization in crisis*. Chicago: Haymarket, 2013, p. 15-50.

LEBOWITZ, Michael A. *Following Marx*: method, critique, and crisis. Chicago: Haymarket, 2005.

LENIN, Vladimir Ilitch. *O estado e a revolução: o que ensina o marxismo sobre o estado e o papel do proletariado na revolução*. São Paulo: Expressão Popular, 2007 [1917].

LEVINE, Andrew. "Democratic corporatism and/versus socialism". In: COHEN, Joshua; ROGERS, Joel (orgs.). *Associations and democracy*. Londres: Verso, 1995, p. 157-166.

LI, Minqi. "After neoliberalism: empire, social democracy, or socialism?" *Monthly Review*, v. 55, n. 8, 2004, p. 21-36.

LOUREIRO, Maria Rita. "L'internationalisation des milieux dirigeants au Brésil". *Actes de la Recherche en Sciences Sociales*, v. 121, n. 1, 1998, p. 42-51.

LOUREIRO, Maria Rita; ABRUCIO, Fernando Luiz. "Política e reformas fiscais no Brasil recente". *Revista de Economia Política*, v. 24, n. 1, 2004, p. 50-72.

MACKENZIE, Donald. "Is economics performative? Option theory and the construction of derivatives markets". In: MACKENZIE, Donald; MUNIESA, Fabian; SIU, Lucia (orgs.). *Do economists make markets? on the performativity of economics*. Princeton: Princeton University Press, 2007, p. 54-86.

NESVETAILOVA, Anastasia. "Fictitious capital, real debts: systemic illiquidity in the financial crises of the late 1990s". *Review of Radical Political Economics*, v. 38, n. 1, 2006, p. 45-70.

O'CONNOR, James. *The fiscal crisis of the state*. New Brunswick: Transaction, 2002.

O'CONNOR, John. "Marxism and the three movements of neoliberalism". *Critical Sociology*, v. 36, n. 5, 2010, p. 691-715.

OFFE, Claus. "Structural problems of the capitalist state: class rule and the political system. On the selectiveness of political institutions". In: VON BEYME, Klaus (org.). *German political studies*. Londres: Sage, 1974, v. 1, p. 31-57.

OFFE, Claus. "The theory of the capitalist state and the problem of policy formation". In: LINDBERG, Leon N. *et al. Stress and contradiction in modern capitalism*: *public policy and the theory of the state*. Lexington: Lexington Books, 1975, p. 125-144.

OFFE, Claus. *Contradictions of the welfare state*. Londres: Hutchinson, 1984a.

OFFE, Claus. *Problemas estruturais do estado capitalista*. Rio de Janeiro: Tempo Brasileiro, 1984b.

OFFE, Claus. "Political liberalism, group rights, and the politics of fear and trust". *Studies in East European Thought*, v. 53, n. 3, 2001, p. 167-182.

OFFE, Claus. "Capitalism by democratic design?: democratic theory facing the triple transition in East Central Europe". *Social Research*, v. 71, n. 3, 2004 [1991], p. 501-528.

OFFE, Claus; RONGE, Volker. "Theses on the theory of the state". *New German Critique*, n. 6, 1975, p. 137-147.

OFFE, Claus; RONGE, Volker. "Teses sobre a fundamentação do conceito de 'estado capitalista' e sobre a pesquisa política de orientação materialista". In: OFFE, Claus (org.). *Problemas estruturais do estado capitalista*. Rio de Janeiro: Tempo Brasileiro, 1984, p. 121-137.

OLIVEIRA, Francisco de. "Lula in the labyrinth". *New Left Review*, n. 42, 2006, p. 5-22.

PAPADATOS, Demophanes. "Central banking in contemporary capitalism: inflation-targeting and financial crises". In: LAPAVITSAS, Costas (org.). *Financialization in crisis*. Chicago: Haymarket, 2013, p. 119-141.

PASTOR JR., Manuel; DYMSKI, Gary A.. "Debt crisis and class conflict in Latin America". *Capital & Class*, v. 15, n. 1, 1991, p. 203-231.

PAULANI, Leda Maria. *Brasil delivery*: servidão financeira e estado de emergência econômico. São Paulo: Boitempo, 2008.

PIKETTY, Thomas. *Capital in the twenty-first century*. Cambridge, MA: Belknap, 2014.

PINÇON, Michel; PINÇON-CHARLOT, Monique. "Sociologia da alta burguesia". *Sociologias*, n. 18, 2007, p. 22-37.

POCHMANN, Marcio *et al.* (orgs.). *Os ricos no Brasil*. São Paulo: Cortez, 2004.

POGREBINSCHI, Thamy. "O enigma da democracia em Marx". *Revista Brasileira de Ciências Sociais*, v. 22, n. 63, 2007, p. 55-67.

POLANYI, Karl. *A grande transformação*: as origens de nossa época. 2a ed. Rio de Janeiro: Campus, 2000 [1944].

POTTER, Brian. "Constricting contestation, coalitions, and purpose: the causes of neoliberal restructuring and its failures". *Latin American Perspectives*, v. 34, n. 3, 2007, p. 3-24.

POULANTZAS, Nicos. "The problem of the capitalist state". *New Left Review*, n. I/58, 1969, p. 67-78.

POULANTZAS, Nicos. "On social classes. *New Left Review*, n. I/78, 1973, p. 27-54.

POULANTZAS, Nicos. "The capitalist state: a reply to Miliband and Laclau". *New Left Review*, n. I/95, 1976, p. 63-83.

POULANTZAS, Nicos. *Classes in contamporary capitalism*. Londres: Verso, 1978a.

POULANTZAS, Nicos. "Towards a democratic socialism". *New Left Review*, n. I/109, 1978b, p. 75-87.

POULANTZAS, Nicos. *O estado, o poder, o socialismo*. 4a ed. São Paulo: Paz e Terra, 2000 [1978].

PRATES, Daniela Magalhães; PAULANI, Leda Maria. "The financial globalization of Brazil under Lula". *Monthly Review*, v. 58, n. 9, 2007, p. 32-38.

PREDA, Alex. "The sociological approach to financial markets". *Journal of Economic Surveys*, v. 21, n. 3, 2007, p. 506-533.

PRZEWORSKI, Adam. *Capitalism and social democracy*. Cambridge, Reino Unido: Cambridge University Press, 1985.

PRZEWORSKI, Adam. "The neoliberal fallacy". *Journal of Democracy*, v. 3, n. 3, 1992, p. 45-59.

PRZEWORSKI, Adam. "Deliberation and ideological domination". In: ELSTER, Jon (org.). *Deliberative democracy*. Cambridge, Reino Unido: Cambridge University Press, 1998, p. 140-160.

RADICE, Hugo. "Confronting the crisis: a class analysis". In: PANITCH, Leo; ALBO, Greg; CHIBBER, Vivek (orgs.). *Socialist register 2011*: the crisis this time. Londres: Merlin, 2010, p. 21-43.

ROCHA, Geisa Maria. "Redefining the role of the bourgeoisie in dependent capitalist development: privatization and liberalization in Brazil". *Latin American Perspectives*, v. 21, n. 1, 1994, p. 72-98.

ROCHA, Geisa Maria. "Neo-dependency in Brazil". *New Left Review*, n. 16, 2002, p. 5-33.

ROEMER, John E. *A general theory of exploitation and class*. Cambridge, MA: Harvard University Press, 1982a.

ROEMER, John E. "New directions in the Marxian theory of exploitation and class". *Politics & Society*, v. 11, n. 3, 1982b, p. 253-287.

ROEMER, John E. "Property relations vs. surplus value in Marxian exploitation". *Philosophy and Public Affairs*, v. 11, n. 4, 1982c, p. 281-313.

ROEMER, John E. "A future for socialism". Politics & Society, v. 22, n. 4, 1994, p. 451-478.

ROUSSEAU, Jean-Jacques. *Do contrato social*. Rio de Janeiro: Nova Cultural, 2005 [1757].

SAES, Décio. *República do capital: capitalismo e processo político no Brasil*. São Paulo: Boitempo, 2001.

SALAMA, Pierre. "Etat et capital. L'etat capitaliste comme abstraction réelle". *Critiques de l'Économie Politique. Nouvelle Série*, n. 7-8, 1978, p. 224-261.

SALAMA, Pierre. "De la finance à la flexibilité en Amérique latine et en Asie du Nord et du Sud-Est". *Revue Tiers Monde*, v. 39, n. 154, 1998, p. 425-450.

SANTOS, Paulo L. dos. "On the content of banking in contemporary capitalism". In: LAPAVITSAS, Costas (org.). *Financialization in crisis.* Chicago: Haymarket, 2013, p. 83-118.

SCHMITTER, Philippe C.; KARL, Terry Lynn. "What democracy is... and is not". *Journal of Democracy*, v. 2, n. 3, 1991, p. 75-88.

SCHWARTZ, Herman. "Social democracy going down or down under: institutions, internationalized capital, and indebted states". *Comparative Politics*, v. 30, n. 3, 1998, p. 253-272.

SICSÚ, João. "Rumos da liberalização financeira brasileira". *Revista de Economia Política*, v. 26, n. 3, 2006, p. 364-380.

SILVA, Hélio Eduardo da. *A reforma do Estado no governo Fernando Henrique Cardoso.* Tese (doutorado em Sociologia), Instituto de Ciências Sociais, Universidade de Brasília, Brasília, 2003.

STIGLITZ, Joseph Eugene. *Globalization and its discontents.* Londres: Penguin, 2002.

SWANSON, Jacinda. "Economic common sense and the depoliticization of the economic". *Political Research Quarterly*, v. 61, n. 1, 2008, p. 56-67.

THERBORN, Göran. *The ideology of power and the power of ideology.* Londres: Verso, 1999.

THERBORN, Göran. "After dialectics". *New Left Review*, n. 43, 2007, p. 63-113.

THERBORN, Göran. *What does the ruling class do when it rules? state apparatuses and state power under feudalism, capitalism and socialism.* Londres: Verso, 2008 [1978].

VERNENGO, Matías. "Technology, finance, and dependency: Latin American radical political economy in retrospect". *Review of Radical Political Economics*, v. 38, n. 4, 2006, p. 551-568.

VERNENGO, Matías. "Fiscal squeeze and social policy during the Cardoso administration (1995-2002)". *Latin American Perspectives*, v. 34, n. 5, 2007, p. 81-91.

WADE, Robert. "Financial regime change?". *New Left Review*, n. 53, 2008, p. 5-21.

WAGNER, F. Peter. *Rudolf Hilferding*: theory and politics of democratic socialism. Atlantic Highlands: Humanities, 1996.

WALLERSTEIN, Immanuel. 2013. "Structural crisis, or why capitalists may no longer find capitalism rewarding". In: WALLERSTEIN, Immanuel *et al.* (orgs.). *Does capitalism have a future?* Nova York: Oxford University Press, 2013, p. 9-35.

WEBER, Max. *Economía y sociedad*: esbozo de sociología comprensiva. 2a ed. México: FCE, 1964 [1922].

WEBER, Max. "A ciência como vocação". In: GERTH, Hans Heinrich; MILLS, Charles Wright (orgs.). *Max Weber: ensaios de sociologia*. 5a ed. Rio de Janeiro: LTC, 1982 [1919]a, p. 154-183.

WEBER, Max. "A política como vocação". In: GERTH, Hans Heinrich; MILLS, Charles Wright (orgs.). *Max Weber: ensaios de sociologia*. 5a ed. Rio de Janeiro: LTC, 1982 [1919]b, p. 97-153.

WEBER, Max. *A ética protestante e o "espírito" do capitalismo*. São Paulo: Companhia das Letras, 2004 [1904].

WEBER, Max. *História geral da economia*. São Paulo: Centauro, 2006 [1923].

WEFFORT, Francisco Correia. "The future of socialism". *Journal of Democracy*, v. 3, n. 3, 1992, p. 90-99.

WILLIAMS, Heather. "Of free trade and debt bondage: fighting banks and the state in Mexico". *Latin American Perspectives*, v. 28, n. 4, 2001, p. 30-51.

WILSON, Hall T. *Capitalism after postmodernism*: neo-conservatism, legitimacy and the theory of public capital. Leiden: Brill, 2002.

WOOD, Ellen Meiksins. "The separation of the economic and the political in capitalism". *New Left Review*, n. I/127, 1981, p. 66-95.

WOOD, Ellen Meiksins. *Democracia contra capitalismo*: a renovação do materialismo histórico. São Paulo: Boitempo, 2003.

WOOD, Ellen Meiksins. *Empire of capital*. Londres: Verso, 2005.

WRIGHT, Erik Olin. *Class, crisis and the state*. Londres: Verso, 1979.

WRIGHT, Erik Olin. *Interrogating inequality*: essays on class analysis, socialism and Marxism. Londres: Verso, 1994a.

WRIGHT, Erik Olin. "Political power, democracy, and coupon socialism". *Politics & Society*, v. 22, n. 4, 1994b, p. 535-548.

WRIGHT, Erik Olin (org.). *The debate on classes*. Londres: Verso, 1998.

WRIGHT, Erik Olin. "Alternative perspectives in Marxist theory of accumulation and crisis". *Critical Sociology*, v. 25, n. 2/3, 1999, p. 111-142.

WRIGHT, Erik Olin. *Class counts: student edition.* Cambridge, Reino Unido: Cambridge University Press, 2000.

WRIGHT, Erik Olin. "The shadow of exploitation in Weber's class analysis". *American Sociological Review*, v. 67, n. 6, 2002, p. 832-853.

WRIGHT, Erik Olin. "Basic income as a socialist project". *Rutgers Journal of Law & Urban Policy*, v. 2, n. 1, 2005, p. 196-203.

WRIGHT, Erik Olin. "Class". In: BECKERT, Jens; ZAFIROVSKI, Milan (orgs.). *International encyclopedia of economic sociology*. Londres: Routledge, 2006a, p. 62-68.

WRIGHT, Erik Olin. "Compass points: towards a socialist alternative". *New Left Review*, n. 41, 2006b, p. 93-124.

WRIGHT, Erik Olin. "Transforming capitalism through real utopias". *American Sociological Review*, v. 78, n. 1, 2013, p. 1-25.

ŽIŽEK, Slavoj. "A utopia liberal". *Margem Esquerda*, n. 12, 2008, p. 43-61.

Alameda nas redes sociais:
Site: www.alamedaeditorial.com.br
Facebook.com/alamedaeditorial/
Twitter.com/editoraalameda
Instagram.com/editora_alameda/

Esta obra foi impressa em São Paulo no aniversário de um ano do golpe de Estado de 2016. No texto foi utilizada a fonte Calluna em corpo 11 e entrelinha de 16 pontos.